スポーツにおける戦略の多面的な理解の試み

スポーツ戦略論

上田滋夢・堀野博幸・松山博明
［編者］

大修館書店

序
戦略の必要性と
その問題提起

　フランスの社会学者カイヨワ（『遊びと人間』，1958）は、「遊び」をアゴーン（競争）、アレア（機会）、ミミクリー（模擬）、イリンクス（眩暈）に分類し、各要素は自然で無秩序な構造のパイディアと一定の秩序を要した構造のルドゥスへとマトリクス分類した。この分類によると、スポーツはアゴーン（競争）でルドゥスの範疇に位置している。スポーツは、競争（勝敗）とルールをもつ「遊び」であることを意味しており、競争（勝敗）とルールをもたない「遊び」はスポーツではなく、他の範疇に分類される。すなわち、本書で扱うスポーツとは、競争において勝敗を求め、ルールにもとづくスポーツのフレームワークにて論じられるものであり、パイディアの範疇であるレクリエーション・スポーツを対象としたものではない。

　勝敗を決するスポーツであれば、いかなる競技種目においても、勝利が目的となる。この目的を達成するための方策が「戦略」である。しかしながら、現在までに、この「戦略」に関する活発な議論としての「戦略論」が展開され、スポーツの発展やスポーツ研究の醸成に寄与した痕跡は見当たらない。なぜなら、「遊び」や「娯楽」の範疇と理解されたスポーツに加えて、「武力を用いた戦争」を連想させる「戦略」を研究対象とすることは長らくアカデミック・タブーだったからである。

＊

　さて、「スポーツにおける戦略」を探求するにあたって、「スポーツ」という現象の総体を論じるのか、「スポーツ種目」という個別の現象を論じるのかという問題が提起されよう。本書の主旨は「戦略方法論」ではなく、「戦略論」である。よって、「スポーツ」という総体による現象を対象とするのであるが、演繹的な手法では、個別の「スポーツ種目」の現象からは大きな乖離が予測さ

れる。これは現状の親学問の手法からスポーツを究明することによって、実践現場との大きな乖離を発生させていることと同様であろう。そこで、現代社会において、三大宗教を凌駕する愛好者数をもち、社会構造上の主要なアクターとして存在する「フットボール」の現象を主な対象とし、多くの行為者自身の観察事項（事実）から共通の法則を取り出すことで、結論としての「スポーツにおける戦略」という現象を、帰納的手法にて論じることとした。

●問題提起と本書の目的

現在、「戦略」という用語は、経済戦略、経営戦略、人事戦略のように社会一般で多岐にわたって使用されている。一方、スポーツにおいて、「戦略」という語の明確な定義はなされていない。むしろ、勝敗を決した後、「戦略」という文字が表象的に使用される。特に、現代のマスメディアによって、実体のない状態でのバズワード（具体性がなく明確な定義のない言葉）となり、イメージ（印象）や観念として頒布してしまった。そのため、直面するゲーム（試合）に対する勝利の方法論と、ゲームの蓄積による長期的な勝利の方法論（例：リーグ、トーナメント、ワールドカップ、オリンピック等）が混在し、「戦術」と「戦略」の差異が不明瞭になっているのが実態である。そこで、本書では、長期にわたる勝利（試合だけでなく長期的な発展と安定も含む）を意味する「戦略」のフレームワークに議論を絞ることとする。換言すると、「戦術」と「戦略」の違いを定義することが、第1の問題提起である。

次の問題として、実体を司る指導者は、言語としての不明瞭さをもちつつも、眼前のゲームの勝利の方法（仮に戦術）論と長期的な勝利の方法（仮に戦略）論を、実践知として会得している。これらを会得していなければ、個人、またはそのスポーツ集団を勝利に導くことはできない。これらの実践知を野中郁次郎氏と竹内弘高氏（1995）はTacit Knowledge（以下「暗黙知」と略す）、マニュアルや手引書のようにアーカイブ（言語記録化）が可能な知をExplicit Knowledge（以下「形式知」と略す）と分類した。そして、この暗黙知を形式知にするためのモデルを理論化（SECIモデル）した。このように、指導者の「戦略」は、実践知（暗黙知）としては存在しているが、研究対象となるべくアーカイブ（言語記録化）されていない。実態はあるが、実体として存在しない「戦略」となっている。

そこで、2つ目の問題提起を行いたい。現状では、眼前のゲーム方法も「戦略」という表現で用いられ、実体を司る指導者の「戦略的行為」を阻害し、長期的な勝利方法である「戦略論」の議論が成り立っていない。指導者による「戦術」と「戦略的行為」による現象の違いを、指導者の「暗黙知」として議論の対象外に置くのではなく、「形式知」へとアーカイブしたうえで議論の俎上に載せる必要がある。すなわち、「スポーツにおける戦略」という概念による、「戦略論」を形成する必要があるということである。

さらに、3つ目の問題提起として、「戦略」とは誰が設定し、決定するのかということである。長期的な勝利（発展・安定）の方法論は、誰が草案・設定するものなのか、という始原的問題である。この問題はガバナンスに依拠される。地政学的にも国家や組織のガバナンスには、ガバナンスの目的が明示されなければ、ガバナンスは機能しない。なぜなら、その目的によって各々のガバナンスの形態は変容するからである。目的により、その組織が勝利する方法論は位相を為すからである（上田, 2016）。すなわち、長期的な勝利の方法論（戦略）はガバナンスと同期し、指導者がガバナンスのリーダーであるとは限らないのである。これは「スポーツにおける戦略論」の根本的問題ともいえる。

以上をまとめると、本書の目的は次の3点となる。
1. 言説としての「戦略」を理論的に明確に定義し、「スポーツにおける戦略（スポーツ戦略）」を定義すること。
2. 「スポーツにおける戦略」を「暗黙知」から「形式知」へと言語化することにより実体として存在させ、「スポーツ戦略論」を確立させること。
3. ガバナンスと同期する「戦略」と同様に「スポーツにおける戦略（スポーツ戦略）」の決定に至る構造を明らかにすること。

以上の3つの目的を明らかにすることによって、実践で発生する現象と学術研究の融合を促し、スポーツの各現象から現実的究明を行い、スポーツによる学術体系再構築への布石とするものでもある。

●スポーツ戦略論確立のための方法

本書では、現在まで実践知（暗黙知）として実体のない「戦略」を、いかに論理的に実証を行うかということに腐心した。そのため、まずはじめに、これ

らの「戦略」事象、「戦略」現象を発生させた当事者によるアーカイブ（言語記録化）から始めた。実践にもとづく指導者の「戦略」と研究者による実験・調査研究では、その事象の把握と現象の分析との間に大きな誤差が表出している。特に統計分析にもとづく可視化は、検証対象の従属変数を一定にすることが難しい。対戦相手や対戦相手の状況という変数を考慮せずに統計的に数値化することは、シミュレーションの域を超えることはない。検証対象である自チームや個人だけでなく、対戦相手をも変数に算入することは、きわめて困難な設定となる。同一環境、同一状況が発生する可能性は稀有といえよう。類似した現象は、複雑系の解明と等しくなる。そのため、国内外で「勝利」を収めた（長期的発展・安定も含む）、当事者によるアーカイブの手法を用いた。そのアーカイブ手法は、これらの「戦略的行為」を社会学の調査方法であるエスノメソドロジーの記述に加え、当事者の恣意を、再度編集者が言語選択の確認を行うことで当事者の「戦略的行為」との誤差が無いように心がけた。

　このような手法は、しばしば文献資料を用いて行われる。しかし、本書では、二次的資料である活字メディアによる議論は排除した。活字メディアによるアーカイブをもとに議論を進めるならば、本来の指導者たちの「戦略的行為」から乖離し、活字メディアによるナラティブ（言説）での議論へと変容してしまうからである。現実には、この言説による「戦略」や「戦略論」はアーカイブされているが、そこでは普遍性や客観性が保たれた議論になっているとは言い難い。むしろ、これらはフィクションと化しているといえよう。

　そこで本書では、当事者たちの行為とその事象のアーカイブ、チームや競技者の変容を含めた、当事者（各著者）の「戦略的行為（戦略の意図をもった指導者の行為）」による現象のアーカイブから始めた。さらに、各講の議論の最後に「戦略とは？」という問いを設定することにより、各著者の「戦略」の実体化をはかった。すなわち、これらの多数の事例をもとに共通項を導き出し、「戦略」を構造化することによって、「スポーツ戦略」としての論理的合理性を担保することを目指した。

● **本書の構成**

　本書は5つの章にて構成されている。第1章は「スポーツ戦略論の基本フレーム」である。第1講の拙稿にて、軍事戦略にみられる「戦略」の系譜をたど

り、問題提起を行った。第2講の拙稿では、「スポーツにおける戦略」の系譜をたどり、概念の整理を試みた。さらに、第3講では、国家として、スポーツのガバナンスをいかに行うかという「わが国のスポーツ戦略」をスポーツ政策の専門家である庄子博人氏が論じた。

第2章は「スポーツ戦略の実態」として、各スポーツ組織（チーム組織）の「戦略的行為」を主題とした。第4講では、スポーツ統括組織の観点から（公財）日本サッカー協会に関わる堀野博幸氏に、第5講では、プロリーグ機構の「戦略」として、その職務に従事されていた佐野毅彦氏に論じていただいた。続く第6講では、全日本学生選抜を世界一に3度導いた乾真寛氏に大学スポーツの実態を、第7講では、海外での代表監督経験のある松山博明氏に戦略目標の到達と再設定についてまとめていただいた。

第3章は「スポーツ戦略の動態」として、「戦略」の構成要素に着目した。これらの要素は一定ではない。事象は一定でも現象は変容（動態）する。したがって、動態をアーカイブするのに最も適した「アマチュア世代（中・高・大）」、また、構成要素で最も重要なアクターである「プレーヤー」に対する「戦略的行為」のアーカイブを行った。第8講では、常に日本のトップアスリートを輩出し、近年は大学日本一や恒常的に強い組織を構築している中野雄二氏に、第9講では、プロリーグ（Jリーグ）を含めて、国内すべてのクラブユース組織を統括している日本クラブユース連盟の理事を長年務められた宮川淑人氏に、アマチュア組織としての「戦略的行為」を論じていただいた。続けて、プレーヤーに着目し、第10講では、アスリート教育の中心となるリーダーの教育にみられる「戦略」の実践者であり教育学者でもある秦敬治氏に、第11講では、文化適応ストレスを含めたレジリエンスの観点から、プレーヤーのパフォーマンス向上のための「戦略」の実践者でありスポーツ心理学者でもある松山博明氏に論じていただいた。

第4章は「スポーツ戦略の諸相」として、分析のための実践事例をこれまでのフットボールから転換した。まず第12講では、他種目が輻輳した総合競技である陸上競技を、組織の「戦略」設定者であり、実践現場での直接的な指導者でもある瀧谷賢司氏に紹介していただいた。第13講では、近年、文化とスポーツとの対峙が浮き彫りになってきている武道を俯瞰し、実践教育者でもあり、教育社会学の研究者でもある有山篤利氏に論じていただいた。さらに、第

14講では、国内の高校生を発掘し、大学生年代での日本一や多くの選手をプロへと導いた実践者である大平正軌氏に、スポーツの根本的な資源である人の獲得に関する「戦略的行為」としてのリクルーティングについて論じていただいた。さらに第15講では、獲得した人的スポーツ資源を発展させ、勝利の「礎」となる「戦略的行為」としてのトレーニングを、大学日本一、数多くのプロ選手や代表選手を排出し、フットボールの実践研究者である須佐徹太郎氏に紹介していただいた。第16講では、分析軸の設定という「戦略」以前の「戦略的行為」を、独自の視点を用いてゲーム分析し、国内外のトップレベルの実践者から信頼を得ている庄司悟氏のデータ分析を中心に、コーチング論の研究者である早乙女誉氏に論じていただいた。

　終章は、「現状の課題と戦略論の将来像」として、まず、実態の把握と議論の整理を行った。第17講ではオリンピック、さらにはパラリンピックにおいてもその活用が注目されている情報について、「組織としての情報戦略」のあり方やその現状について、わが国のスポーツ戦略を牽引されている勝田隆氏に紹介いただいた。そして、第18講の拙稿「実体論としてのスポーツ戦略」にて本書をまとめるという構成である。

＊

　本書では、多数の「戦略的行為」の執行者による言語記録化を行い、「スポーツにおける戦略」のフレームワークを明確にすることを目指した。さらに、これらの構造を分析し、「スポーツにおける戦略」を学術的に体系化し、実践と研究を融合させた「スポーツ戦略論」への第一歩を踏み出し、スポーツの学術的独立性を世に問うことができたなら幸いである。

　最後に、本書の作成中も多数の実践研究者の方々が「スポーツ戦略」を実証し、見事にその実践研究の成果を挙げられている。そのような日々の戦いの中、本書の執筆に加わっていただいたことに心から感謝申し上げる。

編集者代表　上田滋夢

■ 参考文献

* カイヨワ.R：清水幾太郎，霧生和夫 訳（1970）『遊びと人間』岩波書店．
* Nonaka Ikujiro & Hirotaka Takeuchi (1995) The Knowledge - Creating Company: How Japanese Companies Create the Dynamics of Innovation. Oxford University Press.
* 上田滋夢（2016）「第8章　プロスポーツのガバナンス」,山下秋二・中西純二・松岡宏高 編著『図とイラストで学ぶ 新しいスポーツマネジメント』大修館書店，pp.88-100.
* レヴィ＝ストロース.C：荒川幾男 他訳（1972）『構造人類学』みすず書房．

目次

序　　戦略の必要性とその問題提起 …………………………………… iii

第1章　スポーツ戦略論の基本フレーム …1

第1講　戦略の系譜による問題の提起 …………………………… 2
1. 戦略思想の源　—孫子の「兵法書」—　2
2. 戦略の目的　—ニッコロ・マキャベッリ—　3
3. 近代戦略論の祖　—カール・フォン・クラウゼヴィッツ—　4
4. 戦略の目的の再考　—バジル・ヘンリー・リデル＝ハート—　6
5. 戦略の体系化　—ジョセフ・カルドウェル・ワイリー—　7
6. 「重心」という戦略の概念　—ジョン・ボイド—　9
7. 現代の戦略　—ウイリアムソン・マーレー　ほか—　10
8. 戦略の再考　11

第2講　「スポーツにおける戦略」の系譜と概念の整理 ‥ 15
1. 「戦略」の社会的形成過程　15
2. スポーツ競技の形成過程　18
3. スポーツにおける戦略の概念の整理　31

第3講　わが国のスポーツ戦略 ………………………………… 36
1. わが国のスポーツ戦略がもつ2つの意味　36
2. スポーツの国家戦略　37
3. 国家戦略としてのスポーツ　42
4. 今後のわが国のスポーツ戦略　45

第2章 スポーツ戦略の実態 ……………………… 49

第4講 スポーツ統括組織におけるエリート育成とグラスルーツ・スポーツの普及 …………………… 50

1. 現代のスポーツ政策における2つの命題　50
2. エリート育成と国際競技力の向上　51
3. エリート育成の環境　54
4. グラスルーツ・スポーツとスポーツの普及　58
5. 諸外国のエリート育成とグラスルーツ・スポーツ普及の実態　61
6. スポーツ統括組織にみる戦略　65

第5講 リーグ機構のビジョン ………………………………… 70

1. 戦略とはなにか　70
2. リーグ機構の構造的特徴　72
3. リーグ機構を取り巻く環境　73
4. リーグ機構の戦略事例　77
5. リーグ機構にみるスポーツ戦略　81

第6講 学生スポーツの育成戦略
－大学フットボールを事例として－ ……………………………… 83

1. 育成の成果を左右する"環境づくり"　83
2. 日本における大学フットボールの現状　85
3. Ｊリーグにおける選手育成の現状　88
4. 大学における選手育成の現状と展望　92
5. 学生スポーツにみる戦略とは　95

第7講 戦略目標の到達と再設定 ･･････････････････ 97

1. 戦略目標の設定　97
2. 戦術の修正　100
3. 戦略の完結　103
4. 戦略の再設定と現在地　104
5. 戦略目標の到達と再設定の方向性にみる戦略とは　107

第3章 スポーツ戦略の動態 ･･････････ 109

第8講 学生アスリート組織構築のための戦略 ･･････ 110

1. 選手環境整備の戦略　110
2. 大学環境整備の戦略〜大学との協力関係の構築〜　115
3. 地域環境整備の戦略〜地域やスポンサーとの協力体制の構築〜　119
4. 学生アスリート組織構築にみる戦略とは　122

第9講 アマチュア組織における戦略の系譜 ･･････････ 123

1. クラブとはなにか　123
2. 枚方クラブの創設の背景　124
3. 枚方クラブの系譜　126
4. 日本クラブユース連盟の創設　134
5. 戦略の転換（Jリーグ創設によるクラブ状況の変化）　139
6. アマチュアクラブにみる戦略とは　140

第10講 リーダー教育における新たな戦略 142
1. リーダー教育とリーダーシップ教育の違い　142
2. スポーツにおけるリーダー教育の必要性とわが国の現状　145
3. リーダー教育における戦略の必要性　147
4. リーダー教育における効果的な手法　150
5. リーダー教育およびその戦略の課題　154

第11講 レジリエンスとの闘い 158
1. 思いもかけない災難に遭遇した私たち　158
2. レジリエンスとその研究　159
3. 学校教育でのレジリエンス育成　162
4. スポーツにおけるレジリエンス　164
5. レジリエンスによるトレーニング　165
6. レジリエンスにみる戦略とは　173

第4章 スポーツ戦略の諸相 177

第12講 陸上競技という複合種目の戦略 178
1. 陸上競技の国際的競技力の系譜と現状　178
2. 陸上競技における「戦略」　180
3. 個人種目における「戦略」　182
4. チーム種目における「戦略」　184
5. 女子短距離種目の「戦略の概念」のパラダイムシフト　187
6. 新たな戦略の概念にもとづく戦術の構築　191
7. 陸上競技にみる戦略とは　192

第13講　柔道のスポーツ化とその戦略　194

1. 講道館柔道以前の武術　194
2. 嘉納治五郎の柔道普及戦略　196
3. 戦後柔道の復活とスポーツ化　199
4. 資本主義の停滞と金メダルの呪縛　202
5. 柔道にみるスポーツ戦略とは　207

第14講　リクルーティングの戦略　213

1. 所属する大学フットボール部の概要　213
2. 大学フットボール部におけるリクルーティング　214
3. リクルーティングの実際　214
4. リクルーティングにみる戦略とは　224

第15講　トレーニングという戦略　225

1. チーム作り：監督と戦略〜コンセプトとトレーニングの関係から〜　225
2. 選手個人の戦略的な競技力アップについての基本的な考え方　230
3. スタミナの問題　235
4. 戦略的選手育成のためのトレーニング計画の基本的な考え方　237

第16講　情報（データ）分析という戦略　242

1. データ測定から戦略実行までの基本的な流れ　242
2. 一流の戦略を読み解くためのデータ分析　246
3. 指導者が目指す「勝利以外のゴール」　251
4. 情報（データ）分析にみる戦略とは　255

終章　現状の課題と戦略論の将来像　257

第17講　組織としての情報戦略　258
1. スポーツ情報・医・科学分野における情報戦略活動　258
2. 国家政策における情報戦略の構想　261
3. スポーツにおける組織的情報戦略活動の分類　262
4. 組織的情報戦略活動の課題と今後　264

第18講　実体論としてのスポーツ戦略　270
1. スポーツにおける「戦略フレーム」の再考　270
2. 戦略の目的の再考　276
3. 戦略の意志決定の問題　281
4. 実体論としてのスポーツ戦略　287

編者・執筆者紹介　299

第1章

スポーツ戦略論の基本フレーム

第 **1** 講

戦略の系譜による
問題の提起

　現代において、「戦略」の捉えられ方が変容し、本来の「戦略」とは次元の異なった、個々や集団の局面の「闘い」までもが「戦略」として流布されている。別の表現をすると、戦術や戦闘に類するものまでもが「戦略」と誤解され、ある意味で言説となっている。そこで、本講では、「スポーツにおける戦略」を論じる前に、古代からの「戦略思想」（＝戦略論）の系譜をたどり、「戦略の概念」を確認する。

1 戦略思想の源 ─孫子の「兵法書」（紀元前5世紀前後）─

　春秋末期の呉の兵法家である孫武が記した兵法書「孫子十三篇」（紀元前5世紀前後）と、その後の戦国時代中期の斉に使えた孫臏による「孫子十三篇」（紀元前4世紀）が人類最初の戦略体系書（兵法書）であるといわれている。本講では総じて「孫子」とする。中国では曹操や諸葛孔明、日本では武田信玄や徳川家康、幕末の思想家であった吉田松陰、フランスの皇帝ナポレオン・ボナパルトの戦いから「戦略」を科学として構築したカール・フォン・クラウゼヴィッツ、近代では第二次世界大戦時に太平洋艦隊総司令官であったマッカーサー、中華人民共和国の設立者である毛沢東、シンガポールの建国の父であるリー・クアンユーなど、「孫子」を戦略思想の源とした人物を挙げればきりがない。筆者も、FIFAワールドカップを二度も制したフットボール界の名将、ルイス・フェリペ（元ブラジル代表監督）が宿泊先のロビーで「孫子」を読み耽っている姿を目の当たりにしている。現在においては世界各国の為政者、軍人、経営者、そして研究者までもが「孫子」を愛読書として挙げ、高等教育機関においても戦略論として講座が開かれている。この影響力は、聖書に匹敵するといっても過言ではない。

　ここからは、金谷治（「新訂孫子」，2000）の論考を参考にしたい。まず、第

一の計篇は「戦争の前に熟慮すべき原理」であり、全篇の序論である。第二の作戦篇は「戦争をはじめるにあたっての軍費の問題や動員補充などの計画」、第三の謀攻篇は「戦わずに勝つ方法」である。以上の三篇は総論として捉えられ、「戦争のための環境要件の確認の必要性」、すなわち「戦略論」といえる。

第四の形篇は「攻守の態勢」、第五の勢篇は「戦いの勢い」、第六の虚実篇は「主導性（権）の把握」となる。これら三篇は、戦争の一般的構造、すなわち、戦略立案のための分析視点の提示である。

第七の軍争篇は「機先を制す戦い」、第八の九変篇は「臨機応変の戦い」、第九の行軍篇は「行軍の利点と弱点」であり、これらは主導権を得るための戦術である。第十の地形篇は「地形に応じた戦い」、第十一の九地篇は「九つの地勢（状況に応じた）による戦い」であり、外部環境に応じた「戦術」の視点へと移る。第十二の火攻篇は「火攻めによる戦い」であり、当時はすべての消滅をもたらす最終手段の提示である。第七から第十二までは「戦術例」を見事に網羅しており、最終篇の第十三は「情報戦略」、すなわちスパイ活動と情報の活用方法に関するものである。

これらを俯瞰すると、「孫子」には「戦略の原理」「戦略立案の原則」、そして「個別の戦術」にみられる「戦略」の構造のすべてが網羅されている。「孫子」の戦略思想は、軍の指揮官からの視点のみならず、為政者の統治思想、戦争後の統治や人民の掌握等をも含んだ、壮大なガバナンス論とも言い換えられる。

2 戦略の目的 —ニッコロ・マキャベッリ（1469～1527年）—

「戦略」に関わる武力以外の要素を加えた思想的差異が確認されるのは、中世のイタリア・ルネサンス期の政治思想家であるニッコロ・マキャベッリである。

ニッコロ・マキャベッリはフィレンツェ共和国の外交官、軍事顧問の副官であったが、政変により失脚する。その後に「君主論」「ディスコルシ」（ティトゥス・リウィウスの最初の十巻についての論考）、「戦術論」などを著した。マキャベッリは一般的に「君主論」にみられる為政者のリーダーシップ（マキャベリズム）として高名であるが、同時に軍事戦略の立案と実行者としても高い評価をされている。彼の軍事戦略の思想は、「君主論」と「ディスコルシ」の

一部、「戦術論」で読み取ることができる。彼の「戦略」の特徴は以下の3点である。

1. 国家として軍の常備
2. 兵士に対する教育（軍事行動に関するトレーニング）
3. 軍の指揮官の統率能力

「孫子」はガバナンスの視点による「戦略思想」が特徴であったが、マキャベッリは組織の長の統率能力や兵士の教育に関するマネジメントの視点が特徴的である。後世にマキャベリズムで知られる「目的と手段を明確に分け、目的達成には情実を入れない」という思想は、為政者、指揮官の希望的観測や願望、客観的状況把握という点で、感情、感覚に陥りがちな「戦略の策定」の問題を明確に指摘している。

3 近代戦略論の祖
―カール・フォン・クラウゼヴィッツ（1780～1831年）―

近代に入ると稀代の名将ナポレオン・ボナパルト（1769～1821年）がフランス革命後の混乱期に登場する。彼の戦いを科学的研究へと高め、「近代戦略論」を構築したのが、カール・フォン・クラウゼヴィッツの「戦争論」である。

「孫子」は「戦わずして勝つ」という戦争前の状況把握を重要視した。マキャベッリも国家間の交渉役の経験から、双方の利益を導くために指揮官による「主張と妥協」の両姿勢が重要であると説いた。しかしながら、クラウゼヴィッツは軍事独裁政権を樹立し、当時のヨーロッパ大陸の大半を支配した皇帝ナポレオンの思想にもとづいた研究を行い、これまでの戦略思想家や指揮官とはまったく異なる「壊滅論」（「壊滅戦」と「総力戦」）を展開した。

これらは二つの論考が可能である。一つ目は、為政者としてのナポレオンはフランス革命で勝ち取った「自由」を拡大するため、「武力」支配という「戦略」を用いたことである。このフランス革命は市民革命であり、彼は同様の市民による蜂起を最も恐れた。そのため、占領した国家や地域がフランス軍に対して完全降伏をすることを目的とした。占領後に反抗、反逆を起こさせないための「壊滅戦」という発想は、以後の統治を含めたロジカルな「戦略」である。

二つ目は、ナポレオン以前の戦争は、貴族階級が軍事トレーニングを受け、当時の階層や能力によって上官と下士官に分けられた兵士と、軍事の専門家である傭兵によって戦争が行われていた。一方で、市民革命を経たナポレオンにとって、国民の賛同を得るために国民参加による国民軍を組織することが、自らの政治的正統性を担保するために必要不可欠な理由でもあったのである。この国民軍の編成は、兵力の確保による「総力戦」として、近代戦争の基礎となる「戦略」でもあった。

　さらに、クラウゼヴィッツは2つの基本原則を提示した。
1. 敵の弱点部分への集中攻撃
2. 軍事行動の迅速化

　ナポレオン以前は、全軍が横一列になって敵陣に向かっていく「戦術」が主流であったが、ナポレオンは軍を分隊化させる「分散戦術」を確立させた。相手を拡散させ、防御の弱い部分を見つけ出し、その一点突破から、一気に相手陣内に入り込み、そのまま領土を占拠するのである（図1-1）。これは「壊滅戦」を有利に進めるための手段（戦術）でもあり、その後、その領土や人民を全面

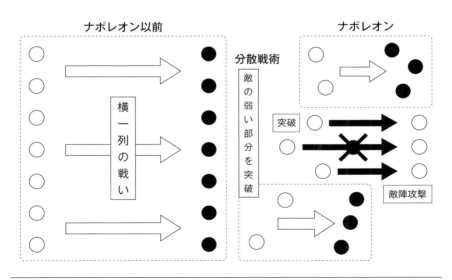

図1-1　ナポレオンとそれ以前の戦術比較

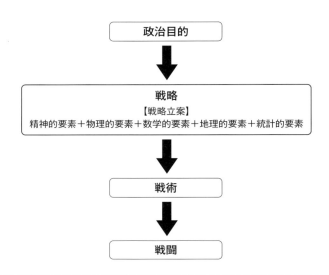

図1-2 クラウゼヴィッツの戦争の階層構造

的に統治することを目的（戦略）としている。これは、同一の現象であるため「戦術」と「戦略」の混乱を生むことも示唆している。

そこで、クラウゼヴィッツはそれまでの戦争を概観し、「政治目的・戦略・戦術・戦闘」という戦争の階層構造を明示した（図1-2）。そして、戦略立案には、「精神的要素、物理的要素、数学的要素、地理的要素、統計的要素」を考慮する必要があると明示した。この分析が「孫子」と重複することは興味深い。彼の「戦争論」は、近代戦争、近代戦略を経て、現代の軍事戦略にも大きな影響を及ぼしている。

4 戦略の目的の再考
── バジル・ヘンリー・リデル＝ハート（1895～1970年）──

その後、ジョミニ（1779～1869年）などの戦略研究家を経て、戦略史のマイルストーンとして、第一次世界大戦を分析した軍事思想家であり戦略研究家のバジル・ヘンリー・リデル＝ハートをレビューする。

彼は著書「戦略論-間接的アプローチ」（The strategy of indirect approach,

1941）で、ナポレオン以降、国民を兵力へと転換させた「総力戦」の問題点を指摘し、「目的の達成（戦争の勝利）のために要する人的・物的損害を最小にする」ことを提示した。

第一次世界大戦では、わずか4カ月余りで百万人の人的損害を被った。物的損害としてもヨーロッパ中の都市が壊滅状態となった。実際に部隊の長として従軍したリデル＝ハートは、「これらの損害は目的を達成するために必要な損害だったのか」という根本的な疑問から分析を行った。そこで、彼が導いたのは「敵が十分備えている正面への攻撃を避け、備えが薄い部分を攻撃する、あるいは間接的に相手を無力化（例えば、戦略本部等への攻撃）する方法の選択」であった。

彼の提示した「間接的アプローチ」は、彼の発想による目新しいものではない。しかしながら、孫子やナポレオンによる「側面攻撃」や「分散戦」を整理したものであるが、人的損害を最小にするという戦略的発想としては孫子に近く、具体的な「戦術」としてはナポレオンに近い。また、「間接的に相手を無力化する」という発想は「壊滅戦」の発想とはまったく異なり、「無用な争いと犠牲を防ぐ」という点で「現代戦略」に至る分水嶺であった。リデル＝ハートによって「戦略の概念」が本質的に問われることとなった。

5 戦略の体系化
― ジョセフ・カルドウェル・ワイリー（1911～1993年）―

人類は歴史を繰り返す。第一次世界大戦（1914～1918年）終了後、20年余りで第二次世界大戦（1939～1945年）が勃発する。リデル＝ハートが提示した疑問を大胆に整理したのがジョセフ・カルドウェル・ワイリーである。彼は著書「軍事戦略」（Military Strategy：A General Theory of Power Control, 1989）にて「戦略の統合理論化」を行った。戦略学者の奥山真司氏は、現代戦略の体系書として「孫子の『兵法』に通じるような性格をもっている。」（ワイリー , 2010）と評価する。

ワイリーも実践経験にもとづき、実践と理論の両側面から「戦略」の統合を行った。以下は、彼の指摘する4点の「戦略構造分析」である。

第一点目は、「戦略」そのものが曖昧であり、一般的な科学にはなりえない

ことを指摘した。しかしながら、その戦略研究のための分析法として、実践事例から一般化していく方法、「戦略」を理論として追求する方法の2つの視点を提示した。さらに、これらの分析によって一般化される理論は軍事だけに留まることなく、すべての事象に応用が可能な「戦略」を探求すべきであると解いた。軍事戦略が戦争というパラダイムのみならず、経営やスポーツを包含した「戦略」として存立する「統合戦略」の可能性を示唆した。

　第二点目として、ナポレオンにもとづく近代戦略を「壊滅論」の思想としてクラウゼヴィッツが論じ、現代戦略への転換としてリデル＝ハートが「間接的アプローチ」を提示した。ワイリーは、これらを統合するにあたって2つに分類した。一つ目は、軍事行動の段階は戦略立案者によって予測されており、その結果が次の段階や行動計画を決定する「順次戦略（sequential）」という概念である。もう一つは、小規模の軍事行動が前後の順序を踏んで実行されたのではなく、偶発性を含む累積的な効果による「累積戦略（cumulative）」の概念である。

　第三点目として、それまでの戦略研究者が提唱してきた「戦略」を、新たな視点を加えた以下の4つの理論として整理した。クラウゼヴィッツに代表される「陸上戦略理論（陸軍）」、マハン（1840～1914年）に代表される「海洋戦略理論（海軍）」、ドゥーエ（1869～1930年）に代表される「航空戦略理論（空軍）」と中国人民解放軍を率いた毛沢東（1893～1976年）による「ゲリラ戦理論」である。陸・海・空の戦略理論の分類は、それほど困難を伴わない。しかし、彼の研究が現代戦略の体系書といわれるのは、毛沢東の戦略を理論的分析によってゲリラ戦略として明確に位置付けたことである。彼は、「クラウゼヴィッツや陸上戦略論によって、想定されている組織化・機動化された大規模な軍隊の活用というものとは、ほぼ完全な対極に位置しているということだ。」（前掲書．ワイリー，2010）と論じた。それまでの「戦略の概念」の前提条件である直接対峙とは異なった対峙が存在することを理論化した。現在のテロリストによる紛争や軍事行動は、この「ゲリラ戦理論」にもとづく「戦略」である。

　第四点目は、彼の「戦略論」の主題である、「戦争の重心（the center of gravity）」という概念の提示である。

　現代の航空戦略において、戦略上、核爆弾や数々の大量殺戮兵器の使用を含めた「壊滅戦」を行うことは不可能なことではない。しかしながら、それは人

類の滅亡の危機と隣り合わせである。リデル＝ハートの指摘同様、「破壊」は自他共に「破壊」を招く。また、「孫子」のいう「戦いの主導性を失う」ことでもある。報復に次ぐ報復は、最終的に両者とも「全滅＝殲滅」を招く。終結後の混乱と荒廃は、政治的目的の達成のための「戦略」の完全な失策である。このような状況を避けるためにも「戦争の重心」という概念の提示がなされた。

　つまり、戦争には必然的に侵略者（aggressor）と防御者（conservator）の立場が生まれる。防御者は、侵略者から最初の攻撃を受けた際に、なんとかその支配から回避しようとする初期段階があり、この段階で攻撃を減退できなければ、防御者は負ける。この侵略者による攻撃の減退に成功すれば、均衡状態（equilibrium）に持ち込むことができるのである。

> 均衡状態とは、「どちらにも明らかな優位が存在せず、双方のもつ目立たない部分での優位さえも、戦争の流れを決定する累積的な効果によって相殺されてしまうような、流動的かつダイナミックで決着のつかない状態のことを示すのだ。」
>
> J.C.ワイリー

　この均衡状態とは、物事の完全な停止状態ではない。そして、侵略者、防御者の双方において決定的な決断が下されるのはこの時である。戦局を自らの優位な状況へとコントロールする、タイミング・場所・状態を統合したものが「戦争の重心」であるとワイリーは提唱した。彼は、この「戦争の重心」を具体的に示してはいない。しかしながら、明らかに「戦争の重心」となる状況は、「壊滅戦」への抑止として「戦略」の存在を証明している。

6 「重心」という戦略の概念 ―ジョン・ボイド（1927〜1997年）―

　奇しくも同時代のアメリカ空軍の大佐であったジョン・ボイドが、「重心」に関して「機略戦理論（Maneuver warfare）」で提示した。敵の重要な拠点（たとえ防御が強くても政治的、精神的、軍事的な拠点）を敵の「重心（the center of gravity）」と定義し、その「敵の重心」を攻略することによって、精神的ダメージを増幅させ、「無力化」をもたらし、回復のチャンスをなくさせるという理論である。彼は戦略策定に関わった湾岸戦争（1991年）でそれを実証した。

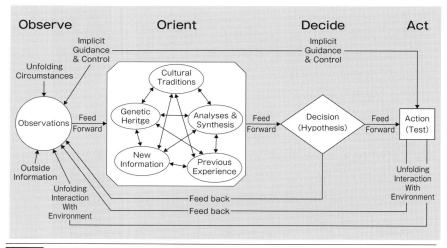

図1-3 ボイドのOODAループ（意志決定理論）

J.R.Boyd, "The Essence of Winning and Losing"（1995）. Edited by Chet Richards and Chuck Spinney Produced and designed by Ginger Richards, 2010. http//www.dnipogo.org.

　ボイドの提唱する「重心」とワイリーによる「戦争の重心」は、まったく同じ"the center of gravity"である。ボイドによる「機略戦理論」は、ワイリーの抽象的概念を具体化させた点で大きく評価される。また、彼の最大の功績は、パイロットの暗黙知を"OODAループ（意思決定理論）"によって形式知化したことである（**図1-3**）。これは「戦闘」のための意思決定を理論化しただけではなく、組織の意思決定（指揮決定）をも転換させた。彼は、世界最強の軍隊を自負するアメリカ海兵隊の「ドクトリン（Warfighting：戦略教義）」の策定やアメリカ海兵隊大学（U.S.Marine Corps University）の上級士官対象の陸海対応戦争学校（旧Amphibious Warfare School、現Expeditionary Warfare School）における戦略教育プログラムの作成にも深く関わった。

　ワイリーとボイドによる「重心」の概念は、クラウゼヴィッツとはまったく次元が異なり、リデル＝ハートの疑問をさらに顕在化させた点で「戦略の概念」のパラダイムシフトである。

7 現代の戦略 ―ウイリアムソン・マーレー（1941年～）ほか―

　戦略の系譜を締めくくるにあたって、東西冷戦の時代からベルリンの壁崩壊、その後のテロとの新たな戦いが始まり、現代社会の多様性と多元性との関係を踏まえて「戦略」の議論をする場合、2つの観点から考察が可能である。

　第一に、ウイリアムソン・マーレーを代表とする論文（マーレー ほか, 2007）で指摘される「戦略」の形成プロセス（形成過程）に関わる問題である。これまでの「戦略」に関する研究は、戦略思想家の個人的な概念に焦点を当てていたが、①地理、②歴史、③世界観（宗教やイデオロギーや文化）、④経済的要因、⑤国家の制度や組織体制、にもとづく多角的視点から分析されるべきだとマーレーは論考する。著者の解釈を加えて簡潔にいうならば、「戦略」とはフィギュレーション（社会構造の形成過程）であり、その形成過程で発生したすべての背景と結果を踏まえた分析の必要性を指摘している。

　第二に、グローバリゼーションに連動した市場経済の影響である。産業革命によってもたらされた大量生産と大量消費は、資源の獲得をめぐって様々な戦争や紛争をもたらした。現代において、格差は戦争や紛争の原因となっている。つまり、武力を使用しない市場という「場（Field）」と、武力を使用する「場（Field）」が同期していることである。すでに経済学や経営学では、市場に「戦略」を援用し、武器を持たない「戦争＝競争」を行っている。

　例えば、「孫子」に匹敵する理論として、経済学者のシュンペーターや社会生態学者のドラッカーが「戦略」の概念を提示した。その後は、マーケティングの手法に「戦略」を応用した経営学者のコトラー、ミンツバーグ、ポーター、市場とのジレンマに着目したクリステンセンなどがいる。これらの「場」で援用され、専門領域で具現化させていくなか、「戦略論」への可逆性もみられる。

8 戦略の再考

> 「戦術とは、戦闘における戦闘力の使用に関する規範であり、戦略とは、戦争目的を達成するための戦闘の使用に関する規範である。」
>
> 　　　　　　　　　　　　　　　　　　　　　　　クラウゼヴィッツ

マーレー（2007）は、「『戦略（strategy）』の概念が悪名高いほど定義するのが難しいことはつとに知られている。これまで多くの戦略理論家が戦略の概念の定義を試みてきたが、その努力は後世の批評の嵐を受けて虚しく挫折してきた。」と定義の困難さを嘆く。本著はその悪名を買うものではない。そこで、現在までの戦略に関するまとめを2つの視点から行いたい。

(1)「戦略、戦術、戦闘に関する個別の概念の整理」に関する問題

　「戦闘」とは武力を持って敵を無力化する行動であり、戦争は個々の「戦闘」の蓄積である。このことは、どの時代の戦略理論家も同様の定義を行っており、「本著は、戦闘や戦術を議論するのではなく、戦略を論じるものである」という文脈が入っていることは興味深い。本講による「戦略の系譜」で挙げたクラウゼヴィッツ、リデル＝ハート、ワイリー、マーレーらも、同様に「戦略の概念」の整理をした後、「戦略」の議論へと導いている。これは「戦術」と「戦略」が曖昧な概念のまま議論され、その構造の理解がなされていないことに対する警鐘である。

　ここで、「戦術」と「戦略」の概念が明確に区分されずに「言葉」だけが流布されているのは、以下の2つが理由と考えられる。

○理由　1
　「戦闘」は直接的な行動であるため、現象として可視化される。また、その「戦闘」の方法を規定する「戦術」も帰結の観察が可能である。しかし、その「戦術」の策定、選択、実行、もしくは変更や中止を規定する「戦略」は、その行為主体が「戦略」の存在を明示して戦うことはない。

○理由　2
　時代とともにテクノロジー（兵器や電子機器等の技術）が発達し、銃、航空機、航空母艦、ミサイル、軍事衛星などの使用によって、「戦闘」の方法を規定する「戦術」の選択肢が増え、効率化された。同時に、「戦闘」の物理的な実行範囲が縮小し、「戦闘」が瞬時に終了するようになった。この現象も可視化され、「戦術」によって目的が達成されてしまったかのような誤解

を生むのである。特にテロリストとの攻防を想像すると容易に理解が可能である。すなわち、「戦略」の存在は、前時代よりも高度な戦略教育を受けた者だけが識別と把握することが可能となった。

これらから確認されることは、「戦闘」「戦術」「戦略」について、階層構造をもち、それぞれがまったく異なった機能をもつことである。すなわち、「〈戦術〉とは、個々の〈戦闘〉の実行方法を規定するものである。〈戦略〉とは、最終目的を達成するために、最も適した〈戦術〉の選択を行い、各々の〈戦闘〉を統合するすべての行為」と定義されよう。

(2)「戦略の概念フレーム（範囲）」の問題

第二次世界大戦以前は、「戦略の概念フレーム」が国家とその領土の確保と拡大に限定されていた。その「戦略の概念」は、為政者がヘゲモニー（覇権）国家を意図するものと同意であった。しかし、第二次世界大戦以降から東西冷戦を経て、市民による国家形成（民主主義の安定化）と資本主義による市場経済の拡大が重なり、「戦略の概念フレーム」が社会全体へと変容した。

> 「戦略とは偶然性、不確実性、そして曖昧性が支配する世界で、刻々と変化を続ける条件や環境に適応する恒常的なプロセスである。」
>
> マーレー、グリムズリー

このような背景を含めたうえで、マーレーら（2007）の論に沿って進めるならば、近代と現代の「戦略の概念」の違いは2つ点である。
1. 国家とその領土以外の対象を含む曖昧性と併用性
2. 歴史や宗教をも含めた社会構造とその動態的視点

すなわち、現代における「戦略の概念」は、政治的最終手段である戦争の勝利を目的としたフレームから、テクノロジーの発達とグローバリゼーションの相互の影響も加えて、国家のみならず、宗教、文化、イデオロギー、そして経済的、地政的、歴史的な見解をも包括した、行為主体の維持、発展、拡大を意味するフレームへと変容したのである。換言すると、現代の「戦略の概念」と

は、国家の為政を目的とするガバメントの概念から、社会全体をフレームとしたガバナンスの概念へと変容し、その舵取り（Steering）のために「戦略」が策定・実行されることとなったのである。

（上田滋夢）

■ 引用・参考文献

* ジョン・ベイリス，ジェームズ・ウィルツ，コリン・グレイ 編：石津朋之 監訳（2012）『戦略論 現代世界の軍事と戦争』，勁草書房.
* Boyd,J.R.（1995）"The Essence of Winning and Losing", presentation by J.R.Boyd, Edit by Chet Richards and Chuck Spinney.
  https://fasttransients.files.wordpress.com/2010/03/essence_of_winning_losing.pdf（参照　2016年10月1日）
* カール・フォン・クラウゼヴィッツ：日本クラウゼヴィッツ学会 訳（2001）『戦争論レクラム版』芙蓉書房出版.
* 金谷治 訳（2000）『新訂「孫子」』岩波書店.
* ウイリアムソン・マーレー，アルビン・バーンスタイン，マクレガー・ノックス ほか：石津朋之 ほか 訳（2007）『戦略の形成 －支配者、国家、戦争』（上・下）．中央公論新社．
* サー・バジル・ヘンリー・リデル＝ハート：市川良一 訳（2010）『戦略論 －間接的アプローチ』（上・下）．原書房．
* ニッコロ・マキアヴェリ：池田廉 訳（2002）『新訳君主論』中央公論新社．
* ニッコロ・マキャヴェッリ：永井三明 訳（2011）『ディスコルシ「ローマ史論」』筑摩書房．
* ニッコロ・マキアヴェリ：濱田幸策 訳（2010）「マキアヴェリ戦術論」原書房．
* United States Marine Corps（1997）"Warfighting", Marine Corps Doctrinal Publication.
* ワイリー ,J.C.：奥山真司 訳（2010）『戦略の原点』，芙蓉書房出版．

第 **2** 講

「スポーツにおける戦略」の系譜と概念の整理

　現代の軍事戦略は国家の統治の問題から、国家の枠組みとはまったく異なる、宗教やイデオロギーを含めた「脱国家的／トランスナショナル（ベイリス,ウィルツ,2012）」な問題へと変遷してきた。この歴史的変遷は、軍事戦略が戦争に関わる「戦略」を捉えるものだけではなく、広範囲な現代社会の枠組みを対象にしたものへと変容し、「戦略の概念フレーム」が拡大したことを意味するものである。

　この「戦略の概念フレーム」の拡大に、「スポーツにおける戦略」との相似性がみられる。そこで、本講では、まず前講の代表的な戦略思想家による「戦略」、その社会構造上の形成過程（社会的形成過程）を振り返り、スポーツ（競技）との比較を行う。その後、「戦略の概念フレーム」の視点を加えてスポーツの特殊性を議論し、「スポーツにおける戦略の概念」を論考する。

1 「戦略」の社会的形成過程

　前講の振り返りとなるが、戦略の系譜を確認したい。

　古代の「孫子」の時代は、地域の覇権から国家の覇権を争う時代であり、国家そのものの統治方法が未熟であり、国家体制も確立されていなかった。そのため、国家間の関係も希薄であり、常に牽制状態を維持しながら、主従関係を基盤としたハイアラーキー構造による統治が主であった。また、その統治方法として、最も原始的で直観、感情的な暴力（武力）によって掌握する方法しか持ち合わせていなかった。

　ハイアラーキー構造の下位層が上位層へと昇るためには、武力を用いた戦争の勝利以外に大きな階層の変動はみられなかった。そして、上位層に昇り詰めた新たな上位層は、武力によって統治を維持し、下位層から覇権を奪われないよう、常に威嚇を行う戦闘状態であった。そのため、「孫子」は「戦闘」から「戦術」「戦略」、その政治的最終目的であるガバナンスの観点まで網羅している。

すなわち、理性にもとづくマネジメントや戦争の設計図を描きながらも、人間の感情的な「戦闘」の制御が「戦略の概念」であった。換言すると、最も「原始的な戦略の発生」と位置付けられる。

マキャベッリは、指揮官の統率能力不足によって何度も窮地に陥れられた経験から、①国家として軍の常備、②兵士に対する教育（軍事行動に関するトレーニング）、③軍の指揮官の統率能力を唱えた。これらは、混迷とした「戦闘」による偶発性の高い勝利の積み重ねから、不確定性を少しでも減少させ、意図的に「戦闘」を行うことを指摘している。また、そのためにも指揮官＝為政者の能力に「組織化」の視点が重要であると指摘した。彼の論考は、「戦略」の社会的形成過程に近代化をもたらした。

マキャベッリが指摘した「組織化」は「戦略」の重要な部分を占めたが、「孫子」の時代の感情的な「戦闘」の基盤は拭えず、横一列に並んで戦う戦闘方法が主流であった。結論的に、これは1対1の「戦闘」が列を成しているのと同様である。これらを否定したのがナポレオンであった。そして、相手を徹底的に叩いて殲滅させる壊滅論として理論化したのがクラウゼヴィッツである。ナポレオンが国民軍を成立させたのは「戦略」の一部であり、戦争の勝利を導くために自軍を分散化させ、相手の弱い部分をみつけて一気に攻撃を仕掛けて壊滅させてしまう戦法も、「戦略」の下位構造としての「戦術」である。これらは近代的な「戦術の概念の誕生」でもあり、「戦略」と「戦術」の関係性を明確に規定するものであった。

リデル＝ハートは、第一次世界大戦によるヨーロッパ全土の荒廃を、実践者、戦略思想家の観点から再考した。このヨーロッパの壊滅状態は「戦略」の失策であると指摘する。勝利によって領土や覇権は奪えるものの、荒廃した都市や領土の復興は膨大な時間と労力を要する。この復興作業によって国家や国民は疲弊する。このような結果が「戦略」の帰結といえるのだろうか、という「戦略」に対する根元的な疑問を投げかけ、「戦略とはなにか」ということを問うたのである。彼は単純に嘆きや感情的思考による結論（「間接的アプローチ」）を導き出したのではない。「戦略の概念」の再考の必要性を発したのである。クラウゼヴィッツ以降、為政者の覇権争いが長らく続き、領土から資源の奪い合いへと変容し、第一次世界大戦が勃発した状態を回帰した「現状の再考」、すなわち「戦略の概念の再考」は、現代の「戦略」の根底を為す新たな「戦略

の概念の誕生」でもあった。

　ワイリーは、リデル＝ハートからの命題を解くべく「戦略構造分析」を行った。「陸・海・空・ゲリラ戦略」に分析したのは、産業技術の発達に由来するものでもある。これらに加えて、「戦略」の計画性を強調した「順次戦略」と偶発性を含む累積効果としての「累積戦略」である。さらに、「均衡状態」を明示した。これまでの戦争や紛争の類型化を行うなかで「戦術の多様性」を提示した。いうまでもなく、「戦略」が司る「戦術の多様性」という意味である。これは類型化と同時に「戦術の形式知化」を意味する。「戦術」が形式知化され、「いつ、どこで、なにを、どのように」して行うかという「戦術」の拡大化と精緻化をもたらしたことにより、相手の「戦略」を無力化するという新たな概念が生まれ、「均衡状態」を見出したともいえる。

　ボイドは、「機略戦理論」における「重心」の概念と「OODAループ意志決定理論」を提唱し、軍事戦略において「戦略のパラダイムシフト」を起こした。敵の「重心」を攻撃して勝利を導く、あるいは戦局を有利にする概念は、発想の転換そのものである。また、航空戦略で生まれた「OODAループ意志決定理論」は、マキャベリー以来の指揮官主導型の戦い、クラウゼヴィッツが発展させた戦争の主体の概念を根底から覆した。操縦士の個別の意志決定過程を形式知化した。これは「戦闘」のみに有効なのではなく、「戦略」の行為主体として、組織と個人の位置付けを転換させたのである。生死を別つ行為において、PDCAサイクルにもとづく組織的意志決定では、現実的に対応できない（非現実的）ことを明示した。すなわち、「戦略の概念フレーム」をコペルニクス的に転換させた理論でもある。

　最後にマーレーは、「軍事戦略」そのものの論考だけではなく、現代社会の抱える複雑な背景を踏まえて、「戦略」の裾野を拡げた。「戦略」が戦争のためだけに存在するのではなく、広範囲な分野での汎用性をもたらすことと、広範囲な分野からの視点の必要性を提唱した。社会構造の変化を踏まえて、①地理、②歴史、③世界観（宗教やイデオロギーや文化）、④経済的要因、⑤国家の制度や組織体制による背景を考慮した「戦略の概念フレーム」を指摘した。特に、④経済的要因からもたらされる、市場経済の影響は多大であり、武力を用いた戦闘状態にならない「経済戦争」を発生させていることも指摘している。

　「戦略（戦争）」には、歴史上にみられる社会構造の変容が影響を及ぼしてい

る。そのため、その時代の社会構造は「○○戦略」というような写真を重ねたものではない。いうなれば、ビデオ動画のような連続性のなかで、種々の事象が相互に影響を及ぼし合い、その構造の変化が過程となるのである。しかしながら、すべてを列記することは不可能であるため、「戦略」の社会的形成過程を7段階に分類したものが下記である。

> 第1段階　　原始的な戦略の発生
> 　→第2段階　　組織化
> 　　→第3段階　　戦術の概念の誕生
> 　　　→第4段階　　戦略の概念の誕生
> 　　　　→第5段階　　戦術の形式知化
> 　　　　　→第6段階　　戦略のパラダイムシフト
> 　　　　　　→第7段階　　戦略の概念フレーム

2 スポーツ競技の形成過程

　本書では、近代スポーツ、その近代スポーツが一世を風靡することとなったスポーツ競技（以下「スポーツ」とする）に焦点を当てている。ここからは、「戦略」の社会的形成過程とスポーツを比較しながら論を進める。その際、社会構造との相互関係によって成立・発展してきたフットボールを事例として論考を試みたい。

(1) 第1段階　―原始的な戦略の発生―

　FIFA（Federation International Football Association /国際フットボール連盟）によると、四千年程前からボールを使った身体活動が確認され、紀元前2～3世紀の中国では、兵士の身体訓練としてボールゲーム（競技）が行われていた。漢代になり、「蹴鞠」と呼ばれる現代フットボールに近い形態が確認される。

　その後、各地域（国）の伝統的な球技と融合し、様々な形態で行われていた。特にブリテン島（現英国）では激しい争いへと変容し、1314年には時のロンドン市長がフットボール禁止令を出すほどであり、15世紀から16世紀に渡って、イングランドやフランスの国王はフットボールを行うことを制限した。フットボールという競技は混沌とし、時には民衆を巻き込み、社会体制への不満を扇

動するものでもあった。この数世紀の間は「非常に暴力的であり、ゲームでのハッキング（相手の脛を蹴る）は当然、頑強な男達が相手に襲いかかりゴールを奪っていく」（エリアス，ダニング，2010）という「原始的な戦略」が主流であった。時を経て、徐々に現代のフットボールに類似したゲームへと変容するなかで、「スポーツにおける戦略」は、人々の感情的なほとばしりから組み立てられ、民衆と社会に影響された社会的形成過程の第1段階と位置付けられる。

(2) 第2段階 —組織化—

　第2段階は近代フットボールの誕生である。近代フットボールの成立は、ルールの統一をめぐる、1863年のフットボール協会（FA／イングランド）とラグビーフットボール協会（ラグビー協会）の分離時である。この前までは、当該する2チーム同志がゲーム前にルールを決めていた。ケンブリッジルールなどのある集団や地域での共通のルールは存在したが、フットボールという標準化されたルールは存在しなかった。そこで、「手の使用を禁じるルール」と「手の使用を許可するルール」に別れたのが両協会の成立である。これはマキャベッリの指摘した「組織化」に該当する。ルールとは元来、ゲームの根幹を成すものであるが、そのルールの統一化こそが「スポーツにおける戦略」の第一歩であることに気付く者は少ない。現代のルールは既存のものであり、そのルールに疑問をもつ者はゲームに参入できないという点で、その組織からの逸脱を意味することに疑問を抱く者はいない。

　これらをマキャベッリの提唱に照射すると、「国家として軍の常備」は、為政者から禁止令を出されずに「ゲーム（競技）の機会の確保」となり、「兵士に対する教育の重要性」は「ゲームの振る舞い＝ルールの遵守」に相当する。そして、「軍の指揮官の統率能力」は、前記二点の前提となる「ルールの統一」となる。ルールが定まらず、統率のない、感情や自尊心にもとづく「戦闘」状態から、「手の使用を禁じるルール」と「使用を許可するルール」へと二分割したことは、すべてのゲームにおいてルールをめぐった「戦闘」が行われていた状況を整理し、ルールをめぐった「戦闘」が発生しないように統率をしたということとなる。マキャベッリの指摘する「組織化」が「スポーツにおける戦略」の社会的形成過程でも生起しているのが確認される。

(3) 第3段階 ―戦術の概念の誕生―

　「組織化」によって統率が進み、ブリテン島では早くも大衆化と商業化が起こる（エイゼンベルグ,ランフランチ ほか, 2004）。この2つの現象はフットボールの輸出をもたらした。ヨーロッパ大陸はもちろん、アメリカ大陸やアジアにも波及していく。これは産業革命以降の19世紀後半、イギリスによる市場拡大化が進み、資源と販路を求めて世界へと視野が向いた社会動態（社会構造の動態）によるものである。フットボールの社会的形成過程において、この社会動態を背景としてフットボールの輸出が加速した。すなわち、フットボールにおける第3段階が始まった。

　1904年にオランダ、スイス、デンマーク、ベルギー、フランス（スペイン）協会によってFIFAが創設され、1930年に最初のワールドカップがウルグアイで開催された。この2つの事象は、「スポーツにおける戦略」と「軍事戦略」の違いを明確に示すものでもある。

　第2段階の「組織化」では、統括主体（FAやFIFA、ラグビー協会などの競技統括組織）の成立と行為主体（チームなどの実際に直接競技を行う集団や個人）によるゲームの成立（ゲーム機会の確保）は同一の事象であった。すなわち、ここまでの社会形成過程で主体（行為主体）は同一であったことを意味していた。しかし、この後、統括主体と行為主体は相互依存しつつも、別の行為主体として各々の「戦略」にて歩み始めた。

　FIFAは国家が領土を拡げるがごとく、フットボールの国際的統括を目的とした行為主体へと変容していく。FIFA創設時の6カ国（スペイン含む）とフットボールを「闘争」から「ゲーム（競技）」として確立させたFAとの「統括主体」としての主体争いは、加盟、非加盟や承認、除名などの多様な「戦闘」の方法を用いた「戦術の概念の誕生」でもあった。

　一方、行為主体では、各国協会はワールドカップ以前も数々の国際親善ゲームを行っていたが、対戦相手との勝利は「何をもたらすのか」という根本的な問題が発生していた。しかし、ワールドカップによって「世界で一番強い国（チーム）」という明確な目的が誕生することとなった。

　ワールドカップ以前は、対戦相手、すなわち敵チームとの直接対決（戦闘）を制することが目的であり、戦闘行為は感情的な暴力による支配を受けやすかった。つまり、敵チームに勝利することだけが目的となり、ルール制定前のカ

オス（混沌）よりは整理されたが、最低限のフットボールのルールを基盤とした暴力性の強い状態であった。ここに、「戦闘」は確認されても、「戦術」や「戦略」は見られなかった。1930年にワールドカップが行われるようになり、行為主体の目的はルールに則った「世界一」となった。この「世界一」への希求は、複数の敵チームとの「戦闘」に連続して勝利することなく達成されるものではない。ここで、「戦闘」の扱い方を間違えば、連続した勝利は望めない。そのため、「戦闘」の方法を勘案する「戦術の概念」が誕生した。ナポレオンがそれまでになかった「分散戦」という「戦術」を発案したように、フットボール（スポーツ）においても原始的ではありながらも「戦術の概念」が生じたのである。

また、「スポーツにおける戦略」の社会的形成過程において、FIFAの創設とワールドカップの開催は、「統括主体」と「行為主体」という2つの主体の存在を明確にしたことでもあった。

(4) 第4段階 ―戦略の概念の誕生―

ヨーロッパの6つの各国フットボール統括組織を中心に創設したFIFAに追い風であったのが、社会動態として市場経済が全世界へ拡がるのと同調して、フットボールが輸出されていったことである。このことにより全世界で各国協会の設立や統一の気運が高まり、最終的には加盟国が増加していった。すでにフットボール（スポーツ）ではグローバリゼーションが生起していた証でもある。国家が政治的最終手段として、領土や資源の獲得をめぐって「戦争」を起こすなか、FIFAは「フットボールの唯一無二の統括主体」として、武器を用いることなく加盟国（領土）を拡大することが可能であった。特に、二度の世界大戦を経ながら敗戦国の加入が認められる点で、フットボールの統括主体を目的としたグローバル・ガバメントとして、社会構造における特異な存在（主体）であった。

FIFAは、前段階をさらに進め、「世界で唯一のスポーツ統括主体の確立」を目指した。ワールドカップはその手段として重要な「戦術」であった。また、オリンピックの厳格なアマチュア規定がかえってワールドカップの権威（選手はプロフェッショナル、アマチュアに関係なく参加が可能）を高めることとなり、各国協会のFIFA加盟と主催大会への参加動機となった。すなわち、「世

界で唯一のスポーツ統括主体の確立」のため、ワールドカップ重視、オリンピック軽視という「戦術」を駆使した第4段階、「戦略の概念の誕生」であった。

世界中を戦火に巻き込み、人類はそれまで構築してきた有形、無形の文化を喪失した。そして新たな文化の創造を迫られる。そこで、スポーツ、特に大戦前からどの国の民衆も、時間を忘れて熱狂していたフットボールが注目された。

ワールドカップは、国民の意識がナショナルチーム（国の代表チーム）へと向き、戦争に疲弊した民が死の恐怖に怯えずに国家の戦いを鼓舞できる「場＝champ/field」（ブルデュー, 1990）であった。また、先の2つの大戦の戦勝国、敗戦国、もしくは旧宗主国、旧植民地、さらにアマチュア、プロフェッショナルにかかわらず、フェアな立場で戦うことが許されている唯一の「場」でもあった。そのため、どの国（協会）でもワールドカップの価値が高まり、そこでの「勝利」を目指すための策を練り始めたのである。

また、1925年にオフサイド・ルールが変更になったことがきっかけとなり、「戦術」の重要性への認識はすでに生起していた。特に、このルールの変更を利用し、フィールドのプレーヤーの配置をWとMの形にした「WMフォーメーション」の「戦術」を駆使したのがイングランドのアーセナルであった。その後、「戦術」の重要性が認識され、各国はそれぞれの文化を背景に「戦術」を発展させていった。

第二次世界大戦後、この「戦術」を最も発展させたのはハンガリーであった。1952年のオリンピックで優勝したが、1954年のワールドカップ決勝では西ドイツに敗戦した。これは、対戦国がハンガリーの「戦術」をいかに崩すかという「戦略」の社会的形成過程の一部であるとともに、「戦術」が単体として発生するのではなく、ある「戦術」を崩すために新たな「戦術」が生み出されるという観点において、「戦略の概念の誕生」であった。すなわち、ワールドカップは四年一度の大会であり、各国協会は4年後を見据えた対策を考案するために「戦略の概念」をもたざるを得なくなったともいえよう。

その後は、1958年ワールドカップでブラジルが、テクニックの優れたプレーヤーや頑強なプレーヤーを4-2-4に配置（戦術）しただけでなく、フットボールの技術とは一見無関係のような環境設定（例えば、心理学者の帯同）など、勝利のための明確な「戦略」にて優勝を飾ったのである（エイゼンベルク, ランフランチ 他, 2004）。また、イタリアが強固なディフェンス（守備）による「カ

テナチオ（鍵）」といった「戦術」を誕生させたのも、いかに効率良くゴールを奪うかという着想であり、行為主体における「戦略の概念の誕生」の顕著な例である。

　これらのフットボールにおける「戦略」の社会的形成過程は、リデル＝ハートが指摘した「戦略の目的の再考」と通じるものでもある。肉弾相打つ「戦闘」状態から、人の配置を含めた整理、すなわち「戦術」が誕生し、その「戦術」を発展させるための「戦略」が誕生した。敵の「戦術」を読み取り、自らの「戦術」によって勝利を得るための「戦略の概念」。そこにはクラウゼヴィッツによる「壊滅論」とは異なる「効率化」の発想が横たわっている。すなわち、いかに偶発性を排除（計画性をもって敵の攻撃を防ぎ、自らも計画的にゴールを奪う）するかという発想は、リデル＝ハートの「戦略の概念」と同様である。

（5）第5段階　―戦術の形式知化―

　1967年にワイリーは『戦略論の原点』（邦題）にて「戦略」を理論化した。フットボールにおいても同期するかのごとく、1960年代初頭からアヤックス（オランダ）とその主力メンバーで構成されたオランダ代表による「戦術」が世界を驚かせた。第二次世界大戦後に宗主国から独立した新興国家の国際的存在の確立のための方策と、FIFAの「世界で唯一のスポーツ統括主体の確立」のための方策が合致し、ヨーロッパと南米の持ち回りによるワールドカップの開催は、FIFAの重要な「戦術」であった。

　ワールドカップは1958年以降、大西洋を挟んだ大陸で交互に開催されていた。しかし、各国の体制を俯瞰すると、非常に複雑であり、統括主体としてのFIFAの交渉は困難をきわめた。ワールドカップを開催するにあたって、多様な政治体制との交渉を行わなければならなかった。第二次世界大戦の爪痕と、その後の新興国家による軋轢の狭間での交渉は、「スポーツ」を超えた国際政治問題そのものであった。

　1962年チリ大会では、1960年のチリ大地震によるインフレとの対峙、1966年イングランド大会では朝鮮民主主義人民共和国の出場による国連未承認国の参加問題、1970、1986年メキシコ大会ではメキシコの債務増加による経済不況と麻薬問題、1974年西ドイツ大会では東西冷戦による入国者へのビザ発給問題（亡命問題）、1978年アルゼンチン大会では軍事政権下での開催である。また、

この時代は西側諸国と東側諸国が対峙するなか、「東側諸国をFIFA内に留まらせ、その背後で影響を及ぼすソビエトといかに交渉するか」が命題であった。

FIFAは設立当初より「政治的中立」の立場を貫いていた。二つの大戦の前後に瞬間的に崩れたことも確認されるが、その原理と原則は現在までも変わらない。すでにワールドカップがグローバルな認知と大衆の支持を得ていたことと、「政治的中立」の立場を貫いたことにより、多様な国家との交渉が可能であった。すなわち、これらの交渉のすべてが「戦術」であった。「スポーツ統括主体の確立」という目的を達成するため、「多様な戦術」を生み出し、その経験知を「形式知」として蓄積したことが、世界最大のスポーツ統括主体による世界最大のスポーツイベントへと発展したといえよう。まさに、ワイリーが分類した「順次戦略」と「累積戦略」である。FIFAにとって、これらの交渉や開催は、目的達成のための「順次戦略」ではあるが、多分に偶発性を含む「累積戦略」でもあり、「多様な戦術」を可視化させた、「戦術の形式知化」の段階であった。

行為主体に論点を移すと、1960年代半ばから1970年代のオランダの「戦術」は「トータル・フットボール」と賞された。それまでは攻撃のプレーヤーと守備のプレーヤーの役割が明確にわかれ、どちらの役割も担わせる概念はなかった。アヤックス、そしてオランダを率いたリヌス・ミケルス（1928～2005年）がこの「戦術」を完成させた。敵からボールを奪うと、距離が近いプレーヤーたちが前方に飛び出し、攻撃に参加する。ボールを失った際も、失った場所に最も近いプレーヤーが激しくアタック（ボールを奪いに行く）し、その間に自らのポジションへと全速力で戻る、攻守一体型の「戦術」であった。

また、1974年西ドイツ大会決勝でこのオランダを破った西ドイツは、3人の最終守備プレーヤーの後ろにリベロという役割のプレーヤーを置き、フィールドの役割を見事に整理した。そして、このリベロは守備の最終的な砦でもあり、攻撃の起点ともなる「戦術」によって、「トータル・フットボール」を破った。

この後も、1978年アルゼンチン大会で高速攻撃を主体とした「戦術」を用いたセサル・ルイス・メノッティ（1938年～）率いる開催国アルゼンチンや「カテナチオ」をさらに発展させて効率化を図った1982年イタリア。独自のテクニックを主体としてパスとドリブルを柔軟に使い分けるブラジル。流れるよう

な美しいパスによって攻撃を構成したフランスなど、各国の文化や国民性に合わせた「多様な戦術」が明らかになった時代（段階）であった。特に、1970年代に入るとテレビの普及により、これらの「戦術を目視」することが可能となった。1980年代になるとビデオによる映像の再生が可能となり、対戦国の「戦術の形式知化」と対戦相手との相互関係を利用した「戦術」が生まれた。すなわち、「スポーツにおける戦略」の社会的形成過程において、「戦術の形式知化」が驚くほどのスピードで進んだのである。

（6）第6段階 ―戦略のパラダイムシフト―

「軍事戦略」において、ボイドは「戦略のパラダイムシフト」を起こした。ボイドの提唱した「重心」の概念は「戦術」を効率化させ、「戦略」の本質を明確にした。また、「OODAループ意志決定理論」は戦闘機の操縦士や現場戦闘員のための「意志決定理論」としてだけではなく、国家全体の「軍事戦略」における意志決定の問題点を炙り出し、その後の組織体制や意志決定に関して、旧来の概念をまったく塗り替えた。そのため、仕官クラス以上が必要とされる「戦略の概念」の「重心」を成すものとなった。

フットボールにおいて、統括主体と行為主体の多方に「戦略のパラダイムシフト」が起こったのも、この時期（1980～2000年）であった。それは、フットボールの主体がナショナル・チームからクラブ・チーム（以下「クラブ」と略す）へと変移したことである。これは、統括主体と行為主体のどちらにも変化をもたらした。驚くべきことに、このパラダイムシフトをもたらしたのは、FIFAの傘下にあるUEFA（Union de Europe Football Association／ヨーロッパフットボール連盟）であった。フットボールのガバメントとして唯一の主体であったFIFAの存在から、フットボールの多様な主体のガバナンスを行う存在へとパラダイムシフトが起こったのである。

スポーツ統括組織の主導権はUEFAに移っていった。この理由は、1955年に始まった、UEFA主催の各国リーグ優勝クラブのみが参加資格をもつ、ヨーロピアン・チャンピオン・クラブズ・カップの大会形式が、1990年代に入ると大幅に変更されたことによるものである（UEFA, online）。それまではホーム＆アウェーによるトーナメント方式（5試合目に決勝、負ければ2試合で終了）であった。

1991-92	本戦出場8チームを2グループに分けたリーグ戦を導入
1992-93	ヨーロッパ・チャンピオンズリーグに名称変更
1994-95	本戦出場16チーム（本戦参加のための予選創設）
1996-97	UEFAチャンピオンズリーグに名称再変更
1997-98	本戦出場24チームに増加
1999-2000	本戦出場を32チーム、2次リーグを導入（*2003-04廃止）

**1991-92はシーズンを表す。通常、同年7月〜翌年5月がシーズン。

(UEFA.com,"UEFA Champions League/History")

　大会方式の変更によって試合数が増加し、それに伴いUEFAやクラブの収入が増加した。各クラブはチケット収入やUEFAからの分配金収入の増加により、チーム力を世界のトップレベルへと向上させることが可能となった。換言すると以下の2点が主導権の移動要因として挙げられる。

1. 世界トップレベルのゲームを毎シーズン開催することが可能となった
2. リーグ戦により試合数が増加し、安定的な収入源が確保された

　四年に一度のワールドカップの価値が低下したのではなく、毎シーズン、UEFAチャンピオンズリーグによってクラブと大衆の両者の欲求を満たすことができたため、多分に偶発的にFIFAからUEFAへと主体の主導権が移動していったのである。すなわち、UEFAは加盟国のために「フットボールの価値の向上」（上田・山下, 2014）を目的とした「UEFAの戦略」を行っていたものの、ワールドカップを超越した価値を創出し、意図せぬ結果としてFIFAから主導権が転移することとなったのである。「経済面」での成功により、全世界から人と財が集まり、そのため、2つの問題も発生した。

1. 他大陸からの優秀なプレーヤーの参集とヨーロッパ人のプレー機会喪失
2. 主要クラブがUEFA内の主導権を獲得

　UEFAチャンピオンズリーグの戦略的成功は、UEFA内の主要クラブが独自のスーパーリーグを創設し、UEFAチャンピオンズリーグやUEFAから脱退する動きを見せ始めたこともあり、UEFAは主体としての主導権を維持す

るために、さらなる特殊化と拡大化を選択せざるを得なかった。FIFAとUEFAの関係性同様、行為主体としてのクラブが主導権を持ち始めたのもこの段階である。すなわち、スポーツ統括主体の「戦略のパラダイムシフト」が起こったのである。

　行為主体に視点を転換すると、1980年代は2つのクラブがフットボールにおける「戦略のパラダイムシフト」を起こした。イタリアのAC.ミランと1960年代から常に話題の中心であったオランダのアヤックスである。

　AC.ミランは、メディア王で後にイタリア首相も務めたシルビオ・ベルルスコーニ（1936年〜）がオーナーとなった2年目の1987-88シーズン、無名の下位チームの指揮官であったアリゴ・サッキ（1946年〜）を就任させた。彼は、それまでのフットボールの概念とはまったく異なるプレースタイルを世間に提示した。それは、ヨーロッパから全世界へ拡がり、現代戦術のスタンダードとなった。

　紙面の関係上、簡潔にそれまでのプレースタイルを述べるならば、守備の概念は基本的に「人対人」であった。対戦前より、敵のプレーヤーの守備担当プレーヤーが決まっており、ゲーム開始から、ゲーム終了まで責任をもった「1 vs. 1 の決闘（Duel/デュエル）」であった。その後、ゾーンディフェンスというスタイルが生み出されたが、担当区域での「デュエル」、すなわち「人対人」の概念に変化はなかった。サッキは「人対人」の概念を崩し、敵のプレーヤーが活動する「時間と空間」を限定させた。後に、ゾーン・プレッシングと呼ばれる「攻撃的な守備」のスタイルへと転換させた。一方で「時間と空間」を限定させると、自らのプレーヤーたちの「時間と空間」も限定されてしまう。そのため、ボールを奪った後は直進方向へ素早く飛び出し、敵の背後の「空間」を奪い、敵が対応する「時間」を奪い、瞬時に逆側から横方向（ゴール前）へ走り込み、ゴールを奪った。このスタイルは守備の「戦術」と攻撃の「戦術」の融合（効率化）でもあった。1992年のオフサイド・ルールの改正も追い風となり、サッキのアシスタントからチームを引き継いだファビオ・カペッロにより熟成された。

　サッキは、この「戦術（ゾーン・プレッシング）」に加えて、対戦相手が、試合開始よりAC.ミランの「攻撃的な守備」に対して心理的なストレスが加わり、自らの攻撃をコントロールできずに慌ててしまうことをも意図していた。

つまり、敵の攻撃の無力化を成し遂げている点でボイドの「重心」の概念と同一であった。

　この「戦術」を行うためには高度な「身体能力」「テクニック」「判断能力」が必要であるため、彼のトレーニング（訓練）は、これらのすべての要素を含んだ形態で行われた。また、対戦相手が映像による分析、事前準備をすればするほど、このプレースタイルに支配されてしまう現象も加えると、行為主体の「戦略の一部」という理解が正確である。

　もう一つの「戦略のパラダイムシフト」はアヤックスにおける連続性、一貫性である。個々人のプレーヤーの「戦闘」に勝敗を委ねるのではなく、「戦術」を遂行するプレーヤーへと変換させた。これは一試合ごとの勝利を目的とするだけでなく、シーズン、もしくは長期的な覇権を目的とした「戦略の概念」から組み立てられている。アヤックスは、この時間軸をU-6（6歳以下）から頂点のプロプレーヤー（トップチーム）まで設定した教育を行った。加えて、アヤックスはU-6チームからトップチームまで一貫したプレーシステム（プレーヤー配置）を採用し、その役割と機能を完璧に遂行できる教育を行った。同様に、指揮官（指導者、コーチ、日本的には監督）の教育もプレーヤーと同期させながら行ったのである。つまり、約15年間に渡る行為主体に対する「戦略」であった。ここには前時代にすでにパラダイムシフトを起こしていたリヌス・ミケルス、その教育を受けた偉大なるプレーヤーであり、フットボールの哲学を熟知したヨハン・クライフ（1947〜2016年）という2人の指揮官の存在があった。驚くべきことに、下記のタイトル獲得時の登録プレーヤーのほとんどが、アヤックスの育成部門出身者であった。

```
1991-92    UEFAカップ優勝
1994-95    ヨーロッパ・チャンピオンズリーグ優勝
           インターコンチネンタル・カップ（クラブ世界一決定戦）優勝
1995-96    UEFAチャンピオンズリーグ準優勝
```

　この教育とは一概に指示・命令に対する服従を指すものではない。トップチームで遭遇する困難な状況を想定し、ある状況では役割と機能から逸脱した行為主体となることも「教育の概念」に包摂させた「戦略」である。つまり、プ

レーヤーを行為主体とした教育でありながら、自動的にチーム（組織としての行為主体）の役割と機能が育まれ、両行為主体を同期化させた。これらは鏡のように、指導者の実践的な指導能力や判断能力をも育むこととなった。ボイドが「軍事戦略」、そして国家の軍事組織の意志決定方法にパラダイムシフトを起こした「OODAループ意志決定理論」とまったく同じ概念であった。

　行為主体としてのAC.ミラン、アヤックスによって、近代フットボールが成立して以来の「戦略のパラダイムシフト」が起こった。さらに、主体間の関係も、UEFAチャンピオンズリーグによってFIFAからUEFAへ、そしてUEFA内でも各クラブの主体性が高まった。すなわち、フットボール（スポーツ）の社会的形成過程において、スポーツ統括主体とスポーツ行為主体が相互補完関係へと変容していく「戦略のパラダイムシフト」が確認できる。

(7) 第7段階　―戦略の概念フレーム―

　マーレーは「現代社会の抱える複雑な背景」を踏まえた「戦略」の必要性を説いた。スポーツ、とりわけ世界で最も多くの大衆を魅了するフットボールでは、1990年代から2000年にかけて「戦略のパラダイムシフト」が起こったことを確認した。UEFAの主体性はフットボールの社会的形成過程のなかでも経済的比重が高くなってきた現象であるのと同時に、根元的な「フットボール（スポーツ）の存在」を問うものでもあった。これは「戦略とはなにか」という問いと同意である。フットボールが、「あそび」や「娯楽」などの個体の欲求の解消ではなく、国民、民衆にとっての公共財、もしくは社会的共通資本（宇沢弘文, 2000）の意味をもつようになったことであった。

　フットボールにおいて、1863年のルール制定によるFAとラグビー協会の分離・設立と同様の出来事が起こった。1995年12月5日に判決が下されたボスマン判決（Case C415/93, European Court of Justice）である。本判決によって、プロプレーヤーがEU法上の「労働者」として規定された（1.契約終了後の移籍の自由、2.契約元による契約期間中の移籍に対する損害補償請求権、3.EU内の労働場所の自由）。そのため、1990年代からのUEFAチャンピオンズリーグの拡大化に伴った市場経済の流入により、判決後の契約の1～2回目（プロ契約は判決以来3～5年が慣習）、つまり2000年前後からは市場メカニズムが働き、プレーヤーの年俸の高騰、移籍金（法的には損害補償金）は以前の3～

5倍を超え、さらに次の移籍契約ではその数倍になった（上田・山下, 2014）。

前段階で「戦略のパラダイムシフト」が起こり、「戦略」の主体に新たなパラダイムが訪れた。すなわち、スポーツ統括主体とスポーツ行為主体は、相互補完しながら両主体の主体性が維持される構造となった。以下は、その主体性の維持に関わる補完要素を抽出したものである。

スポーツ主体（主体性）＝「公共性」×「経済性」×「安定性」×「特殊性」

「**公共性**」＝社会的秩序、法の遵守、透明性、インテグリティ（高潔さ）
「**経済性**」＝市場（マーケット、広報含む）、資金、経営
「**安定性**」＝リーグ・大会の安定開催、ゲーム（試合）規定の明解さ
「**特殊性**」＝スタッフ、プレーヤーの質、情報分析・医学・科学・心理学
　　　　　　　の実践的スタッフ能力、設備、備品などの機能性と量

スポーツ統括主体は主体性を維持するために、「経済性」「安定性」によってリーグ・大会の開催を可能とする。そのため、スポーツ行為主体による「特殊性」を必要とする。ゲーム（試合）に勝敗の不確定性がなければ注目度は低く、安定的なリーグ・大会の開催は行えず、経済的な価値の創出も不可能である。

一方、スポーツ行為主体の目的は「勝利」である。「勝利」のためには敵チームより優位である必要がある。これはチームの「特殊性」を表す。優秀な監督やスタッフ、プレーヤー、そして情報分析や医科学を駆使して勝利に導くスタッフ。さらにはスタジアムや設備・備品などが機能的で十分な数量を満たしているかなども「特殊性」を表すものである。これらの「特殊性」を維持・獲得するにはスポーツ統括主体の補完が必要不可欠となる。優秀なスタッフやプレーヤーの維持・獲得には「経済性」の補完が必要となり、高度で明解な競争の「場（リーグ・大会）」がなければ、スタッフやプレーヤーはスポーツ行為主体とはなりえない。「特殊性」を維持・獲得するための「安定性」による補完が必要となる。

現代社会では、社会的行為主体に対して、社会的秩序の維持、法の遵守、情報開示を含めた透明性、これらすべてを包括したインテグリティ（高潔さ）、すなわち「公共性」が求められる。両主体にも、社会的行為主体としての「公

共性」が求められた。この「公共性」の欠落は、行為主体の主体性を失うこととなる。つまり、フットボールやスポーツの行為主体は、スポーツの「場」という閉鎖的空間から、「公共性」を伴う解放的空間へと移動し、公共財や社会的共通資本と同様の存在へと変容したのである。フットボール（スポーツ）の村社会の時代はスポーツの社会的形成過程において終焉を迎えた。

さらに、FIFAは211の主権地域、UEFAは55の主権地域が加盟する統括組織である。国家と主権地域の違いはあるものの、国際連合は193カ国、欧州連合（EU）は28カ国である。このデータでも判るようにFIFAやUEFAは「政治的中立」であったことに加えて、すでにグローバル・ガバメントからグローバル・ガバナンス組織として存在を確立している。そのため、「脱国家、脱宗教、脱イデオロギー」を根底に踏まえたスポーツ統括主体とスポーツ行為主体の相互補完関係において、「戦略の概念フレーム」がさらに拡大化されているのである。

本講にて論考した、フットボールは一事例でしかない。しかし、世界の民衆の支持や国家・宗教・イデオロギーをも超越したグローバルな存在へと転換し、すでに経済的側面では中堅国家やオリンピックをも凌駕しているフットボールを、スポーツの象徴として論考することに異論はなかろう。しかるに、現代までの社会的形成過程において、「軍事戦略」と「スポーツにおける戦略」の関係性は見事に同期していたとまとめることが可能である（**表2-1**）。

3 スポーツにおける戦略の概念の整理

(1) スポーツにおける戦闘・戦術・戦略の概念の整理

前項までに議論を行った「戦略の概念フレーム」の変容は、「スポーツにおける戦略」を議論するうえで大きな示唆を与えるものである。そこで、軍事戦略の定義を援用し、スポーツにおける戦略、戦術、戦闘に関する個別の概念を**図2-1**にて整理する。

スポーツ行為（社会的行為）にて置き換えると、目的の達成方法（ゲーム単位の勝利＝戦術）により個々に対峙するプレー単位（戦闘）の方法が規定され、各プレーの蓄積は戦術の帰結としてゲームに反映されることは、軍事戦略の構造と同様であることに異論はあるまい。ここで軍事戦略とスポーツ行為との大

表 2-1 「軍事戦略」と「スポーツにおける戦略」の社会的形成過程

段階	社会的形成過程	軍事戦略(戦略家)	スポーツ(フットボール)における戦略
第1段階	原始的な戦略の発生	孫子 ●地域から国家の覇権・統治	フットボールのゲーム形態の発生 ●社会体制への不満を扇動(原始的な戦略) ●暴力性による禁止令の発令(抗力としての戦略)
第2段階	組織化	マキャベリ ●軍の常備・兵士教育・指揮官の統率能力	近代フットボールの誕生 ●統一ルールの制定(混沌からの組織化) ●フットボール(FA)とラグビー(組織の成立)
第3段階	戦術の概念の誕生	クラウゼヴィッツ ●戦争の階層構造・殲滅戦・国民軍	フットボール統括組織(FIFA)の創設 ●ワールドカップの創設(統括組織の主体確立のための戦術) ●ワールドカップにより加盟国代表チームの目的が明確となる(勝利のための戦術) ●統括主体と行為主体の2つの主体の存在へ
			統括主体(競技統括組織) / 行為主体(競技を行う個人やチーム) ●世界で唯一のフットボール統括主体の確立(戦術)(加盟承認、未承認、除名などを用いた戦術) / ●世界を獲るための連続勝利した戦術(単体の戦闘力から戦術の必要性が生起)
第4段階	戦略の概念の誕生	リデルハート ●間接的アプローチ、戦略の再考	視野をスポーツ全般の統括主体へと拡大(戦略) ●フットボールの輸出(戦略遂行のための戦術) ●参加資格制限なし(戦略遂行のための戦術) / ●4年に一度の連続勝利のための対策(戦術) ●国民・文化を背景とした戦術の発生 ●自らの戦術の確立と敵の戦術への対応
第5段階	戦術の形式知化	ワイリー ●戦略構造分析・順次戦略・累積戦略・均衡状態	ワールドカップを用いたFIFAの覇権拡大(戦略) ●多様な国家体制との政治的交渉(多様な戦術) ●多様な国家間との共存交渉(多様な戦術) / ●戦術の高度化と多様化 ●各国の戦術の高度化(戦術の多様化) ●映像技術の発生と戦術の可視化(戦術と対応戦術の形式知化)
第6段階	戦略のパラダイムシフト	ボイド ●機動戦論・重心・OODAループ意思決定理論	統括主体内の一部の主体へと重心が移動(戦略のパラダイムシフトが発生) ●UEFAの台頭(公共性・安定性・特殊性) ●市場経済の影響(グローバリゼーション) / ●既存の戦略の重心からの逸脱 ●時間と空間の概念にパラダイムシフト ●戦略を逸脱できる選手育成の戦略
第7段階	戦略の概念フレーム	マーレー、バーンスタイン、ノックスほか ●社会構造の変化に伴う戦略の視野の拡大 ・広範囲な分野での汎用性	スポーツが社会構造に包摂され概念フレームが拡大 ●ポストマン判決によるスポーツの社会化(概念フレームの拡大) ●統括主体と行為主体の補完性の生起(概念フレームの再考)

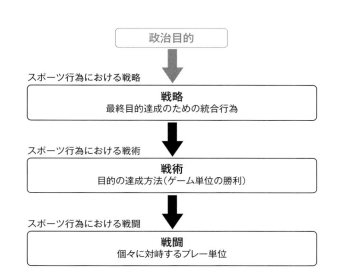

図2-1 スポーツにおける「戦略の概念」の整理

きな違いが浮かび上がる。本書第1講の**図1-2**（p.6を参照）と本講の**図2-1**を比較してもらいたい。前提条件として、軍事戦略は政治的最終手段としての武力の使用である。現代社会では被害の最小化と武器使用の効率化、グローバリゼーションの拡大も加わり、目的も「ガバナンスの概念」へと変容している。軍事戦略は政治目的の遂行である。では、スポーツ行為において政治目的同様の「目的」は何であろうか。近代の領土や資源であれ、現代の恒久平和や豊かさであれ、為政者（国民主権も含む）による目的は明確に提示される。しかし、スポーツ行為の場合、多様性をもった重層的構造の行為主体も存在し、その目的は行為主体によって異なる。すなわち、前提条件として、これらの行為主体間において、目的の統一性や整合性が担保されるのかという問題が始原的に存在する。ここに、「スポーツにおける戦略」が軍事戦略とはまったく異なる「スポーツの特殊性」として確認される。

(2) スポーツにおける「戦略の概念フレーム」

　ここでは「戦略の概念フレーム」の枠組みにて、スポーツの特殊性を論考する。

①構造フレームの影響

　戦争は、その行為主体自らが降伏を申し出るか、一方の壊滅によって終結する（和解も同様）。軍事戦略の最終目的は戦争を終結させることである。

　しかし、近代スポーツの行為主体は、ルールという枠組みのなか、可視化された時間や点数でゲームを終結させられる。放棄以外、自らの意思で競技を終わらせることはできない。放棄は、ルールによって行為主体としての権利を停止させられる。その行為主体の主体性が消失されるとともに、行為主体の権利が競技統括組織やその帰属組織へと移動する。すなわち、スポーツの行為主体間の構造フレーム（スポーツにおける行為主体の範囲、例えば、個人と帰属組織、国内競技組織、国際競技組織等による国家を超えた構造や、各々の関係構造による「主体の枠組」）が「戦略の概念」に大きく影響を及ぼしている。

②時間フレームの曖昧さ

　また、戦争のように「終結」と「終結後」という明確な状態を判別するのがきわめて難しいことも挙げられる。「スポーツにおける戦略」は、時間フレーム（時間軸の枠組み）を行為主体自らが設定を行わなければならない。まさに「不確実性と曖昧性の支配」を受ける。つまり、「スポーツにおける戦略」に終結はなく、恒常的に次のゲームやリーグ等の時間フレーム（例：シーズン）に組み込まれる。当該シーズン終了後は、行為主体の意志にかかわらず、次のシーズンが訪れる。そのため、3～4年にわたる中期的な「戦略」もあれば、その競技や組織に新たな文化資本（ブルデュー，1990）を定着させるための長期的な「戦略」も、「スポーツにおける戦略の概念」には含まれている。

　「スポーツにおける戦略の概念」において、これらの構造フレームと時間フレームの設定は行為主体に委ねられている。行為主体以外が「戦略」を理解するためには「現代の軍事戦略」と同様に、スポーツ行為に関する高度な専門教育を受けた者だけに識別と判別が可能なのである。そのため、一般化するほど、かえって「スポーツにおける戦略」を混乱させ、言説化している。

(3)「スポーツにおける戦略」の論考の意義

　本講の議論をまとめると、「スポーツにおける戦略の概念」に、構造フレームと時間フレームの視点を入れずに「戦略」を策定することは、「戦略」自体の曖昧性を加速させ、「戦略」そのものを無実化してしまう。また、構造フレ

ームと時間フレームの設定自体が、「戦略」を遂行する行為主体を自立させ、「スポーツにおける戦略」の出発点となることである。さらに、マーレーやグリムズリーの定義を踏まえて、「スポーツにおける戦略」の論考においても、現代社会の構造やその社会的形成過程を含んだ分析視点が必要不可欠となろう。

　しかしながら、未だスポーツにおける「戦略」の形式知化はもちろん、個々の戦略の整理や実践事例の収集さえも行われていないのが現状である。むしろ「スポーツにおける戦略」は、新たな領域として市場経済からの社会的形成過程をもつスポーツビジネス、その「市場の戦略」に包摂され、経営戦略と同一化され始めている。本書によって「スポーツにおける戦略」の論考を行う意義がここに見出されるのである。

（上田滋夢）

引用・参考文献

* Ajax
  http://www.ajax.nl/de-club/geschiedenis.htm （参照　2016年10月16日）
* ピエール・ブルデュー，石井洋二郎 訳（1990）『ディスタンクションⅠ ー社会的判断力批判ー』藤原書店．
* European Union , "The EU in Brief"
  https://europa.eu/european-union/about-eu/eu-in-brief_en （参照　2016年10月16日）
* エイゼンベルグ，ランフランチ，メイソン，ウオール：小倉純二，大住良之，後藤健三 日本語版監修（2004）『フットボールの歴史』講談社．
* ノルベルト・エリアス，エリック・ダニング：大平章 訳（2010）『スポーツ文明化』（新装版）法政大学出版局．
* FIFA, "About FIFA / Who We Are"
  http://www.fifa.com/about-fifa/who-we-are/index.html （参照　2016年10月16日）
* Andrew Jennings（2015）"THE DIRTY GAME – Uncovering the Scandal at FIFA", Century；Penguin Random House.UK.
* 上田滋夢，山下秋二（2014）「スポーツ競技統括団体の経営におけるガバナンスの始原的問題：UEFAのガバナンスからの考察」，日本体育・スポーツ経営学会『体育・スポーツ学研究』第27巻：35-53.
* UEFA
  http://www.uefa.com/uefachampionsleague/history/background/index.html （参照 2016年10月16日）
* UEFA, "About UEFA"
  http://www.uefa.org/about-uefa/index.html （参照　2016年10月16日）
* 宇沢弘文（2000）『社会的共通資本』岩波書店．
* ワイリー, J.C.：奥山真司 訳（2010）『戦略の原点』芙蓉書房出版．

第 3 講

わが国のスポーツ戦略

　わが国のスポーツ戦略は、「スポーツの国家戦略」と「国家戦略としてのスポーツ」の2つの意味をもつ。従来は、スポーツ振興を目的としたスポーツの国家戦略が主であったが、2020東京オリンピック・パラリンピック開催決定を契機として、国家戦略の中にスポーツが位置付けられ始めた。特にスポーツによって新たな産業を生み出すという経済効果に期待が集まるが、官民連携や産業創出など課題も山積みであり、新たなスポーツビジョンが必要とされている。本講では、わが国のスポーツ戦略のこれまでとこれからについて論じる。

1 わが国のスポーツ戦略がもつ2つの意味

　わが国のスポーツ戦略、という場合、2つの意味があると考えられる。1つは、わが国のスポーツが普及・発展するための「スポーツの国家戦略」と、もう1つは国家の発展のためにスポーツを利用する「国家戦略としてのスポーツ」である。わが国のスポーツは、1911年、日本人のオリンピック参加に向けた組織として「大日本体育協会（現：日本体育協会）」が発足し、近代スポーツの体制が整備された。1961年には、東京オリンピック開催の根拠法として「スポーツ振興法」が制定され、第1章総則には、「この法律は、スポーツの振興に関する施策の基本を明らかにし、もつて国民の心身の健全な発達と明るく豊かな国民生活の形成に寄与することを目的とする。」と法制定の理念に「国民生活の形成」が明記されている。その後、日本体育協会発足100年にあたる2011年に「スポーツ基本法」が制定され、2015年10月1日にスポーツを統括する新たな政府組織として「スポーツ庁」が発足した。スポーツ基本法の前文には、「スポーツ立国の実現を目指し、国家戦略として、スポーツに関する施策を総合的かつ計画的に推進するため、この法律を制定する。」と明記された。

歴史的にスポーツは国家戦略と不可分であったが、近年では、「スポーツの国家戦略」から「国家戦略としてのスポーツ」としての役割がきわめて高くなってきたと考えられる。このような流れを河野（2011）は、Development of sports（スポーツの発展）からDevelopment through sports（スポーツを通した発展）と表現している。そして2016年、内閣府による国家戦略の計画を示した「日本再興戦略2016」にスポーツ産業が取り上げられ、国家戦略の一つを担う「産業」として認識され始めている。

スポーツの政治利用、と負の面が強調されることもあるが、国家戦略として取り上げられることでスポーツが発展してきたことは紛れもない事実である。おそらく今後のスポーツ振興の戦略は、国家戦略としてのスポーツという立場を上手く活用することにある。本講では、スポーツの国家戦略と国家戦略としてのスポーツがどのような役割を担うのか論じていきたい。

2 スポーツの国家戦略

(1) スポーツ振興法

1961年、わが国で初めてとなるスポーツに関する法律であるスポーツ振興法が定められた。この法律は、1964年の東京オリンピックを控え、スポーツの定義から始まり、国や地方公共団体における計画の策定、体育の日、国民体育大会、施設の整備などが明記され、わが国におけるスポーツ振興の基本となってきた。

この法律は、「スポーツの振興に関する施策の基本を明らかにし、もつて国民の心身の健全な発達と明るく豊かな国民生活の形成に寄与することを目的とする。」（第1条1項）として、「国民生活の形成の寄与」が第一の目的とされている。また、その他には、国および地方公共団体に国民に対してスポーツをすることができる諸条件の整備（第三条一項）、職場スポーツの奨励（第九条）、プロスポーツの選手の競技技術の活用（第十六条の二）などを定め、いわばスポーツ振興に関して幅広く規定している法律であった。

しかし一方、第1条2項では、「この法律の運用に当たつては、スポーツをすることを国民に強制し、又はスポーツを前項の目的以外の目的のために利用することがあつてはならない。」（第1条2項）と定められ、また「この法律に

規定するスポーツの振興に関する施策は、営利のためのスポーツを振興するためのものではない。」（第3条2項）と定められている。つまり、この法律においてスポーツの振興を定めると同時に、営利目的及びスポーツ振興以外の目的への波及をきわめて危惧している様子がうかがえる。オリンピック憲章からアマチュア規定が削除されるのは1974年のIOC総会でのことである。1961年時点でのわが国ではスポーツに対する認識として、アマチュアリズムの考え方がまだ根強かったと考えられる。

(2) スポーツ立国戦略

その後、2000年にスポーツ振興法にもとづくスポーツ振興基本計画が策定され、子供の体力向上方策や、地域におけるスポーツ環境の整備方策、国際競技力の向上方策などが定められた。これにより総合型地域スポーツクラブの育成が始まるなど、注目すべき政策がとられたが、基本的な概念はスポーツ振興法を引き継いでいた。

そこからさらに10年が経過した2010年、文部科学省は、スポーツ振興法に変わるスポーツ基本法を視野に入れた、今後のわが国のスポーツ政策の基本的方向性を示した「スポーツ立国戦略」を策定した。スポーツ立国戦略の「はじめに」において、「スポーツは、人格の形成、体力の向上、健康長寿の礎であるとともに、地域の活性化や、スポーツ産業の広がりによる経済的効果など、明るく豊かで活力に満ちた社会を形成する上で欠かすことのできない存在である。」と明記された。また、同じく「はじめに」において「本戦略の策定を機に、より多くの人々がスポーツに親しみ、スポーツを楽しみ、スポーツを支え、そしてスポーツを育てることを通じて、スポーツの持つ多様な意義や価値が社会全体に広く共有され、わが国の「新たなスポーツ文化」が確立されることを切に期待する。」とある。すなわち、このスポーツ立国戦略において、スポーツ振興法では注意深く避けられていた、地域の活性化や経済的な効果など、スポーツの外部的なプラスの効果が認められ、かつ、積極的に展開していく方向性が示されたといえる。つまりここに、「戦略」と銘打った意義があり、スポーツを通してわが国の発展に貢献する姿勢を示したといえる。

図3-1は、文部科学省作成のスポーツ立国戦略の概要を示した図である。スポーツ立国戦略では、「Ⅰ スポーツ立国戦略の目指す姿」として〈新たなスポ

Ⅰ スポーツ立国戦略の目指す姿

新たなスポーツ文化の確立
～すべての人々にスポーツを！スポーツの楽しみ・感動を分かち、支え合う社会へ～

Ⅱ 基本的な考え方

1. 人（する人、観る人、支える（育てる）人）の重視
すべての人々のスポーツ機会の確保、安全・公正にスポーツを行うことができる環境の整備

2. 連携・協働の推進
・トップスポーツと地域スポーツの好循環の創出
・新しい公共の形成等による社会全体でスポーツを支える基盤の整備

Ⅲ 5つの重点戦略

①ライフステージに応じたスポーツ機会の創造
- 国民の誰もが、それぞれの体力や年齢、技術、興味・目的に応じて、いつでも、どこでも、いつまでもスポーツに親しむことができる生涯スポーツ社会を実現する。
- その目標として、できるかぎり早期に、成人の週1回以上のスポーツ実施率が3人に2人（65パーセント程度）、成人の週3回以上のスポーツ実施率が3人に1人（30パーセント程度）となることを目指す。
- 豊かなスポーツライフを実現する基礎となる学校体育・運動部活動の充実を図る。

②世界で競い合うトップアスリートの育成・強化
- 世界の強豪国に伍する競技力向上を図るため、ジュニア期からトップレベルに至る体系的な強化体制を構築する。
- 今後の夏季・冬季オリンピック競技大会について、それぞれ過去最多（夏季37（アテネ）、冬季10（長野））を超えるメダル数の獲得を目指す。
- また、オリンピック競技大会及び世界選手権大会において、過去最多（オリンピック競技大会では、夏季52（北京）、冬季25（ソルトレークシティー））を超える入賞者数を目指す。
- さらに、将来を見据えた中・長期的な強化・育成戦略を推進する観点から、各ジュニア選手権大会のメダル獲得数の大幅増を目指す。
- トップアスリートがジュニア期から引退後まで安心して競技に専念することができる環境を整備する。
- 国際競技大会等を積極的に招致・開催し、競技力向上を含めたスポーツの振興、地域の活性化を図る。

③スポーツ界の連携・協働による「好循環」の創出
- トップスポーツと地域スポーツの好循環を創出するため、広域市町村圏（全国300箇所程度）を目安として、拠点となる総合型クラブ（「拠点クラブ」）に引退後のトップアスリートなど優れた指導者を配置する。
- 学校と地域の連携を強化し、人材の好循環を図るため、学校体育・運動部活動で活用する地域のスポーツ人材の拡充を目指す。

④スポーツ界における透明性や公平・公正性の向上
- スポーツ団体のガバナンスを強化し、団体の管理運営の透明性を高めるとともに、スポーツ紛争の迅速・円滑な解決を支援し、公平・公正なスポーツを実現する。
- ドーピングのないクリーンで公正なスポーツ界を実現する。

⑤社会全体でスポーツを支える基盤の準備
- 地域スポーツ活動の推進により「新しい公共」の形成を促すとともに、国民のスポーツへの興味・関心を高めるための国民運動の展開や税制措置等により、社会全体でスポーツを支えるための基盤を整備する。

Ⅳ 法制度・税制・組織・財源などの体制整備

スポーツ基本法・総合的なスポーツ行政体制の検討、スポーツ振興財源の在り方　等

図3-1　スポーツ立国戦略の概要（文部科学省資料）

出典）文部科学省，http://www.mext.go.jp/a_menu/sports/rikkoku/__icsFiles/afieldfile/2010/09/16/1297182_01.pdf

---

ーツ文化の確立～〉が大きなビジョンとして掲げられた。また「Ⅱ 基本的な考え方」として〈1. 人（する人、観る人、支える（育てる）人）の重視〉と〈2. 連携・協働の推進〉が掲げられ、また、それらを実行に移すための以下の「Ⅲ

5つの重点戦略の目標と主な施策」が定められた。具体的には、以下の5つの戦略である。

　　戦略1　ライフステージに応じたスポーツ機会の創造
　　戦略2　世界で競い合うトップアスリートの育成・強化
　　戦略3　スポーツ界の連携・協働による「好循環」の創出
　　戦略4　スポーツ界における透明性や公平・公正性の向上
　　戦略5　社会全体でスポーツを支える基盤の整備

　また、「Ⅳ法制度・税制・組織財源などの体制整備」にて、スポーツ基本法、総合的なスポーツ行政体制の検討、スポーツ振興財源の在り方が明記された。
　この5つの戦略をみると、スポーツ立国戦略では、競技力向上やスポーツ環境の整備等の従来のスポーツ戦略の踏襲と同時に、「好循環の創出」と「総合的なスポーツ行政体制の検討」の新たな戦略が掲げられた点が特徴的である。好循環の創出では、これまで見る・する・支える、の3面が分断されていた現状を打破し、地域で育ったアスリートが地域に還元する仕組みを作るなど、スポーツを通したソーシャルキャピタルの醸成を企図している。また、のちにスポーツ基本法、スポーツ庁の創設につながる「スポーツ基本法・総合的なスポーツ行政体制の検討」が盛り込まれた。スポーツ行政体制は、体育・部活動は文部科学省、健康政策は厚生労働省、プロスポーツは経済産業省などの縦割り行政を改める必要があった。総合的な行政機関を構築することがスポーツ戦略実行の上で欠かせないファクターであり、いずれも「連携」がキーワードとなり、スポーツ戦略に向けた協働体制が整ったといえる。

(3) スポーツ基本法

　スポーツ基本法（2011）では、スポーツ立国戦略を踏襲し、前文において「スポーツ立国の実現を目指し、国家戦略として、スポーツに関する施策を総合的・計画的に推進する」と「国家戦略」であることが明記された。文科省によると「スポーツ振興法」には、①現在の主要施策である地域のスポーツクラブの育成、ドーピング防止活動支援、競技者育成などに関する規定がない、②スポーツ権の概念やスポーツ仲裁についての言及がない、③プロスポーツを対象としていない、などの諸問題があり（文部科学省，2011）、スポーツ振興法制定から50

年が経過し、時代に即したスポーツに関する法律が望まれていた状況であった。

　スポーツ基本法は、〈総則〉、〈スポーツ基本計画等〉、〈基本的施策〉、〈スポーツの推進に係る体制の整備〉、〈国の補助等〉の5章から構成され、最後に〈附則〉が明記された。第1章総則の基本理念では、「スポーツを通じて幸福で豊かな生活を営むことは、全ての人々の権利」と国民のスポーツ権を定めた。第2章において、国および地方公共団体の責務として、「スポーツ基本計画」の策定が定められ、附則においてスポーツ庁の設置が明記された。また、第3章基本的施策のスポーツの推進のための基礎的条件の整備等において、「スポーツ産業の従事者との連携等」が明記された。法制度のなかでは初めてスポーツと産業との連携促進が明確になった。スポーツ権とスポーツ産業との連携について、以下に記す。

・スポーツ権
　【前文】スポーツを通じて幸福で豊かな生活を営むことは、全ての人々の権利であり、全ての国民がその自発性の下に、各々の関心、適性等に応じて、安全かつ公正な環境の下で日常的にスポーツに親しみ、スポーツを楽しみ、又はスポーツを支える活動に参画することのできる機会が確保されなければならない。

・スポーツ産業との連携
　【第十八条】国は、スポーツの普及又は競技水準の向上を図る上でスポーツ産業の事業者が果たす役割の重要性に鑑み、スポーツ団体とスポーツ産業の事業者との連携及び協力の促進その他の必要な施策を講ずるものとする。

(4) スポーツ庁

　2015年10月1日、ソウルオリンピック金メダリストの鈴木大地氏を初代長官として、スポーツ庁が発足した。これまでの縦割り行政から脱却し、スポーツを一元的に所管、推進していくことを目的とした組織である。スポーツ庁は、文部科学省スポーツ・青少年局を引き継ぐ形で、他府省からの再配置を含め、5課2参事官を設置した。それまでの文部科学省スポーツ・青少年局では、スポーツ・青少年企画課、スポーツ振興課、競技スポーツ課の3課体制であったが、スポーツ庁では、政策課、健康スポーツ課、競技スポーツ課、国際課、オリンピック・パラリンピック課（時限）の5課が設置された。また、2参事官

として、地域振興担当と民間スポーツ担当が設置された。文部科学省の役割であった学校体育・運動部活動は政策課が引き継ぐ一方で、厚生労働省が担っていた健康スポーツ、外務省が担っていた国際スポーツ親善・交流、総務省や国土交通省が担っていた地域スポーツ振興、経済産業省が担っていた民間スポーツなどが、スポーツ庁で一元的に推進できる体制が整った。行政の効率化とスポーツ基本法に定められた国家戦略としてのスポーツ振興を実現させるための組織として期待されている。

3 国家戦略としてのスポーツ

(1) 日本再興戦略2016

　2016年6月、名目GDP 600兆円に向けた成長戦略「日本再興戦略2016-第4次産業革命に向けて-」が閣議決定され、スポーツ産業が新たな有望成長市場の一つとして明記された。これまでみてきたスポーツ振興法、スポーツ立国戦略、スポーツ基本法、そしてスポーツ庁の創設は、いわばスポーツ振興を担う側の戦略であったが、日本再興戦略2016において、スポーツ振興ではない国家全体の戦略のなかにスポーツが位置付けられたといえる。日本再興戦略2016にスポーツ産業が明記され、わが国経済の発展に有望な産業の一つとしてスポーツ産業が認識されたことにより、いよいよ国家戦略のなかでスポーツが存在感を示し出した。安倍内閣の改革（いわゆるアベノミクス）である日本経済の成長戦略、一億総活躍社会の実現に向けての政策であり、「有望市場の創出・拡大」、「生産性の抜本的向上」、「人材強化」の3つの課題が取り上げられ、「新たな有望成長市場の創出」の中で、以下の5つが取り上げられた。

　①第4次産業革命の実現～Iot・ビックデータ・AI・ロボット～【付加価値創出：30兆円】
　②世界最先端の健康立国へ【市場規模：16兆円（2011）→26兆円（2020）】
　③環境エネルギー制約の克服と投資拡大【18兆円（2014）→28兆円（2030）】
　④スポーツの成長産業化【市場規模：5.5兆円（2015）→15兆円（2025）】
　⑤既存住宅流通・リフォーム市場の活性化【市場規模：11兆円（2013）→20兆円（2025）】

スポーツは、④に明記され、市場規模を2015年度の5.5兆円から2025年度には15兆円にする目標を掲げられた。さらに具体的には①スポーツ施設の魅力・収益性の向上、②スポーツ経営人材の育成・活用プラットフォームの構築、③スポーツとIT・健康・観光・ファッション、文化芸術等の融合・拡大、が取り上げられた。内閣府の日本再興戦略2016に取り上げられたことは、2020年東京オリンピック・パラリンピック競技大会の開催を契機に、スポーツ産業が日本の基幹産業になることが期待されているといえる。

(2) スポーツ未来開拓会議

この日本再興戦略2016の計画を実現する方策を検討する形で、スポーツ庁において、スポーツビジネスにおける戦略的な取組を進めるための政策方針の策定を目的とした、スポーツ未来開拓会議が発足した。スポーツ庁の参事官（民間スポーツ担当）が担当となり、産官学から選ばれた委員によって会議は構成され、スポーツを基幹産業にするための基本的な考え方と5つの課題が取り上げられた。**図3-2**は、スポーツ庁が取りまとめたスポーツ未来開拓会議の中間とりまとめ（素案）概要である。

スポーツ産業の推進に向けた基本的な考え方
- すべての国民のライフスタイルを豊かにするスポーツ産業へ
  ―「モノ」から「コト」（カスタマー・エクスペリエンス）へ
- 「負担（コストセンター）」から「収益（プロフィットセンター）」へ
  ―「体育」から「スポーツ」へ
  ―ポスト2020年を見据えた、スポーツで稼ぎその収益をスポーツへ再投資する自律的好循環の形成
- スポーツ産業の潜在成長力の顕在化、わが国基幹産業化へ
  わが国GDP600兆円の実現
  ―スポーツをコアとして周辺産業に波及効果を生む、新スポーツ産業の創出
- スポーツを通じて社会を豊かにし、子供たちの夢を形にするビジョンを提示

上記の基本的な考え方の下、以下の5つの課題が検討された。
　課題①　スタジアム・アリーナの在り方

課題①スタジアム・アリーナの在り方

【方向性】
①収益モデルの確立(コストセンターからプロフィットセンター化へ)
②スタジアム・アリーナを核とした街づくり(スマート・ベニュー構想)の実現
③民間資金の活用・公民連携の促進(PPP・PFIの活用等)

【今後の具体的な取り組み】
①「スタジアム・アリーナ推進 官民連携協議会」(仮称)立ち上げ
②施設の整備に向けたガイドラインの策定
③資金調達手法の充実
④新国立競技場の2020年東京大会後の運営管理に向けた検討

課題②スポーツコンテンツホルダーの経営力強化、新ビジネス創出の促進

【方向性】
①高校・大学スポーツの資源の活用
②アマチュアスポーツ大会等へのビジネス手法の積極的導入等
③競技価値の最大化に向けたプロリーグと球団運営の取組の充実
④地域特性、種目に応じた地域密着ビジネスモデルの確立・普及
⑤グローバル化の推進(スポーツコンテンツ、球団経営の海外展開等)

【今後の具体的な取り組み】
①中央競技団体(NF)の収益力強化
②大学スポーツの振興に関する検討会議の開催
③地域におけるプロチームと関係者による新事業の開拓

スポーツ産業の成長産業化に向けて

基本的な考え方

● 全ての国民のライフスタイルを豊かにするスポーツ産業へ
・「モノ」から「コト」(カスタマー・エクスペリエンス)へ
・「負担(コストセンター)」から「収益(プロフィットセンター)」へ
・「体育」から「スポーツ」へ
・ポスト2020年を見据えた、スポーツで稼ぎその収益をスポーツへ再投資する自立的好循環の形成
● スポーツ産業の潜在的成長力の顕在化、わが国基幹産業化へ
・わが国GDP600兆円の実現
・スポーツをコアとして周辺産業に波及効果を生む、新スポーツ産業の創出
● スポーツを通じて社会を豊かにし、子供たちの夢を形にするビジョンを提示

日本再興戦略2016におけるKPI(数値目標)
● スポーツ市場規模の拡大
5.5兆円(2015)→15兆円(2025)

● スポーツ実施率の向上
40.4%(2015)→65%(2021)

課題③スポーツ人材の育成・活用

【方向性】
①専門的・実践的な育成およびマッチング機能を有するプラットフォームの構築
②学生への教育の充実
③アスリートの引退後のキャリアの選択肢の充実

【今後の具体的な取り組み】
①スポーツ経営人材プラットフォーム協議会(仮称)の開催
②デュアルキャリアプログラムの実施・普及
③各団体のコンソーシアム設立によるアスリートサポートシステムの構築
④アスリートに対するコンプライアンス教育

課題④他産業との融合による新たなビジネスの創出

【方向性】
①スポーツを「みる」「する」楽しみを拡張
②ウエアラブルな機器の導入によるスポーツを通じた健康ビジネスの拡大
③スポーツデータの分析・活用
④様々な媒体の活用を前提としたスポーツメディアビジネスの拡大

【今後の具体的な取り組み】
①地域スポーツコミッションの活動支援等によるスポーツツーリズムの拡充
②他産業とのビジネスマッチング
③データアナリストカンファレンス(仮)の開催の検討
④スポーツメディア協議会(仮称)の開催

課題⑤スポーツ参加人口の拡大

【方向性】
①子供の頃からスポーツを楽しむことができる環境の整備
②ビジネスパーソン、高齢者等のスポーツ参加支援
③障害者のスポーツ活動
④スポーツを通じたヘルスケア産業の振興
⑤官民連携した施策の推進

【今後の具体的な取り組み】
①スポーツ医・科学等の知見にもとづく運動プログラムの開発と展開
②最先端技術の活用等による参加しやすい新しいスポーツの開発と普及
③職域における運動習慣の構築
④運動部活動指導の工夫・改善支援
⑤障害者スポーツの普及、用具の開発と設備支援
⑥地域スポーツコミッションの活動支援等によるスポーツツーリズムの拡充(再掲)

図3-2 スポーツ未来開拓会議中間とりまとめ(素案)概要(スポーツ庁資料)

課題②　スポーツコンテンツホルダーの経営力強化、新ビジネス創出の促進
課題③　スポーツ人材の育成・活用
課題④　他産業との融合による新たなビジネスの創出
課題⑤　スポーツ参加人口の拡大

4 今後のわが国のスポーツ戦略

(1) スポーツ戦略におけるスポーツ産業

　スポーツ庁の鈴木大地長官は、「これからはスポーツで稼ぐ時代だ」として、スポーツビジネスの拡大を推進していくことを明言している（スポーツ庁, 2016）。これまでわが国においては、アマチュアリズムや学校体育の流れから、スポーツにおける資金やお金の話はいわばタブーであった。2020東京オリンピック・パラリンピックの開催を契機として、「スポーツで稼ぐ」という雰囲気が醸成されてきたのは大きな転換である。これは、政策的には「官から民へ」の規制緩和・構造改革に位置付けられる流れであり、民間事業者の創意工夫に大きな期待が寄せられているといえる。

　しかし、一方で、日本で一番大きいスポーツ用品メーカーである株式会社アシックスで約4,000億円の売上高であり、Jリーグで最も事業規模の大きいクラブ（ほぼ毎年浦和レッズである）で、およそ60〜70億円程度の売上高である。つまり、いわゆるスポーツ事業会社の売上はそれほど大きいものではない。スポーツ産業が基幹産業として認識されるためには、スポーツを核とした新たなビジネスを創発していく必要がある。

　表3-1に、日本政策投資銀行（2015）によって推計されたわが国のスポーツ産業の経済規模を示した。これは、わが国のGDPに占めるスポーツ産業の規模を推計したものであり、スポーツGDP、または、学術的には国内スポーツ総生産（Gross Domestic Sports Product：GDSP）と呼ばれている。スポーツGDPは、「小売」「興行」「施設（賃貸）」「旅行」「教育」「その他（toto等）」「情報（テレビ・新聞等）」そして「公営競技」の8項目から構成され、合計は、2002年14兆7,510億円、2012年11兆4,085億円であり、公営競技を除いた値では2002年8兆6,740億円、2012年7兆725億円であった。

　スポーツGDPの項目をみると、スポーツ産業はスポーツを専門とする企業

表3-1 スポーツGDP（GDSP）の規模　　　　　　　　　　　　　　　　（単位：億円）

項目	① 2002年	② 2012年	増減（②−①）	変化率（％）
小売	19,166	16,670	▲2,496	▲13.02
興行	1,222	2,843	1,621	132.6
施設（賃貸）	33,244	21,418	▲11,826	▲35.57
旅行	8,356	7,419	▲937	▲11.21
教育	17,091	15,682	▲1,409	▲8.24
その他（toto等）	380	973	593	155.8
情報（テレビ・新聞等）	7,281	5,720	▲1,561	▲21.4
小計	86,740	70,725	▲16,015	▲18.4
公営競技	60,770	43,460	▲17,410	▲28.6
合計	147,510	114,085	▲33,425	▲22.66
名目GDP	4,991,470	4,758,679	▲232,791	▲4.66

出典）日本政策投資銀行

以外も含めて考えると、産業構造の広がりがあり、きわめて多様な産業であることがわかる。また、2002年と2012年の比較でいえば、プラス成長した項目は、「興行」と「その他（toto等）」のみである。これらを考えると2002〜2012年のスポーツ産業の変化は、インフラ整備や教育に代表される公共が支えてきたハード産業から、観戦に代表されるスポーツのソフト産業への転換を示していると考えられる。

（2）具体的なスポーツビジネス活性化方策

　具体的なスポーツビジネス活性化方策を考えると、スポーツGDPを増加させる方策は大きく2つある。GDPは「生産性×人口」に分解できるため、一つは、1人当たりのスポーツに関する生産性を向上させること、もう一つはスポーツ人口を増加させることである。

　生産性の向上としては、まず第1にスタジアム・アリーナ改革が考えられる。スポーツGDPをみると、例外的に規模の大きい公営競技（競馬や競輪）を除けば、最も経済規模の大きい分野は「施設（賃貸）」である。スポーツ未来開拓会議の課題でも1番目に示されている分野がスタジアム・アリーナ改革であり、スポーツの最も根幹の部分を変えていく必要性が叫ばれている。特に日本のスタジアム・アリーナは、自治体主導で、郊外に立地し、低収益で、観戦者

の居心地を考えていない場合がほとんどであった。今後は、立地の検討や収益性の向上、みるスポーツのためにあるスタジアム・アリーナが求められており、それを実現させるためには、民間企業の創意工夫が求められる。このようなスタジアム・アリーナをスマート・ベニュー®といい、2016年、スポーツ庁が発表したスタジアム・アリーナ改革指針に盛り込まれている。このようなスマート・ベニュー®から発信する新たな複合的なスポーツビジネスが生産性の向上につながると考えられる。

また、スポーツ人口の増加は、わが国においては文部科学省を中心とした国家政策としてこれまでも推進されてきたが、今後、スポーツ庁を中心に2020東京オリンピック・パラリンピックのレガシー（残すべき遺産）として検討するべき課題だと考えられる。特に、これまでの行政主導の普及というよりは、事業の継続性も視野にいれたスポーツビジネスとしてのスポーツ人口増加が期待されているだろう。

（3）わが国のスポーツ戦略とスポーツビジョンの必要性

冒頭でわが国のスポーツ戦略には2つの意味があると述べた。「スポーツの国家戦略」と「国家戦略としてのスポーツ」である。2020東京オリンピック・パラリンピックの開催を契機に、スポーツ庁の創設、日本再興戦略2016にスポーツ産業が取り上げられるなど、国家戦略の中にスポーツが組み込まれ盛り上がりをみせている。スポーツを発展させたい、という立場の者からすれば、この現状はとても望ましい状態であるといえる。

しかし、そもそもスポーツは、一般的に単位面積あたりの収益率が低く、経済合理性は低い、といえるだろう。スポーツ未来開拓会議で示された新たな市場の開拓は必要であるが、そもそもスポーツでそれほど儲かっている事例はあまり存在しない。しかし、現在、国家戦略としてスポーツ産業が注目されていることはスポーツ界への強力な後押しである。そうであれば、スポーツビジネスやスポーツ産業の活性化を声高に叫ぶのは、実は、最も合理的な「スポーツ振興の戦略」であるといえるだろう。

もともとスポーツの産業化を日本ではじめて議論したのは、1990年の通商産業省であった。そのとき示されたのが21世紀に向けた『スポーツビジョン21』という報告書であった。それから2020年でちょうど30年を数え、2020東

京オリンピック・パラリンピックが開催される。これが終了した後、スポーツが現在ほどの社会的影響力をもっていられるかどうかが問題である。人口減少と高齢化によって日本の生産性が落ちることが予想されるが、そのときにこそ新たなスポーツの価値を示したスポーツビジョンが望まれていると考えられる。やや抽象的であるが、民間、政府、自治体、市民などスポーツに関係するステイクホルダーが共有できる新たなスポーツビジョンを示すことがわが国のスポーツ戦略に必要であると考えられる。

（庄子博人）

■ 引用・参考文献

* 河野一郎（2011）「スポーツ基本法が変える日本のスポーツ～Development of sports から Development though sports へ～」日本スポーツマネジメント学会第13回セミナー．
* スポーツ振興法
  http://www.mext.go.jp/sports/b_menu/shingi/003_index/shiryo/__icsFiles/afieldfile/2016/06/09/1371728_1.pdf （参照 2016年12月20日）
* スポーツ立国戦略
  http://www.mext.go.jp/sports/b_menu/shingi/003_index/shiryo/__icsFiles/afieldfile/2016/06/09/1371728_1.pdf （参照 2016年12月20日）
* スポーツ基本法
  http://www.mext.go.jp/sports/b_menu/shingi/003_index/shiryo/__icsFiles/afieldfile/2016/06/09/1371728_1.pdf （参照 2016年12月20日）
* 文部科学省（2012）「第6章 スポーツ立国の実現」『平成23年度 文部科学白書』
* 日本再興戦略2016
  http://www.mext.go.jp/sports/b_menu/shingi/003_index/shiryo/__icsFiles/afieldfile/2016/06/09/1371728_1.pdf （参照 2016年12月20日）
* スポーツ庁（2016）「スポーツ未来開拓会議中間とりまとめ」（概要）
  http://www.mext.go.jp/sports/b_menu/shingi/003_index/shiryo/__icsFiles/afieldfile/2016/06/09/1371728_1.pdf （参照 2016年12月20日）
* スポーツ庁（2016）鈴木大地スポーツ庁長官一周年記者会見
  http://www.mext.go.jp/sports/b_menu/choukan/detail/1377736.htm（参照 2017年2月13日）
* 日本政策投資銀行（2015）「2020年を契機とした国内スポーツ産業の発展可能性及び企業によるスポーツ支援～スポーツを通じた国内経済・地域活性化～」

第 **2** 章

スポーツ戦略の実態

第 **4** 講
スポーツ統括組織におけるエリート育成とグラスルーツ・スポーツの普及

　激化する国際競技力の向上を担う「エリート育成」と、心身の健康増進への寄与が期待される「グラスルーツ・スポーツの普及」は、現代のスポーツ戦略の重要命題となっている。本講では、両者に関する諸外国の取り組みを概観したうえで、わが国の現状について考察する。

❶ 現代のスポーツ政策における2つの命題

　世界のトップスポーツでは、メダル獲得競争の激化にみられるように高度化・専門化が急進し、国際競技力向上を目的としたエリートアスリートの育成[1]（以下「エリート育成」と略す）の重要性が増している。その一方、過剰なストレスや慢性的運動不足の問題が顕在化している現代社会では、心身の健康を維持増進し活力をもって人生を楽しむ「アクティブライフ」の実現のために、誰もが気軽に楽しむことのできるグラスルーツ・スポーツ[2]の環境整備が求められている。

　わが国では、2011年のスポーツ基本計画制定に先立ち、2010年スポーツ政策の基本的方向性を示したスポーツ立国戦略が策定された。その中でも、「世界で競い合うトップアスリートの育成・強化」と「ライフステージに応じたスポーツ機会の創造」が重点戦略として掲げられている（文部科学省、2010）。

　このように、国際競技力の向上を目的とした「エリート育成」と、誰もが楽しめるスポーツの環境整備を目的とした「グラスルーツ・スポーツの普及」は、現代のスポーツ政策の2つの重要命題であり、両者の戦略的推進はスポーツ戦略における中核テーマとなっている。

　そこで本講では、「エリート育成」と「グラスルーツ・スポーツの普及」に関する諸外国の実態を概観し、日本の現状と課題について考察する。

2 エリート育成と国際競技力の向上

(1) 激化するオリンピックのメダル獲得競争

　オリンピックなどの国際競技大会を取り巻く環境は、1984年のロサンゼルスオリンピックを契機に大きく変容した。その要因として、大会からアスリート個人に至るまで、エリートスポーツを魅力あるコンテンツとして商品化し、権利ビジネスや放送権の活用により多額の資金がエリートスポーツに流入したことが挙げられる。これらのビジネス化により得られた豊富な資金は、競技活動に専心できるエリートアスリートの「職業化」を可能にし、従来一人の指導者が担っていた役割を、機能別に専門スタッフが担当するスタッフの「専門化」を進めてきた。このアスリートの職業化とスタッフの専門化は、エリートスポーツの競技力を急速に高度化させている。

　多額の資金が投資されるアスリートやチームは、求められる成果を挙げることで自らの商品価値を高め、新たに獲得した資金を活用しアスリートとスタッフの専門化・職業化をさらに推進できる。その一方、投資に見合う成果を残せない場合、彼ら彼女らの商品価値は低下し、獲得資金の減少や消失により自らの競技環境は悪化してしまう。このように厳しい競争原理の下、世界規模で大きな注目を集めるオリンピックでは、各国が多額の資金を投資しメダル獲得競争に鎬を削っている。

　ここでは、各国のエリート育成の成果を検討するため、1996年以降（ソビエト連邦解体後）に行われた夏・冬季オリンピックでの国別メダル獲得数の推移を**図4-1**に示した。近年、アメリカをトップリーダーに、中国・ロシアが常に上位3強を占めている。また自国でのオリンピック開催（図中の○印）に注目すると、開催国が自国大会に向けて獲得メダル数を急伸させていることが分かる。一方、東西ドイツ統合を経てメダル獲得数2位であったドイツ、そして近年のエリート育成に関するスポーツ政策・戦略のモデル国とされていたオーストラリアの退潮傾向が認められる。

(2) 国力からみたメダル獲得状況

　国際競技力に影響を及ぼす要因を調べた先行研究では、その国の人口や1人当たりのGDPと国際大会でのメダル獲得状況の間に深い関連があることが分

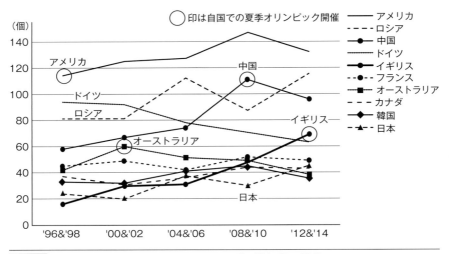

図 4-1 1996年以降のオリンピックのメダル獲得数の推移
（獲得メダル数は、国際オリンピック委員会の公開資料をもとに算出）

かっている（Bernard and Busse, 2004）。そこで、メダル獲得上位国の国際競技力の変容を概観するため、国際連合と国際通貨基金公表データから、オリンピックでメダル1個を獲得することに要した人口（「人口効率」と呼称）と1人当たりのGDP（「経済効率」と呼称）を算出した。

人口効率については、検討を容易にするため、突出した人口を有する中国とアメリカおよび日本を比較対象として**図4-2**に、中国を除く9カ国の推移を**図4-3**に示した。グラフから、オーストラリアが高い人口効率を維持していること、またイギリス・中国・日本の人口効率が改善されていることが分かる。特に中国とイギリスは、自国開催のオリンピック（中国：2008年北京大会、イギリス：2012年ロンドン大会）に向けて人口効率を大きく改善していた。急速な人口変動の少ない近年の各国の人口動態を勘案すると、人口効率を改善している国では、タレントの発掘・育成・強化システムの効率性を高めていることが分かる。つまり、それらの国では、限られた自国人口の中でエリート育成の優れたシステムを構築し、エリート育成を進めていることが考察される。

一方、経済効率の推移を示した**図4-4**からは、先進国の中でアメリカが高い経済効率を維持しているのに対して、オーストラリア・カナダなど先進国の経

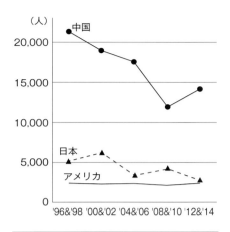

図4-2 1996年以降の中国・アメリカ・日本の人口効率

オリンピックでメダル1個獲得に要した国民数（4年間の人口平均値／メダル数）を示した（人口データは国際連合の公表資料をもとに算出）。

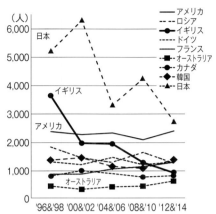

図4-3 1996年以降のメダル獲得上位国の人口効率（中国除く）

オリンピックでメダル1個獲得に要した国民数（4年間の人口平均値／メダル数）を示した（人口データは国際連合の公表資料をもとに算出）。

済効率低下がみられる。特にオーストラリアの経済効率の低下は著しく、彼らのエリート育成システムの先進性と優位性が諸外国の中で相対的に低下していることを明示している。これに対して、ドイツや日本では経済効率の改善が示された。限られた経済的資源をいかに効率的に活用できるかは、国際競技力に大きく影響する。メダル獲得競争の激化する昨今、各国にはエリート育成に投入する経済資源を効率的活用すべく、自国内外の現状を検証し競争力をもつ新たな育成システムを戦略的に構築していくことが求められている。

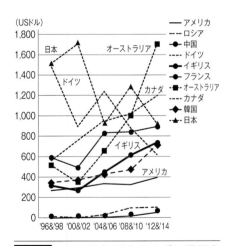

図4-4 1996年以降のメダル獲得上位国の経済効率

オリンピックでメダル1個獲得に要した1人あたりGDP（4年間の1人当たりGDP平均値／メダル数）を示した（GDPデータは国際通貨基金の公表資料をもとに算出）。

3 エリート育成の環境

(1) 育成システムの概観

アスリートは、図4-5に示すように「タレントの発掘・育成・強化」の段階を経て、トップアスリートへと成長する。この成長パスウェイ（経路）を効率的に促進するには、まず心身の発育発達に応じた「長期的アスリート育成（Long Term Athlete Development：以下「LTAD」と略す）モデル」にもとづき、競技種目ごとに「競技者育成プログラム」を作成・実施することが重要となる。次に、全国各地で発育段階やニーズに合わせた最適な指導を担保する「一貫指導システム[(3)]」を整備することが求められる。そのためには、LTADや競技者育成プログラムを理解する指導者を計画的に養成し、自国に広く配置しなければならない。

また、エリート育成の中核となる一貫指導システムの中では、指導者養成事業やトレーニング拠点の整備、加えてパフォーマンス支援や社会的環境支援プログラムの整備が必要不可欠となる。このように、アスリートがトップアスリートへと成長するパスウェイでは、多様な観点から継続的にアスリートを支援す

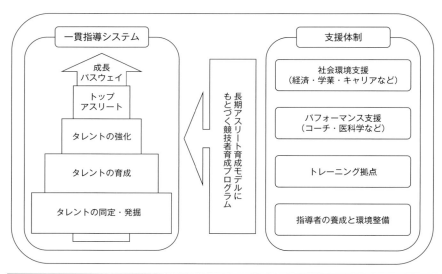

図4-5　エリート育成環境の概観イメージ

ることが重要となる。

　先行研究では、国際競技大会の成績上位者は、それ以外の選手に比べエリート育成環境で競技活動を行った経験をもつ者の割合が高いこと（Funahashi et al., 2014）が、また国際レベルのアスリートの養育家庭の家計収入が平均以上であること、さらに彼らは高校年代からスポーツ活動を支援する奨学金や補助金を受けて活動していることが報告されている（アメリカオリンピック委員会〔以下「USOC」と略す〕, 2014）。これらの報告結果は、早期のタレント発掘と経済的支援を含むエリート育成環境整備の重要性を明示している。

(2) 長期的アスリート育成モデルと一貫指導システム

　メダル獲得上位国では、エリート育成を目的とした医科学的知見にもとづくLTADモデルが作成されてきた。LTADモデルでは、心身の発育発達に合わせて、成長段階に応じた最適な能力開発の考え方とその枠組みが示されている。また、種目ごとの中央競技団体（例：各国のサッカー協会など）では、LTADモデルをもとに競技種目の特性に合わせた各年代で獲得すべき運動能力や技術要素、そして心理社会的能力の開発を体系化したガイドラインを作成し、指導者を中心にスポーツ現場への普及を進めている。

　さらに、近年の欧米諸国やオーストラリアのLTADモデルは、エリート育成の目的に加え、スポーツを通した「アクティブライフ」の実現を企図したものへと発展している。一例として、オーストラリアでは、身体活動を楽しむレベルからエリートスポーツまで、多様な競技レベルあるいは多様な年齢や地域を通して、スポーツや身体活動の魅力を増大させアクティブライフの実現を目的とした「Foundations, Talent, Elite & Mastery（FTEM）」が作成されている。このFYEMの中では、選手の成長を「ファウンデーション（F）・タレント（T）・エリート（E）・マスタリー（M）」の4段階に大別し、さらに細分化した10の成長段階に合わせたトレーニングのコンセプトや具体的方法などが示されている。**図4-6**には、オーストラリア卓球協会（online）の作成した卓球版のFTEMパスウェイを示したので参照されたい。オーストラリアの国立スポーツ研究所（AIS）や各競技団体のウェブサイトでは、各種のスポーツ団体やコーチ、保護者などに対し、LTADの考え方や代表的なトレーニング内容、各レベルで必要とされる多様な能力開発の知識とサポートの方法の閲覧が可能となっている。

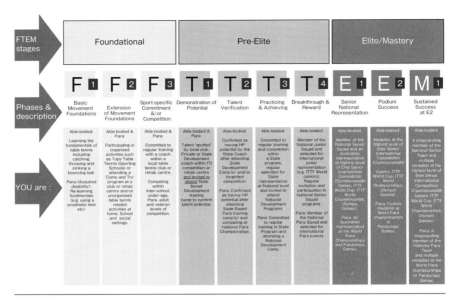

図4-6 オーストラリア卓球協会作成の「FTEM Pathway for Table Tennis」
(オーストラリア卓球協会HP（http://tabletennis.org.au/）より転載).

また、カナダでは2011年に再構築された組織の「Canadian Sport for Life (CS4L)」を中心に従来のLTADモデルを発展させた新たなモデル（スポーツ情報資源センター，2015）が、アメリカでも同様の目的から「The American Development Model」が作成されスポーツ現場への普及が図られている(USOC, online)。

（3）近年の動向

現在のエリート育成は、従来の限られたエリートアスリートを対象とした段階から、多様な志向や競技レベルの人々に最適なスポーツ環境を提供する段階へと発展している。つまり、エリート育成の成果をもとに、スポーツの魅力を増大させ、人々のスポーツ参加を促進させる取り組みが新たな戦略として進められている。この背景として、近年、国際大会誘致などを含むエリート育成に多額の公的予算を投じることへ疑問が提起され始めていることが挙げられる（独立スポーツ委員会，2009；Kavetsos and Szymanski, 2010）。エリート育

成の新たな展開には、これらの疑問や批判に対し、エリート育成が国民のグラスルーツ・スポーツへの参加促進やアクティブライフ実現に貢献できることを示す必要性が顕在化してきたことも影響している。

また近年の研究では、早い年齢からスポーツを始め、スポーツ種目の専門化の時期が早いほど成功する割合は高まること（Ford et al., 2012）、その一方で早期の成功（大会での優勝など）が必ずしも成人した後の成功につながらないことが明らかとなっている（Barreiros et al., 2014）。またUSOCの報告（2014）では、国際レベルのアスリートは他のアスリートに比べ、15歳までの時期に個人技術の習得などに多くの時間を費やしていることや、長期的な競技力の向上を続けるためには競技への専心的努力とともに競技への愛情が重要となることが示されている。これらの研究結果は、早期のエリート育成の重要性を示すとともに、将来的な成功を勘案したうえで選手の心身の発育発達に応じた能力開発を慎重に進めていく必要性を明示している。

(4) 主要国におけるエリート育成環境の実態

和久ほか（2008）は、国際競技力向上の戦略フレームとして、①統一性と拘束力のある強化戦略プラン、②競技力向上の拠点整備、③強化費の重点投下、④競技力向上プログラムの4つを挙げ、現在のメダル獲得上位国ではエリート育成の環境整備に大差はないと分析している。公表データをもとにメダル獲得上位国のエリート育成環境の主要要因をまとめた**表4-1**をみても、和久らの分析は支持される。

また現在では、自国に散らばるアスリートに対するトレーニング環境整備の必要性から、メダル獲得上位国はトレーニング拠点の多地域化・国際化を積極的に進めている。加えてメダル獲得上位国では、オーストラリアのNESE（National Elite Sports Council）、イギリスのEIS（English Institute of Sport）のように、トレーニング拠点と各種目の中央競技団体やスポーツ統括団体の協働を調整・促進する機関が機能している。つまり、ハードとソフトの有機的統合が、エリート育成の環境整備には必要不可欠となっている。

選手に対する社会的環境支援では、報奨金や奨学金制度などに加え、学業の支援や競技活動が継続可能な就職（雇用）斡旋を充実させることで、エリートアスリートが継続的に競技活動に専心できる環境整備に努めている。さらに近

表 4-1 メダル上位国のエリート育成環境に関する主要要因（ロシア、中国は除く）

	アメリカ	ドイツ	フランス	イギリス	オーストラリア	カナダ	韓国	日本
スポーツ統括組織[*1]	USOC	DOSB	CNSHN	UK Sport	ASC	Sport Canada	文化体育観光部	JOC
主要トレーニング拠点	○（直轄型）	○（連携・支援型）	○（複合型）	○（連携・支援型）	○（直轄型）	○（直轄型）	○（直轄型）	○（直轄型）
LTAD	○	○	○	○	○	○	○	○
競技者育成プログラム	○	○	○	○	○	○	○	○
一貫指導システム	○	○	○	○	○	○	○	○
プライオリティスポーツ	○	○	○	○	○	○	○	○
指導者養成事業	○	○	○	○	○	○	○	○
経済面での支援	○	○	○	○	○	○	○	○
キャリア支援	○	○	○	○	○	○	○	○

[*1] 障がい者スポーツを含む

年では、アスリートの競技引退後のキャリアトランジションに備えたライフスキル教育やキャリア支援体制の整備が進めていることも共通している。

このように、各国の環境整備の差異が小さくなった現在、わずかな戦略の違いが勝敗を決する。そのため、今後のエリート育成には、多様な観点から既存のシステムとプログラムの検証し再構築することが求められている。

4 グラスルーツ・スポーツとスポーツの普及

（1）基本的人権としてのスポーツ

1960年代に入ると、労働環境の変化で余暇時間の増大した欧州から、「Sports for all」をスローガンにスポーツ活動の普及運動が始まった。その後、ユネスコなどの機関では、スポーツに関する憲章採択や種々の提言がなされ、スポーツの普及と環境整備を推進することの重要性が明示された。その内容を概観すると、体育とスポーツに関わることは、「基本的人権の一つ」と位置付けられ、

健全なパーソナリティ発達にきわめて重要と記されている。また、体育やスポーツを通して心身を発達させる自由と機会は、教育システムや社会生活を通じて年齢や身体状況、社会環境を問わず保証されることが明示されている（ユネスコ，1978）。その後も、多くの国で、人種、性別、年齢などを問わず、人間の基本的人権として、誰もが身体活動を楽しむ権利を有することが確認され、スポーツの普及と環境整備が進められてきた（欧州委員会，2011；国際スポーツ・フォア・オール協議会，2015）。わが国のスポーツ基本法でも同様の権利が明記されている（文部科学省，2011）。このように、今日のスポーツは、エリートアスリートや一部の人々が志向する特別な活動でなく、世界中の人々が分け隔てなく関わることのできる活動と定義されている。

また近年、先進国を中心に高齢化や社会環境の変容による肥満・成人病の増加に伴う医療費増大を抑制することが切迫した課題となっている。このような現状の下、アクティブライフ実現に向けて、グラスルーツ・スポーツの普及推進の重要性が強く認識され、国民すべてが気軽にスポーツに関わることのできる環境整備が目指されている。

（2）スポーツ実施率からみたグラスルーツ・スポーツの実態

ここでは、近年のグラスルーツ・スポーツの普及程度を概観するため、各国の公表データをもとに、メダル獲得上位国の近年のスポーツ実施率の推移を**図4-7**に示した。2012，2013年時点では、すべての国で週1回以上スポーツを行う人（実施者）の割合がスポーツを行わない人（非実施者）よりも多くなっている。アメリカ・イギリス・フランスでは、2009年に比べ2013年に非実施者の割合が増加している。さらに欧州各国では、定期的にスポーツを実施するか、あるいはまったく実施しないかに二極化する傾向がみられる。それに対して、日本は週1回未満の人、つまり「定期的に運動はしないがまったく運動をしないわけではない人（不定期実施者）」の割合が、他の国々に比べて高い。このデータから、日本では不定期実施者を定期実施者へと移行させる戦略の重要性が明らかとなっている。また韓国では、2009年の非実施者が2011年には不定期実施者に移行しているものの、40％を超える非実施者の割合は他国に比べて高く、さらなるグラスルーツ・スポーツの環境整備が必要となろう。

このように、欧米各国のグラスルーツ・スポーツでは実施者と非実施者とに

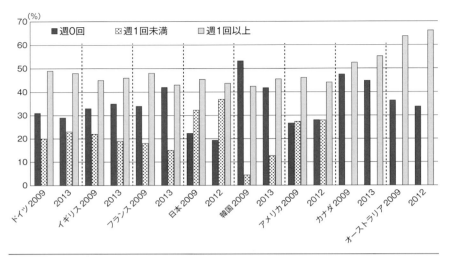

図 4-7 メダル上位国のスポーツ実施率

対象者の年齢は、ドイツ・イギリス・フランスは15歳以上（Sport and physical activity2010, 2014）、日本は20歳以上（東京オリンピック・パラリンピックに関する世論調査）、韓国は10歳以上（2013 体育白書）、アメリカは5歳以上（2013 Sports, Fitness and Leisure Activities Topline Participation Report）、カナダは12歳以上（Physical activity during leisure time, 2009, 2013）、オーストラリアは15歳以上（Participation in Sport and Physical Recreation, Australia, 2009-10, 2012-13）であり、それぞれの割合は（　）内に記載した資料で公表されたデータをもとに算出した。

二極化する傾向にあること、また日本と韓国では不定期実施者の動向が今後のグラスルーツ・スポーツ普及のカギを握ることが示されている。

(3) グラスルーツ・スポーツの主要政策と課題

　諸外国のグラスルーツ・スポーツ推進の主要政策として、「スポーツ施設の整備」と「スポーツの参加機会や良好な活動環境の整備」が挙げられる。欧州各国のうちドイツやフランスでは、早くからグラスルーツ・スポーツの推進政策が策定され、国民のスポーツ参加を支援してきた。特に「ゴールデンプラン」で施設整備を促進し、「第二の道」や「トリム運動」で国民のスポーツ参加の意識喚起や機会提供を促進したドイツのスポーツ政策とその戦略は代表的事例といえる。しかし、既存のスポーツ施設の老朽化など、欧州各国には新たな課題が顕在化している。一方、韓国や日本など東アジアでは、近年になってようやく実効性の高いグラスルーツ・スポーツ推進政策が整備され、国民のスポー

ツ参加の環境整備が進み始めている。

また近年、経済的に発展した先進諸国を中心にスポーツ実施者の減少と肥満割合の増加（Hallal et al., 2012）や、若年者の薬物使用や反社会的行為の増大が社会問題として顕在化している。これらの社会的課題を改善する方策として、心身の健全かつ健康な成長を促進するスポーツの価値が再確認されるとともに、グラスルーツ・スポーツの重要性が急速に高まっている。

(4) グラスルーツ・スポーツの普及促進政策の実態

グラスルーツ・スポーツは、エリート育成に比べ対象者が広範囲にわたる。そのため、対象となる人々全体に対する各種の施策とともに、実効性の高い対象者への集中的予算投入や重点施策も重要となる。先行研究では、学校カリキュラムの体育活動が成人後のスポーツ実施を促進すること（加賀ほか，1993；Cleland, et al., 2012）や、男性に比べて女性のスポーツ参加率が低いことが明らかとなっている（Hallal, et al., 2012）。メダル獲得上位国では、「学校での体育教育および女性のスポーツ活動の推進」がグラスルーツ・スポーツ推進の共通政策となっており、これらデータにもとづき選択したターゲットにフォーカスした政策と施策は、スポーツ参加者の中長期的増大を促進するものと期待されている。

加えて諸外国は、各種グラスルーツ・スポーツの普及活動の一環として、オリンピアンを招聘したスポーツクリニックやイベントを開催し、スポーツの魅力への気づきや関心を高めるプログラムを実施している。これらは、グラスルーツ・スポーツとエリート育成の有機的統合の事例である。今後は、これらの活動で一時的に高まったスポーツへの関心を一過性に終わらせることなく、いかに継続的スポーツ参加につなげていくのか、その戦略的取り組みが大きな課題となろう。

5 諸外国のエリート育成とグラスルーツ・スポーツ普及の実態

(1) アメリカ

アメリカでは、プロスポーツの隆盛に加え、その対象は高校や大学スポーツなどの競技スポーツからグラスルーツ・スポーツまで幅広く、特にレクリエー

ションや野外スポーツの発展もこの国の特徴といえる。

　また、グラスルーツ・スポーツとエリート育成の両者について中心的役割を担うUSOC（アメリカオリンピック委員会）は、放送権や商標権収入などの事業収益や寄付金などを主財源としており、連邦国家からの補助金や助成金に依存しない独立的財政運営を可能にしている点が他国にない特徴である。そのためアメリカでは、政権交代や政策変更による予算増減の影響を受けることなく、継続的かつ独立的施策と戦略を実施可能な体制を構築できている。

　さらに、NTC（ナショナルトレーニングセンター）を活用したUSOC主導のエリート育成に加え、アメリカでは高校や大学におけるスポーツマーケットの規模が大きく、競技力の高い学校のトレーニング環境は、プロのクラブに匹敵するほど充実している場合も多い。また、学業支援体制を整備したうえで、各種奨学金プログラムの受給には、学業との両立が強く求められていることも特徴といえよう。

(2) オーストラリア

　オーストラリアは、AIS（国立スポーツ研究所）とNTCを中核とした国際競技力の向上とともに、スポーツ参加率を維持・増加させたことから、近年諸外国のスポーツ環境整備の戦略に大きな影響を及ぼしてきた（尾崎，2013；久木留，2014）。しかし近年、メダル獲得数の減少など自国の優位性が低下する中、オーストラリアでは2009年に既存のスポーツ政策に関して幅広い分析検証がなされ、「The Future of Sport in Australia」（2009）が発表された。同報告では、プライオリティスポーツの選定基準やエリート育成に投じられた多額の財政支出が必ずしもグラスルーツ・スポーツの普及に寄与できていないことなど、従来の政策に批判的な指摘がなされた。そのため、この報告を受けて作成された「Australian Sport: The Pathway to Success」（2010）では、上記の課題を改善すべく、エリート育成とグラスルーツ・スポーツの対比的な概念から脱却し、スポーツ参加者拡大のため、グラスルーツ・スポーツとエリート育成の両者が協調・協働する体制構築が企図されている。

(3) イギリス

　2012年のロンドンオリンピックへ向けて、UK Sport中心に取り組んだエ

リート育成の戦略は、「プライオリティスポーツへの投資（選択と集中）」が特徴となっている（久木留，2014）。プライリティスポーツの陸上・競泳・ボート・自転車・セーリングを合わせたメダル数は、2004年アテネ大会18個に対し、2008年北京大会36個、2012年ロンドン大会35個、2016年リオデジャネイロ大会33個とほぼ倍増しており、イギリスにおける選択と集中的投資の有効性が明示されている。また、イギリスは直轄のNTCを持たず、スポーツ科学系学部や研究組織を有する大学と連携協力することでエリート育成を効率的に推進している。イギリスの成功は、既存資産活用の効果を実証しており、今後の戦略立案の参考となろう。

一方、1970年代以降、「Sport for all」運動に呼応し、グラスルーツ・スポーツの普及が進められ、2000年代からは「学校、地域、障がい者」をキーワードにグラスルーツ・スポーツの活性化が推進されている。また子供が安心してスポーツに参加できるように「チャイルド・プロテクション（Child Protection）」が定められている点も特徴として挙げられよう。

（4）ドイツ

ドイツオリンピックスポーツ連盟（DOSB）では、直轄の強化拠点は所有せず、州や地域に存在する既存のクラブや施設に対し必要な環境整備に要する補助金などを支援するシステムにより、既存資産を効果的に活用している。

DSOBは、このシステムを活用し全国に190以上の「連邦支援拠点」を整備している。また、中央競技団体と連携して整備した5カ所の「連邦競技センター」と先述した「連邦支援拠点」を再整備することで、19カ所の「オリンピック支援拠点」を設置している。さらに、体系的システムから発掘された育成年代選手に対し、教育・居住・トレーニングの環境を近接させた43のエリートスポーツ学校が整備されている（DSOB, online）。

グラスルーツ・スポーツでは、商業スポーツ施設の利用者増加など、国民のスポーツ参加形態と意識変容がみられる中、ドイツの地域クラブを中心としたグラスルーツ・スポーツ環境は変化の時期を迎えているといえるだろう。

（5）日本

日本では、日本オリンピック委員会（JOC）と中央競技団体が連携し、「競

技者育成プログラム」にもとづく「一貫指導システム」の構築を進めてきた。またJOCは、エリートアスリートへの支援プログラムの中で、アスリート支援（経済支援、医科学支援、各種能力開発など）やトップ指導者の環境整備（ナショナルスタッフ専任化、各種能力開発など）、活動拠点の整備（国立スポーツ科学センターやNTCとの連携、各種の拠点や機関との協働体制構築）を行っている。これらの環境整備は、諸外国のエリート育成環境の分析をもとにしており、現在ではメダル獲得上位国と同等の環境整備が進んでいるといってよいだろう。近年、日本のエリート育成は着実に成果を挙げており、ロンドン大会6位、ソチ大会15位、リオデジャネイロ大会7位というメダル獲得結果をみても、スポーツ基本計画にある「オリンピック夏季5位以内、冬季10位以内」とのメダル獲得目標に向けて、エリート育成に関する戦略的取り組みは着実に成果を挙げている。

　一方、グラスルーツ・スポーツでは、日本の大きな特徴であり強みである「学校体育」の活性化に加え、ドイツのスポーツクラブをモデルとした「総合型地域スポーツクラブ育成事業」を中心に、スポーツ機会の創出と良好なスポーツ環境整備を推進している。2015年時点では、創設準備を含め3,550の総合型地域スポーツクラブの創設により各市区町村の設置率が80.8％となるなど着実に成果を積み上げているかにみえる（文部科学省，2015）。

　しかしながら、学校体育、特に学校における運動部活動では、指導者の数や専門的指導に関する知識・経験不足が指摘されている（日本体育協会，2014）。技能習得による喜びや仲間と協調・協働する素晴らしさなどスポーツの魅力を伝え、子供たちに最適なスポーツ環境の提供を行うためには、種目に関する適切な知識と経験をもつ指導者の存在が重要となる。そのため、日本体育協会を中心に、指導者養成事業を積極的に展開しているものの、教員としての校務多忙などの理由から教員の指導者資格取得や動機づけは十分に進んでいない（日本体育協会，2014）。また地域のスポーツクラブでは、持続可能な基盤整備（人的・物的・財政的資源の確保）に課題を抱えるところも多い（日本体育協会、2015）。さらに、わが国のスポーツ関連予算の増額は、エリート育成（国際競技力競技力向上）関連予算の増額によるところが大きく、グラスルーツ・スポーツの環境整備に関しては、計画が実行に移されていない事業が多く存在している（日本体育協会，2015）。加えて、最新の世論調査では、2013年に比べ

2015年では、過去1年間のスポーツ実施率が80.9％から77.2％に低下し、非実施者は19.1％から22.6％に増加していることが分かっている（内閣府，2015）。

このようにわが国では、順調に発展するエリート育成に比べ、グラスルーツ・スポーツの普及には、未だ改善すべき課題が多く存在するのが現状といえよう。

6 スポーツ統括組織にみる戦略

諸外国のスポーツ政策は、政治体制や文化的背景など、その国におけるスポーツを取り巻く環境を反映して多様な形態をとってきた。例えば、エリートスポーツを国威発揚に積極的に活用した旧共産圏諸国では、国策としてエリート育成を強力に推進した。またカナダやフランスなど国家の成立過程で多数の移民を受け入れてきた国の中には、多民族で構成される国民に対する国家へのアイデンティティ形成にエリートスポーツを積極的に活用してきた国も存在する。その一方、イギリスとアメリカでは、スポーツ振興への国の直接的関与に消極的な時期が長く続いた後、国の積極的関わりが強まってきた。このように各国のスポーツ政策は、その時々の社会情勢や政権の方針に影響を受けながら変容してきたといえる（尾崎，2013；金子，2014）。この変容過程を経て、各国のスポーツ政策は、多様性をもちながらも、「エリート育成」と「グラスルーツ・スポーツの確立」を2つの命題として収斂されてきた。そして現在、両者の有機的統合が新たな命題として提起されている。

わが国では、2020年オリンピック・パラリンピックに向け、政府から関連予算や運営支援が増大していくことが推察される。その一方、高齢化や人口減少への対応、多様なストレスによる心身の健康問題の改善などが喫緊の課題とされている。そのためわが国では、類似の課題に直面しながらも適切に課題改善を進めている各国の戦略を分析し、日本の実情に即した実効性のある独自戦略を構築することが必要とされている。また実効性のある新たな戦略なくして、多額の予算を投入するエリート育成事業に関する説明責任と正当化は成し得ないであろう。さらに、国家に依存したエリート育成による一過性の競技力向上にとどまることなく、その成果を活用してグラスルーツ・スポーツの普及に基礎を置いた持続・成長可能なエリート育成を実現することが重要となろう。「グ

ラスルーツなくしてエリートなし」との認識を共有し、わが国における新たな実効力のある戦略の立案と実行が望まれる。

　東京オリンピック・パラリンピックという絶好の機会を最大限に生かし、有形無形のオリンピック・レガシーを活用するため、「ポスト2020年」に関するスポーツ政策の戦略的立案が、わが国にとって焦眉の急となろう。

　「戦略」とは、中・長期の時間軸でミッションや目標を達成するための方略であり、具体的方略は短期的な「戦術」に具現化される。本講における「戦略」とは、エリート育成とグラスルーツ・スポーツを発展させるための指針であり、両者に関わる政策や施策は「戦術」に位置付けられる。「"戦略"なくして"戦術"なし」。明確かつ適切な戦略があってはじめて、効果的な戦術立案が可能となり、効果的戦術が現状の課題を改善するのである。

（堀野博幸）

○注釈
(1) 国際大会に出場し活躍できるアスリートへの成長を期待できる水準にある者を「エリートアスリート」とし、彼らの成長を促進させるプロセスを「エリートアスリート育成」と定義する。
(2) ヨーロッパ委員会（2007）やFIFA（2015）の定義を参考に、プロ選手やエリートアスリートでなく、年齢や性別、身体状況などに関係なくスポーツを楽しむスポーツ愛好者や一般アスリートの関わるスポーツを「グラスルーツ（grass roots：「草の根、大衆」の意）・スポーツ」と定義する。
(3) 日本のスポーツ振興基本計画（2001）では、LTADモデルにもとづく競技者育成プログラムによるエリート育成環境を一貫指導システムと捉え、「優れた素質を有する競技者が、指導者や活動拠点等にかかわらず、一貫した指導理念にもとづく個人の特性や発達段階に応じた最適の指導を受けることを通じ、トップレベルの競技者へと育成されるシステム」と定義している。

参考文献

* Association For International Sport for All (2015) TAFISA Bulletin 02014/2015. http://www.tafisa.net/pdfs/bulletin/2015_AnnualBulletin.pdf（参照 2015年12月11日）
* Australian Bureau of Statistics (2010) Participation in Sport and Physical Recreation, Australia, 2009-10. http://www.ausstats.abs.gov.au/ausstats/subscriber.nsf/0/FA6CA5B178E7C76BCA2577FF0011ED3F/$File/41770_2009-10.pdf（参照 2015年12月11日）
* Australian Bureau of Statistics (2013) Participation in Sport and Physical Recreation, Australia, 2012-13. http://www.abs.gov.au/AUSSTATS/abs@.nsf/Lookup/4177.0Main+Features12011-

12?OpenDocument（参照 2015年12月11日）
* Australian Institute of Sport. FTEM Resource Repository.
  https://www.clearinghouseforsport.gov.au/knowledge_base/high_performance_sport/athlete_pathways_and_development/Athlete_Pathways_and_Development/resource_repository（参照 2015年12月11日）
* Barreiros, A., Côté, J., and Fonseca, M. (2014) From early to adult sport success：Analyzing athletes' progression in national squads. European Journal of Sport Science, vol. 14：178-182.
* Bernard, A. and Busse, M. (2004) Who wins the Olympic Games：Economic resources and medal totals. Rev. Econ. Stat., 86 (1)：413-417.
* 文化体育観光部（2014）2013体育白書.
  http://inaru.mcst.go.kr/cmm/fms/FileDown.do?atchFileId=04201412160008784&fileSn=2.（参照 2015年12月11日）
* Cleland, V., Dwyer, T., and Venn, A. (2012) Which domains of childhood physical activity predict physical activity in adulthood? A 20-year prospective tracking study. Br. J. Sports. Med., 46：595-602.
* Deutscher Olympischer Sportbund. Eliteschule des Sports.
  http://www.dosb.de/de/dosb/（参照 2015年12月11日）
* Directorate General Education and Culture (2010) Sport and physical activity (Special Eurobarometer334) .
  http://ec.europa.eu/public_opinion/archives/ebs/ebs_334_en.pdf（参照 2015年12月11日）
* European Commission (2007) White Paper on Sport.
  http://eur-lex.europa.eu/legal-content/EN/TXT/PDF/?uri=CELEX:52007DC0391&from=EN（参照 2015年12月11日）
* European Commission (2011) Study on the funding of grassroots sports in the EU, Executive Summary
  http://ec.europa.eu/internal_market/top_layer/docs/Executive-summary_en.pdf（参照 2015年12月11日）
* European Commission and Directorate-General for Education and Culture (2014) Special Eurobarometer 412, "Sport and physical activity report".
  http://ec.europa.eu/public_opinion/archives/ebs/ebs_412_en.pdf#search='Special+Eurobarometer+412'（参照 2015年12月11日）
* Fédération Internationale de Football Association (2015) Philosophy of grassroots football.
  http://grassroots.fifa.com/en/for-coach-educators/coaching-grassroots/philosophy-of-grassroots-football/introduction.html（参照 2015年12月11日）
* Ford, P., Carling, C., Garces M, Marques M, Miguel, C., Farrant, A., Stenling, A., Moreno, J., LeGall, F., Holmström, S., Salmela, J., and Williams, M. (2012) The developmental activities of elite soccer players aged under-16 years from Brazil, England, France, Ghana, Mexico, Portugal and Sweden. Journal of Sports Sciences, November 2012; 30 (15)：1653-1663.
* Funahashi, H., Nagamatsu, J., Shirai, K., Yamashita, S., Nakamura, H., Yamada, E.,

Waku, T., and Mano, Y. (2014). Success drivers in the Japanese elite sport system：An examination based on evaluations of the elite sport climate by elite athletes. Asian Sports Manage. Rev., 7：61-98.
* Hallal, P., Andersen, L., Bull, F., Guthold, R., Haskell, W., and Ekelund, U. (2012) Global physical activity levels：surveillance progress, pitfalls, and prospects, Lancet, 380：247–257.
* Independent Sport Panel (2009) The Future of Sport in Australia. http://apo.org.au/files/Resource/crawford_report.pdf（参照 2015年12月11日）
* International Monetary Fund. World Economic Outlook Database, October 2015. http://www.imf.org/external/pubs/ft/weo/2015/02/weodata/weorept.aspx?pr.x=55&pr.y=9&sy=1996&ey=2015&scsm=1&ssd=1&sort=country&ds=.&br=1&c=193%2C156%2C924%2C922%2C132%2C134%2C158%2C112%2C111%2C542&s=NGDPD%2CNGDPDPC&grp=0&a=#download（参照 2015年12月11日）
* 加賀秀夫・石井源信・嘉戸　修・菊　幸一・杉原　隆・長見　新・深見和男・宮内孝知・雨宮輝也（1993）中高年のスポーツ参加に関する社会的・心理学的研究―第2報．平成4年度日本体育協会スポーツ医・科学研究報告．
* 金子史弥（2014）戦後イギリスの都市におけるスポーツ政策の変容：シェフィールド市の事例．一橋大学博士学位論文．
* Kavetsos, G., and Szymanski, S. (2010). National well-being and international sports events. J. Econ. Psychol., 31：158-171.
* 久木留毅（2014）イギリスにおける競技力向上に関する一考察―大学を活用したナショナルトレーニングセンター機能について―．専修大学スポーツ研究所紀要, 42：27-34.
* 文部科学省（2010）スポーツ立国戦略．http://www.mext.go.jp/a_menu/sports/rikkoku/__icsFiles/afieldfile/2010/09/16/1297182_01.pdf（参照 2015年12月11日）
* 文部科学省．スポーツ振興基本計画　2スポーツ振興施策の展開方策　3我が国の国際競技力の総合的な向上方策A．http://www.mext.go.jp/a_menu/sports/plan/06031014/006.htm（参照 2015年12月11日）
* 文部科学省（2015）総合型地域スポーツクラブについて．http://www.mext.go.jp/component/a_menu/sports/detail/__icsFiles/afieldfile/2016/05/25/1304061_2.pdf（参照 2015年12月19日）
* 内閣府（2015）東京オリンピック・パラリンピックに関する世論調査．http://survey.gov-online.go.jp/h27/h27-tokyo/index.html（参照 2015年12月11日）
* 日本体育協会指導者育成専門委員会（2014）学校運動部活動指導者の実態に関する調査報告書．
* 日本体育協会（2015）持続可能な総合型地域スポーツクラブを目指して．http://www.japan-sports.or.jp/Portals/0/data/kurabuikusei/doc/report_sustainable.pdf（参照 2015年12月11日）
* 尾崎正峰（2013）Is Australia "Paradise of Sport"? ―「オーストラリアにおけるスポーツの格差・不平等」試論―．一橋大学スポーツ研究, 32：3-12.
* Sports & Fitness Industry Association. 2013 Sports, Fitness and Leisure Activities Topline Participation Report. http://espn.go.com/pdf/2013/1113/espn_otl_sportsreport.pdf#search='Sports%2C+Fi

tness+and+Leisure+Activities+Topline+Participation+Report'（参照 2015年12月11日）
* Sport Information Resource Centre（2015）Athlete Assistance Program - The Canadian Sport Policy.
  http://sirc.ca/csp2012（参照 2015年12月11日）
* Statistics Canada（2014）Physical activity during leisure time, 2013.
  http://www.statcan.gc.ca/pub/82-625-x/2014001/article/14024-eng.htm#n2（参照 2015年12月11日）
* Table Tennis Australia. FTEM Pathway.
  http://tabletennis.org.au/Portals/16/FTEM%20Pathway%20for%20Table%20Tennis.pdf（参照 2015年12月11日）
* United Nations Educational, Scientific and Cultural Organization（1978）International Charter of Physical Education and Sport.
  http://portal.unesco.org/en/ev.php-URL_ID=13150&URL_DO=DO_TOPIC&URL_SECTION=201.html（参照 2015年12月11日）
* United Nations Statistics Division. Population by national and/or ethnic group, sex and urban/rural residence.
  http://data.un.org/Data.aspx?d=POP&f=tableCode%3a26（参照 2015年12月11日）
* United States Olympic Committee（2014）The Path to Excellence：A View on the Athletic Development of U.S. Olympians Who Competed from 2000-2012.
  http://www.teamusa.org/About-the-USOC/Athlete-Development/Coaching-Education/Research（参照 2015年12月11日）
* United States Olympic Committee. American Development Model.
  http://www.teamusa.org/About-the-USOC/Athlete-Development/American-Development-Model（参照 2015年12月11日）
* 和久貴洋・阿部篤志・トビアス バイネルト（2008）「オリンピックへ向けた国内の取り組み（1）国内外の国際競技力向上への取り組みからみた北京オリンピックと日本」体育の科学，58（6）：429-437.

第 5 講

リーグ機構のビジョン

　スポーツ種目が発展していくうえで、クラブが集まり構成されるリーグ機構という組織の存在は非常に大きい。加盟するクラブには各々で異なる使命があり、個別の自己利益に配慮するとともに、個別クラブが活きる戦略が求められる。本講では、リーグ機構の経営戦略について考える。

1 戦略とはなにか

(1) 理念・目標・戦略

　戦略（strategy）とは、組織の理念（vision）の下に策定された未来像たる目標（mission）を達成するための、ヒト・モノ・カネといった経営資源の配分計画である（後，2005）。

　理念は、組織が守るべきもの（価値観）や何のために存在するのか（存在理由）を示すものであるが、それゆえに長期永続的な視点に立つやや抽象的な表現で描かれる傾向が強い。したがって、計画を策定するとなると、理念だけでは少々具合が悪いことになる。そこで、中期的視点に立ち、より具体的で実現可能性を感じさせる未来予想図として、目標を掲げることが必要となる。例えるならば、理念は地平線上に輝く恒星であり、目標は山頂である。恒星は進むべき方角を示してくれるが、そこへ到達することはできない。山頂は努力と工夫次第で到達することができる場所であるが、最終目的地ではない。登頂に成功しても、目指すべき次の山が待っているからである（Collins & Porras, 1996）。

　戦略は、山頂へ到達するための登頂計画である（**図5-1**）。登頂経路が一つではないように、目標を達成するための計画も一つではない。天候の変化により登頂計画が変更されることがあるように、組織を取り巻く環境の変化に応じ

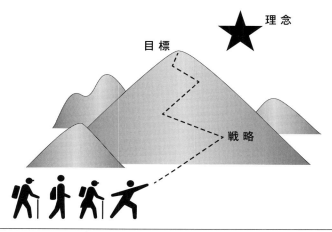

| 表 5-1 | 理念・目標・戦略の概念図 |

て戦略を変更せざるを得ないこともある。戦略は決して理路整然と策定されるものではなく、試行錯誤を繰り返しながら策定されるものである。学習により積み上げられた過去からの踏襲であると同時に、洞察により編み上げられる未来への約束でもある（Mintzberg, 1987）。したがって、理念や目標がスタティック（静的）なものであるのに対し、戦略はダイナミック（動的）なものといえる。

（2）戦略と戦術

　現代社会において、理念は、社会の欲求を充足しあるいは課題を解決することによって社会的価値を創出することを目的とするべきものである（Porter & Kramer, 2011）。社会的価値は商品（有形・無形を問わない）という形態で市場に提供され、商品は"バリューチェーン"（value chain；価値連鎖）と呼ばれる、企画から生産、マーケティング、販売、アフターサービス等の一連の活動から生み出される。先に戦略は経営資源の配分計画であると説明したが、社会的価値を創出するために実施すべき活動を選択して組み合わせ、全体の適合性をつくり出すこと、つまりバリューチェーンを強化することと解釈することもできる。なお、ありとあらゆる活動を実施できるわけではないので、戦略を策定するうえでは、「何をするか」と同様に「何をしないか」を選ぶことも重

要となる (Porter, 1996)。

バリューチェーンの個々の活動を適正に実施すること、あるいは継続的に改善することは戦術であり、戦略とは区別される (Porter, 1996)。戦略と戦術の違いは効果 (effectiveness) と効率 (efficiency) の違いであり、前者は適正な物事に取り組むこと (doing the right things) を意味し、後者は物事を適性に処理すること (doing things right) を意味する (Drucker, 1963)。

2 リーグ機構の構造的特徴

(1) 経営者の責務

経営者の責務は「最大限可能な経済的成果を得るために、資源と労力を機会に配分すること」(Drucker, 1963) である。金儲けが経営者の責務であると捉えるのはいかにも短絡的である。経済的成果が求められるのは、理念を具現化するために必要な資源を持続的に獲得することが必要だからである。

リーグ機構はリーグ戦を行うために集まったクラブで構成されるアソシエーション (連盟組織) である。したがって、リーグ機構の経営者に求められる責務とは、加盟クラブ個別の自己利益に配慮しつつ、共同利益を可能な限り最大化すること、リーグ機構という全体が加盟クラブという部分の総和より大きな価値を創出できるような戦略を策定し実行すること、といえる。

(2) リーグ経済のメカニズム

アメリカンフットボールの米プロリーグであるNFL (National Football League) の元コミッショナー、タグリアブ (Tagliabue) は、スポーツリーグの経済メカニズムを次のように説明している。曰く、「自由市場経済は企業を倒産に追い込むしくみである。(一方、)スポーツリーグの経済は企業を平等に存続させるためのしくみである。スポーツリーグのようなものは他には存在しない」(Telander, 1990. カッコ内は筆者加筆)。

自由市場経済下では、個人が自己利益の追求に邁進しても、結果として社会全体の利益が高まる。一見矛盾するようであるが、アダム・スミス (Adam Smith) がいうところの「見えざる手」に導かれ、希少な資源が市場で適正に配分されるからである。ただし、適正な配分には淘汰も含まれるので、自己利

益の追求が自己利益の確保を保証するわけではない。

　リーグ機構にはリーグ戦を滞りなく開催するための事務局機能（選手の登録・出場資格の確認、審判員の手配、試合記録の管理など）が求められる。仮にリーグ機構が効率的な事務局業務に専心し加盟クラブの自己利益追求を放置したとすると、低迷したクラブの淘汰（経営破綻）は十分に起こり得る。そうなっては、共同利益を最大化するどころか、リーグが成り立たなくなる。もちろん、加盟クラブの経営破綻を避けるために護送船団方式（勝者の犠牲の下に敗者を救済する方式）でリーグを運営しても価値は再配分されるだけなので、共同利益の最大化が保証されるものではない。

　リーグ機構の戦略を理解するためには、以上のようなリーグ機構の構造上の特徴も理解しておく必要がある。

3 リーグ機構を取り巻く環境

(1) 3C分析

　戦略は組織を取り巻く環境に影響されるので、戦略策定にあたっては環境分析を行う必要がある。環境を分析するフレームワークの一つに3C分析がある。3Cは顧客（Customer）、競合（Copmetitor）、自社（Company）の3つの頭文字を意味している。以下、3C分析によりリーグ機構を取り巻く環境を概観する。

(2) 顧客分析

　まず、顧客（Customer）についてみてみる。

　日本の国内人口は2010年の1億2,806万人を頂点に減少に転じている（総務省統計局「人口推計」）。人口減少は消費者減少、すなわち市場縮小を意味する。有形商品（例えば消費財）であれば、単価を上げるか一人あたりの購入量を増やす、あるいは国外市場を開拓しない限り、その産業は縮小することになる。

　総務省統計局の「人口推計」によると、人口構成を年少（15歳未満）、生産年齢（15〜64歳）、老年（65歳以上）の3つに区分すると、年少人口はすでに1978年に減少が始まり、消費を牽引する生産年齢人口も1995年を頂点に減少し続けており、老年人口だけが増加していることがわかる（図5-2）。国内人口の少子化・高齢化・縮小化は今後さらに進行することが予想される。老年人

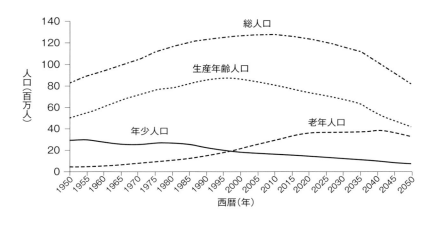

図 5-2 年齢階級別人口の推移
年少は0〜14歳、生産年齢は15〜64歳、老年は65歳以上。
（出典　総務省統計局『日本の統計』を元に筆者作成）

口の消費意欲は強くはないので（主な物財は所有済で、飲食量も減少するため）、高齢化は国内市場の購買力の低下に拍車をかけることになる。人口という観点から導き出される分析結果は悲観的なものである。幸い、スポーツの試合観戦日の経験という無形商品は、いくら消費しても置き場に困ることはないし、満腹にもならないので、創意工夫すれば欲求を無限に高めて需要を喚起することは理論的には可能である。

　厚生労働省の「国民生活基礎調査」によると、世帯構成を平成の時代が始まった1989（平成元）年とそれから四半世紀後の2013（平成25）年で比較すると、夫婦と未婚の子からなる世帯と三世代世帯の比率が低下し、単独世帯と夫婦のみの世帯、ひとり親と未婚の子の世帯の比率が上昇していることがわかる（**図5-3**）。顧客については人口構造のみならず、家族のカタチも変化していることを見逃してはならない。

（3）競合分析

　次に競合（Copmetitor）についてみてみる。
　リーグ機構の競合は、リーグ機構の事業ドメイン（Business Domain: 組織が経営活動を行う基本的な事業展開領域のこと）の定義の仕方によって左右さ

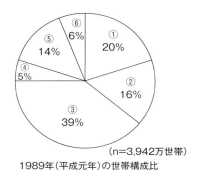 

(n=3,942万世帯)　　　　　　　　　　(n=5,011万世帯)
1989年(平成元年)の世帯構成比　　　2013年(平成25年)の世帯構成比

図5-3　1989年（平成元年）と2013年（平成25年）の世帯構成比
①単独世帯、②夫婦のみの世帯、③夫婦と未婚の子の世帯、④ひとり親と未婚の子の世帯、⑤三世代世帯、⑥その他の世帯
（出典　厚生労働省『国民生活基礎調査』を元に筆者作成）

れる。リーグ機構は特定のスポーツの試合をリーグ戦方式で提供する事業体であり、商品は試合観戦日の経験（Game Day Experience）と定義することができるが、事業ドメインをそのスポーツの試合観戦というように近視眼的に捉えてしまうと、中長期的には衰退を招く危険性が高まる（Levitt, 1960）。事業ドメインを広義にレジャー産業と捉えると、自由時間に行うあらゆる活動が競合となる。

　リーグ機構の事業ドメインであるレジャー産業の規模は72兆9,230億円（2014年）である。市場占有率上位は、パチンコ・パチスロ（34％）、外食（25％）、国内観光（9％）、公営ギャンブル（競馬・競輪・競艇・オートレース）（6％）で、この4つで全体の4分の3を占める。日本生産性本部の『レジャー白書』によると、スポーツ観戦の主な競合と考えられる産業の規模は、書籍・雑誌・電子出版が1兆7,590億円、ゲームソフト・オンラインゲーム等が1兆6,770億円、ゴルフ（コース料・練習場料・用具費）が1兆3,480億円、映像・音楽コンテンツ（レンタル・配信）が8,120億円、映画・演劇鑑賞が7,340億円、カラオケボックスが3,980億円である。スポーツ観戦の産業規模は1,480億円であるから、競合との差は大きいことがわかる（図5-4）。

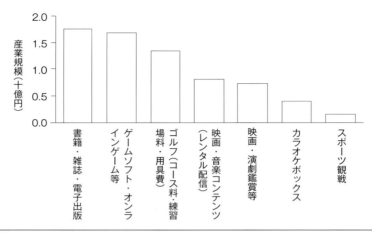

図 5-4 主なレジャー活動の産業規模の比較（2014年）
（出典　日本生産性本部『レジャー白書』を元に筆者作成）

（4）自社分析

　最後に、自社（Company）についてみてみる。

　先に示した通り、レジャー産業においてスポーツ観戦産業の規模は小さい。その推移を概観すると、1990年代序盤までは拡大期にあり、その後1990年代終盤あたりまでは縮小傾向にあったが、2000年代に入ってからは、東日本大震災の起きた2011年の落ち込みを除き、総じて上昇基調にあるといえる（図5-5）。レジャー産業全体は、1990年代初頭にかけて順調に拡大し、バブル崩壊後もしばらくは緩やかに上昇するも、1990年代終盤から縮小基調に転じ、リーマンショック後に急減、東日本大震災の起きた2011年後に市場縮小に歯止めがかかり、現在は踊り場状況を経て回復の兆しが見え始めた状況にある（余暇開発センター／自由時間デザイン研究所／社会経済生産性本部／日本生産性本部『レジャー白書』）。以上から、スポーツ観戦は今後の成長が見込まれる産業といえる。

　リーグ機構にとって最も重要な経営資源はアスリートである。戦力として計算できるアスリートはもとより、"スター"と呼ばれる観客を呼び込めるアスリートの価値は計り知れない。しかし、実績あるアスリートの存在は希少であり、なおかつ彼ら彼女らは国境を越えて活躍の場を求めるため、優れたアスリ

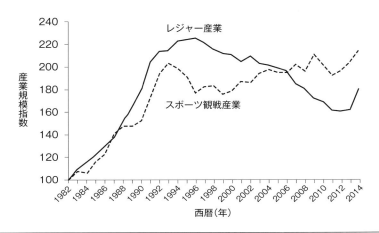

図5-5 レジャー産業とスポーツ観戦産業の推移
注1　産業規模指数：　1982年の産業規模を100として算出した指数
注2　1982年の産業規模は、レジャー産業：40兆4,070億円、スポーツ観戦産業：690億円
（出典　余暇開発センター／自由時間デザイン研究所／社会経済生産性本部／日本生産性本部『レジャー白書』を元に筆者作成）

ートの価格は構造的に高値に振れやすい。

　学校スポーツが盛んな日本においては、学校がアスリート育成の役割を担うのが一般的である。潜在能力の高い逸材は希少な存在であり、かつ、年少人口が減少し続けている状況下では、その希少性はますます高まっている。したがって、実績あるアスリート同様、将来性の見込めるアスリートの調達コストにも上昇圧力は加わりやすい。

4　リーグ機構の戦略事例

　どの組織も産業内の競争に晒されている。どれほど優れた理念を掲げようとも、商品への需要がなければ組織は存続できない。競争を生き抜くためには、競合より優れた商品を提供することが求められる。競合よりも品質の高い商品を提供する、競合よりも価格が低い商品を提供する、競合にはない特徴をもった商品を提供する、方策は多様である。本講の最後にスポーツのリーグ機構が採るべき戦略について、事例を交えながら解説する。

○事例1　育成の内製化

　リーグ機構にとって優れたアスリートの獲得は最重要課題といえるが、実績あるアスリート、将来性を買われたアスリートを問わず、獲得費用は割高になる傾向がある。アスリートは試合を生産するための原材料と捉えることもできるが、原材料の調達費用が高騰化する場合に採るべき戦略の一つは、原材料の内製化である。つまり、アスリートの育成である。その事例の一つとして、Jリーグアカデミーが挙げられる。

　Jリーグでは、加盟クラブに対して育成組織たるアカデミーの設置が義務づけられている（Jリーグクラブライセンス交付規則第33条）。育成の役割を担う学校スポーツには、指導者に関する課題（指導者がいない、いても専任でなかったり専門知識に欠ける等）や学校教育制度に起因する課題（1年生の試合出場機会が限られる、国際経験を積む機会がない等）が少なくない。Jリーグアカデミーでは、一定水準のラインセンスを保有する専任指導者（Jリーグクラブライセンス交付規則第35条）が配置され、ディレクターや担当コーチに対する研修会もJリーグ主催で定期的に開催されている。また、一歳刻みの年齢別リーグ戦が開催され、国際競技大会への参加機会も提供されている（日本プロサッカーリーグ）。アカデミーの維持には多くの経営資源の投入が求められるので、アカデミーはJリーグを差別化する（あるいはJリーグに競争優位性を与える）のに優れた戦略であるだけでなく、模倣されにくい戦略ともいえる。

　アスリートの育成は工業製品の生産とは異なる。工業製品の生産では品質管理（誤差の極小化）が求められるが、アスリートの育成では品質向上（潜在能力を最大限に引き出すこと）が求められる（品質のバラツキは問題視されない）。内製化戦略としての育成は、優れたアスリートの排出を目的とするものであるから、潜在能力が高い素材の発掘と一体で捉える必要がある。年少人口が年々減少していることを考え合わせれば、アカデミーには、アカデミーを目指す子供を増やす効果、すなわち発掘へのプラス効果も期待できる。

○事例2　商品のカイゼン

　リーグ機構の主たる顧客は観戦者たる個人と協賛社たる法人に大別されるが、後者は前者へのタッチポイント（協賛社自身やブランドと顧客との接点）を求

めてリーグ機構を協賛するので、理論上は観戦者の獲得・維持が優先課題となる。レジャー活動は嗜好性が高いため、ロイヤルカスタマー（忠誠心の高く、それゆえ購買頻度が高い顧客）を育てること、俗な表現を借りれば、「ハマってもらう」ことが重要となる。そのためには、期待を上回る価値を提供しなければならないが、商品そのものの品質向上と商品を生み出すバリューチェーンの品質向上の二通りの戦略が考えられる。

　試合観戦日の経験という商品は試合の品質（すなわち魅力）に左右される。試合の品質向上を目指す戦略の一例として、Ｊリーグの「+Quality（プラス・クオリティ）プロジェクト」が挙げられる。同プロジェクトの目指すところはフェアでクリーンでスピーディーな試合の創出である。しかし、フェア、クリーン、スピーディーといった要因は主観的で曖昧である。そこで、Ｊリーグは、試合の魅力を損なう要因となる試合中の異議行為や遅延行為を削減することによって試合の品質向上・維持を図ることとし、「反則ポイント」「アクチュアルプレーイングタイム（試合開始から終了まで実際にプレーされた時間）」「リスタートにかかった時間」という定量的データを毎試合計測して公表することとした（日本プロサッカーリーグ）。曖昧なこと（何をすべきか）に固執せず、単純明快なこと（何をすべきでないか）に焦点を当てたわけである。試合を実際に生み出すのは個々のクラブなので、単純明快に方向を示し、モニタリング可能なデータを導入したことによって、戦略としての実効性は高まると考えられる。

○事例３　バリューチェーンの強化

　顧客の期待を上回る商品を提供して購買頻度の高いロイヤルカスタマーになってもらう戦略のうち、バリューチェーンの品質向上を目指した戦略の一例としては、バスケットボールの米プロリーグNBA（National Basketball Association）のTMBO（Team Marketing & Business Operation）が挙げられる。TMBOは加盟クラブのマーケティング活動を支援するためにリーグ機構内に設置された部門である。加盟クラブを取り巻く環境は一様でないため、画一的な方策は意味をなさない。TMBOはトップダウンで命令を下す司令官ではなく、後方支援に徹する補給部隊の役割を担っている。ただし、TMBOが補給するのは知識で、知識の共有化によって個々のクラブの問題解決力の向

上を目指している。知識は、形式的で体系立った形式知（explicit knowledge）と属人的で伝達が難しい暗黙知（tacit knowledge）から成り、いわゆるノウハウは暗黙知に含まれる（Nonaka, 1991）。バリューチェーンの強化には形式知と暗黙知の双方の活用が欠かせないが、暗黙知の共有化は難しい。暗黙知から形式知を創造し、ベンチマーキングとベストプラクティス実践の質を高めることが、TMBOという戦略の本質といえる。

○事例4　段階的アプローチ

　リーグ機構が若年層を対象に展開する当該スポーツの普及活動は2つの意味をもつ。一つは将来のリーグ機構を担うアスリートの発掘、もう一つは将来の観戦者の開拓である。後者については若年層に限定されるものではないが、ライフステージによってスポーツとの関わり方は変わるので、ここでは若年層を対象とした普及に絞って議論を進める。

　普及活動ではスポーツの楽しさを知ってもらうことが重要であるが、努力なくしてスポーツの楽しさを享受することは難しい。例えば、サイクリングを楽しむには、補助輪なしで自転車に乗る技術を習得することが前提となるが、その技術は、幾度となく転びながら（つまり痛い思いをしながら）習得されるのが一般的ではないだろうか。受け身な態度でも楽しいひと時を過ごすことができる映画鑑賞やテーマパーク訪問とは大きく異なる。したがって、スポーツの普及活動においては、最初のハードルを極力低くして自己効力感を得やすくすることが必要となる。イベント仕立ての体験会を何度開催しようとも、目を引くデモンストレーションを何度披露しようとも、「できた」がなければ「楽しい」にはつながらない。「つまらない」と思われては、生涯顧客の損失にもつながりかねない。ハードルを低くすることに成功したよい事例には、東京サイクリング協会の「自転車乗り方ステップ練習法」が挙げられる。誰でも一度も転ぶことなくほんの数時間で補助輪なしの自転車に乗れるようになる、優れたレッスンプログラムである。

　リーグ機構による普及戦略の一例としては、NFLによるフラッグフットボールの普及活動が挙げられる。アメリカンフットボールは日本人に馴染み深いスポーツとはいえないため、段階的アプローチとして小学生を対象にしたフラッグフットボール普及の取り組みを行うこととし、プレーに必要な用具や教本、

DVDを文字通り箱詰めして希望する小学校に無料で進呈している。体験会へ足を運んでもらう招致型ではく、パッケージを届ける配送型の作戦である。学校へのアプローチなので、教育委員会単位で教員を対象とした無料講習会も開催し、フラッグフットボールのプレー経験が子どもに与える影響の研究結果も提示している。斬新な発想であるが、これは本戦略の特筆すべき要素ではない。NFLは「この教材で、誰でもうまくなれます」とは訴求せず、「作戦を立てて役割を分担すれば、誰もがチームに貢献できます」というメッセージを発している。スポーツにおいて身体能力は決定的要因である。身体能力の優劣がスポーツへの心理的距離感に影響を与えることをNFLは十分に理解し、身体能力の優劣を問わず、個人個人の特徴を活かした役割を見つけることにより、誰もがフラッグフットボールを楽しめるということの理解促進を図っているのである。なお、NFLは公益財団法人日本フラッグフットボール協会を設立して、普及戦略を継続実施している。

5 リーグ機構にみるスポーツ戦略

　戦略とは、理念（社会的使命）を中期的観点から翻訳した目標（未来予想図）を達成するために策定される経営資源の配分計画である。過去から学び、現在を洞察して、理念に謳われる社会的価値を創出するために何をすべきで何をすべきでないかを選び、活動の組み合わせを練り上げることが戦略である。戦略は一度策定されれば終わりというスタティックなものではなく、環境の変化に合わせて変化すべきダイナミックなものである。

　リーグ機構はリーグ戦を行うために集まったクラブで構成されるアソシエーションである。加盟クラブには個別の社会的使命があり、リーグ機構にも独自の理念がある。したがって、リーグ機構の戦略は、加盟クラブ個別の自己利益に配慮しつつ、共同利益を可能な限り最大化するものでなければならない。リーグ機構の利益は試合観戦日の経験という商品から産み出されるが、試合は個性の異なる加盟クラブによって創造される。よって、リーグ機構の戦略は、加盟クラブの個性を活かすためのプラットフォーム戦略と位置づけられる。

（佐野毅彦）

参考文献

* 後正武（2005）『経営参謀の発想法』PHP研究所，pp. 25-26.
* 東京サイクリング協会「自転車乗り方ステップ練習法」
  http://tokyo-cycling-association.com/new/howto/pdf/step.pdf（参照 2015年7月21日）
* 日本プロサッカーリーグ「アカデミー」
  http://www.jleague.jp/aboutj/academy/（参照 2015年7月21日）
* 日本プロサッカーリーグ「+Qualityプロジェクト」
  http://www.jleague.jp/aboutj/plusquality/（参照 2015年7月21日）
* Collins, J. C. and Porras, J. I. (1996) Building your company's vision. Harvard Business Review, 74 (5)：65-77.
* Drucker, P. F. (1963) Managing for business effectiveness. Harvard Business Review, 41 (3)：53-60.
* Levitt, T. (1960) Marketing myopia. Harvard Business Review, 38 (4)：45-56.
* Mintzberg, H. (1987). Crafting strategy. Harvard Business Review, 65 (4)：66-75.
* Nonaka, I. (1991) The knowledge-creating company. Harvard Business Review, 69(6)：96-104.
* Porter, M. E. (1996) What is strategy? Harvard Business Review, 74 (6)：61-78.
* Porter, M. E., and Kramer, M. R. (2011) Creating shared value. Harvard Business Review, 89 (1)：62-77.
* Telander, R. (1990) The Face of Sweeping Change. Sports Illustrated, 73 (11)：38-44.

第 **6** 講

学生スポーツの育成戦略
―大学フットボールを事例として―

　日本における大学生のスポーツが果たす役割は、競技力向上の面だけはなく、普及、指導者養成、医科学研究の面からも非常に幅広い役割があると考えられる。高校生年代（18歳以下）までのスポーツと大学生年代（19～22歳）のスポーツを比較してみると、その競技水準にも大きな違いがあるが、スポーツに取り組む上での自立心、自主性、意識性が、その後の成長に大きく影響してくると考えられる。したがって、高校までの全国レベルで活躍できていたアスリートが大学生年代で必ずしも成功するとは限らず、まったく無名のまま入学して来た遅咲きの逸材が大学4年間で大きく飛躍して、日本を代表する選手に成長することも十分考えられる。

　指導者側の視点から考えてみると、大学4年間には非常に大きな成長を期待できる可能性があり、高校3年次までの経験値は高ければ高いに越したことはないが、トレーナビリティー（trainability）と呼ばれる"伸びしろ"を大きくもった人材を大学の環境の中で人間として、また競技者としていかに伸ばせるかが大切であるといえる。

　"ローマは1日にしてならず"すなわち、"大学4年間の育成戦略"が確立できたチーム、個人は、大きな成果を産み、結果を残すことができると考えられる。本講では、大学フットボール界での現状と育成戦略について論ずる。

1 育成の成果を左右する"環境づくり"

（1）大学フットボールという新たな環境

　良い育成環境が人を育て、伸ばすことはよく知られているが、大学生のスポーツ環境とは、いかなる条件を満たしておくべきかを考えてみたい。

　一般的な大学生は、親元を離れ一人暮らしを始める。食事や洗濯といった日常の生活を親の援助の下で過ごした高校までとは異なり、生活のベース（ライフサイクル）をしっかりと築けるかどうかがまずは大事である。大学側が、選手寮や合宿所として用意した宿舎で集団生活を始める場合も多く、生活環境の確立が、スポーツ選手を育てる第一歩だともいえる。ただし、古い風習や体質

を残す運動部では、その環境が強化や育成の妨げになっている場合もあり、十分に注意を要する問題でもある。

　また、先輩・後輩の人間関係の構築も重要である。運動部集団の中のモラル、上下関係から学ぶことは、社会人基礎力を養う上でも重要であり、クラブ内の競争と同時に協同の精神が正常に機能する環境が必要である。

　そして最後は、肝心のトレーニング環境の問題である。単に施設が新しく、充実していることばかりでなく、指導者と選手の信頼関係と公平性が保たれていることが重要である。チャンスを平等に与え、公正に、しかも厳格に評価や指導を受けられることがチーム全体の志気と向上心を産み出すことになる。

　どれほど最新のトレーニング機器や施設を整えたとしても、集団の空気、つまり、指導者自身のコーチング能力とともに、前向きな向上心にあふれた環境が築けなければ人を育てることは難しい。自ら高い目標を掲げ、自主的に工夫し、自己実現していくような、お手本となる上級生、先輩の存在が、日常のトレーニング環境を構築する上では最も重要であると考えられる。

（2）海外研修・強化のねらい

　高校生年代と大学生年代の大きな違いは、国際化、グローバル化だともいえる。国内、しかも県大会での勝敗で全国大会への切符を競い合う高校スポーツには、インターナショナルな視点や感覚（センス）は育ちにくいのが事実である。

　大学での育成には、国内大会の覇権を争うことと同時に、同世代・同種目の世界基準を視野に入れることも重要である。例えば、隣国である韓国へ行くことでも、選手の意識は変化し、食事や文化、習慣、宗教など異文化の中に身を置いてこそ見えてくるものがあると確信する。

　日常の食事や買い物、交通手段を用いての移動など、日本国内にいてはなんの不自由もなく生活できることが、当たり前ではない海外に行くことで、自ら考え、工夫し、よりよく生きる努力をすることを学ぶのである。さらに、飲み水の確保については、日本国内においてその必要性は低いが、海外生活では、ミネラルウォーターの確保は毎日の必須事項となる訳であり、日常の生活エリアから飛び出さなければ、得られないものがあると私は確信している。

　人を伸ばし、育てるのは、同じ場所で、同じことを根気強く継続することに

よっても達成されるが、日常とは異なる環境下で自分たちの日常を超える出来事や、自分たちの常識では理解できないほどの"世界基準"グローバルスタンダードに触れさせることは大きな刺激となり、大いなる成長を呼び起こす起爆剤となり得る。したがって、大学生の育成には、グローバル戦略は有効に機能するといえる。

2 日本における大学フットボールの現状

(1) 1993年J創設と大学フットボールの存在意義

　1990年代に入り、プロ化へと加速していく日本のフットボールの動きを大学フットボールは、じっと静観するしかなかった。日本のフットボールの発展のためには、プロ化は不可欠な条件でもあり、当然の流れとして受け止めるしかなかった。

　プロ化への準備が進んでいく過程で、大学のフットボールの存在意義が問われていた。しかし、当時の大学界といえば、グランドはクレー（土）が当たり前で、指導者も大学教員であり、かつ監督を務める教育系・体育系大学とOB会から週末だけ指導に派遣される"サンデーコーチ"が大半を占め、芝生のグラウンド化やプロコーチの専任化で環境が劇的に好転したJクラブには、なにひとつ対抗できる要素はなかった。大学へ行ってフットボールをすることは"時間の無駄使い"であり、"22歳のプロ入りでは遅すぎる"というのが常識的な判断として定着しつつあった。

　高校生タレントは、一斉にプロへと流れ込み、高校の指導者たちもプロ入りした教え子の活躍を誇らしげに語っていたのである。しかし、当時はそれが当たり前だった。1クラブに50名を超える選手を保有し、プロとしての実力を備えない者までが、Jバブル期（93〜98年頃）のプロ選手としてデビューしていた。その姿に憧れる高校生にとっては、大学フットボールはどう考えても魅力的な選択ではなく、18歳の時点で評価されないものの、もう一度プロへトライするためのきわめて現実的で地味な存在感でしかなかった。しかし、そのことによって、高校フットボールの名門からの関東・関西1部リーグ校へのタレント独占状態は崩壊し、プロには行けなかった"遅咲き選手"の育成の場が大学フットボールの役割となったのである。その当時は、大学経由でプロー

線で活躍し、日本代表入りするなど、夢物語であり、そんなことを期待することも難しい空気感が漂っていたことを、今でも覚えている。

(2) "ラスト・ゴールデン・エイジ"こそ、大学フットボール

　日本サッカー協会の育成ビジョンや日本独自のトレセンシステムも急速に整備され、各都道府県ごとのタレント発掘の精度も高まっており、地域ごとの優秀選手をもれなく見つけ出し、施設や指導者など環境の整ったJクラブの下部組織に集約する流れは、ほぼ定着してきた感が強い。

　U-6. 8. 10のキッズ年代からU-12までのジュニア年代は、スキャモンの発育曲線による神経系の発育・発達が著しい時期であり、ゴールデンエイジ（"GOLDEN AGE"）と呼ばれ、フットボール選手育成において、技術的なスキル獲得の上で、最も重要な年代だと位置づけられている。そして、高校卒業時の18歳までに育成が完了するかのような育成ビジョンが描かれるようになり、18歳でプロ入りすることが育成の目的であるかのように考えられてきた。しかし、現実的には日本人の身体能力、特にパワー、スピード系の能力は18歳では未完成であり、高校卒業後の2〜3年間でフィジカルベースが高まらなければ、そのままの実力でプロのレベルで通用するプレーをすることは難しいことが明らかになってきた。また2009年を最後に若手育成のサテライトリーグが廃止され、18歳でプロ入りしたタレント選手たちには、実戦経験が決定的に不足しており、優れた才能を認められた早熟の天才たちはその能力を伸ばし、磨く機会をなくし、やがて自信を喪失して輝きを失い、最短21歳でプロ廃業に追い込まれるケースも数多く見受けられるようになってきた。自立期に"大人の選手"として大成するまでには10〜12歳頃のゴールデンエイジの技術的基礎力を磨くことはもちろんだが、"第二のゴールデンエイジ"であり、最後の育成完成期（ラスト・ゴールデン・エイジ：Last Golden Age）こそが大切であり、大学フットボールの意義や使命がまさにラスト・ゴールデン・エイジの育成にあるといえる。単に技術力だけでなく、より高い水準のフィジカルベースの確立や、プロとして戦い抜く強靭なメンタリティーや自立心、向上心など総合的な人間力を磨かずして一流選手に成長することは難しい。大学フットボールの価値はまさにここにあるといえる。

(3) Jリーガー約1,400人に占める大卒選手の動向　"4割から6割強へ"

　1993年5月15日に10クラブスタートを切ったJリーグは、チーム数の拡大路線を短期間で進め、2015年現在ではJ1・18クラブ、J2・22クラブ、計40クラブに達した。2014年からはJ3・11クラブとU-22選抜も加え、Jリーガーと呼ばれる、日本のプロフットボール選手の市場（マーケット）は約1,400名となった（**表6-1**）。

　近年の新入団選手数は、120から130名程度が定数となっている（**図6-1**）。1,400名の出身母体を見ると、Jリーグ全体に占める大卒選手は、45％程度となり、年々その割合は増加傾向にある。新入団選手では、大卒選手が60〜65名、Jユース出身が40〜45名、高体連部活出身は、15〜20名程度となっている。このまま、この動向に大きな変化がここ数年のうちにあるとは考えにくく、確実に数年後には、Jリーガーの約65％が大卒選手で占められることになるのは明白である。J発足当時に、"大学フットボールは、強化の本流から外れる"との見方が大半だったが、20年を経過した現在のJリーグは、特にJ2、J3レベルを維持し、短期的に強化し、昇格を目指すためには、安価に獲得が可能で、即戦力としての期待度が高い大卒選手なしでは、クラブづくりが成り立たなくなっているという事実をきちんと受け止めるべきである。

　Jリーグの加入条件である、下部組織からは、Jクラブ全体で40〜45人のトップ昇格があるだけで、1人もトップチームへユース出身者が昇格しないクラブも毎年15〜16クラブもある。トップチームの保有選手数が27〜28名程度のクラブが多い中で、20名前後の大卒選手が在籍するクラブは、J2では1/3程であり、J1にも大卒選手を10〜20名保有するクラブは、半分の9クラブもあるのが現状である。

表6-1　登録選手数

	2004	2005	2006	2007	2008	2009	2010	2011	2012	2013	2014	2015
J1	497	561	568	569	569	544	528	510	505	522	506	528
J2	349	343	391	395	442	515	539	556	613	620	640	643
J3											287	297
計	846	904	959	964	1011	1059	1067	1066	1118	1142	1433	1468

※J3はU-22選抜を含まない

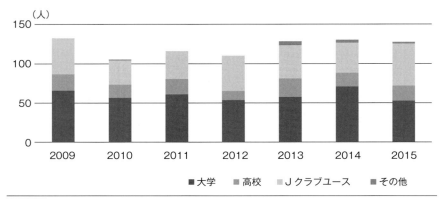

図6-1 Jリーグ 出身母体別新人選手の推移

3 Jリーグにおける選手育成の現状

(1) Jユース出身者の動向と課題

　それでは、自前ユース出身者はなぜ、トップ昇格できないのだろうか。

　この原因は、大きく分けて2つのことが考えられる。一つめは、トップチームのクラブ事情である。上位クラブは資金力があり、戦力補強には、新人よりも移籍選手獲得の方が効果的であること。サテライトリーグがない現在では、トップ昇格した若手選手の実戦経験が極端に少なく、トップ昇格できる人材を毎年輩出することは、至難の業であり、その可能性は、年々低くなっている。

　二つめは、監督が直面する起用法の問題である。トップチームの監督も10代の若手を起用しながら、結果を出すことに難色を示す傾向にあり、せっかく育てた自前のタレントたちは、目標であったトップ昇格を果たせず、結局は、現実的選択として大学進学を優先し、4年後に改めてJリーグを目指すのが現状である。

(2) なぜJリーグは韓国出身選手が多いのか

　大卒選手の増加とともに、近年のJリーグで顕著な傾向が、外国人、特に韓国出身選手の加入である。2015年Jリーグの外国人で、最も多いのはブラジル人だが、次いで圧倒的に多いのは韓国出身者であり、J1からJ3までの総数は約60人（2014年）にものぼる（**表6-2**）。韓国選手を使う利点は、欧州選

表6-2　国籍別　外国籍選手数

国名	2004	2005	2006	2007	2008	2009	2010	2011	2012	2013	2014	2015
ブラジル	50	54	63	73	60	59	56	55	50	49	51	60
大韓民国	7	6	12	10	10	26	35	36	41	53	59	46

手に比べ、コスト（人件費）が安いこと、体格・体力で日本選手に優位に立てること、日本の環境に順応しやすいこと、チームの規律、規則を守ることなどが理由として挙げられ、韓国プロサッカー界にあったドラフト指名制度の廃止により、若手（20〜22歳）選手が国内トップのKリーグだけでなく、自分で進路を自由に選択できるようになったことも、この流れに拍車をかけていると考えられる。センターラインのFW、ボランチ、CB、GKにはプロとしてどうしてもある程度のサイズ（身長・体重）が求められるため、韓国選手の大型でパワフルなプレーは、小柄な体格の日本サッカー界で重宝されてしまうのである。これは裏側からみれば、日本の育成における課題でもある。大型選手が育たないことは、そのまま日本代表チームの弱点ともなっている。だから、大学サッカーではJクラブの育成を補完する役割を生かし、4年間をかけて大型選手の発掘・育成に根気強く取り組むべきだと考えている。

(3) U-19年代AFCアジア選手権4大会連続敗退の真実

　日本の育成年代で大きな課題であり、実際にアジア圏内の戦いで結果が出せなくなったのが、U-19世代である。4大会連続で約10年近く、この問題は放置されたに近い。単に、U-19、20の日本代表スタッフの力量という見方だけでは片付けられないほど、問題の根幹は深く、知らぬ間に常態化してしまっているのかもしれない。

　U-19日本代表のほとんどは、Jクラブのユース出身であり、高校から卒業後すぐにプロへと進んだ日本のフットボールのエリート軍団のはずである。その中の数名は、18歳以前からトップチームでの出場歴もあり、"日本のフットボール界期待の星たち"であることに間違いない。しかし、アジアの予選では、中東、中国、韓国、北朝鮮の対日本作戦の術中にまんまとはまり、ベスト8の壁を抜け出せないジレンマに陥っているのである。

　才能豊かな彼らがなぜ勝てないのか。"主導権を握るサッカー"を目指す育

成の中で、エリート的タレント選手は、同世代の中では、常に自分が最も上位の存在であり、自分のプレーを主体的に発揮することで、試合を動かし、国内大会では格下相手に100％のファイトをしなくても、難なくプレーで優位に立ち、勝利できてしまう。しかし、この甘い育成環境こそが、相手の作戦や術中にはまったときの打開力の乏しさや、逆境の中でこそ発揮される強いメンタリティーの欠如など、この年代のエリートが直面する問題の根源であることを直視しなければならない。国内のU-18プレミアリーグで、Jユースチームが高校チームより優位に立ち、成績も上位を占めることは、ここ数年の結果から明らかだが、不利な状況からチャンスを掴み直すたくましさや、困難な状況に耐える力、あるいは他人を鼓舞する力強いメンタリティーをもったリーダーが育っていないのが現状である。19歳以降の育成問題は、日本サッカー界が早急に取り組むべき課題である。

（4）4割から6割超へ　大卒Jリーガーの増加

　創設から約20年経過したJリーグにおいて、約4割を占める大卒選手は、あと5年以内には、6割超へと増加していくことは、新入団選手の割合からみても明白である。

　一時的には、日本サッカー界の育成の本流から外れたとみられていた"大学フットボール"が、今ではJクラブの育成を補完して、その仕上げを受け持つ、重要な役割を担うことになっているのが現状である。

　18歳で充分な才能をもち、高卒やJユースから直接プロデビューする逸材、天才は、早々にプロの環境下でその実力を磨くべきである。しかし、フィジカル能力や人間的成長、人格形成においてまだ時間を要する選手が、日本では数多くいるという事実を直視して、育成を考えるべきである。

　単に、ユースからのトップ昇格という、見せかけの実績作りのために、18歳で契約したユース出身選手は、ほとんどプロでの出場実績もなく、最短3年（21歳）で契約解除され、さらに悪い条件のチームに格下げして移籍するか、転職を余儀なくされている。昨今、J2の若手選手の年俸や契約金はますます低下する傾向にあり、満足な貯蓄もできないまま社会に送り出される"不幸なJリーガー"が増えていることへの不安が増大している。単に、プロの生存競争ということだけで片付けてしまってはいけない現象ではないだろうか。

JFAの育成フィロソフィーに"Players First!!"という標語があり、指導者養成においても頻繁に使われているが、せっかく育てた選手を大事にしない、選手の人生や生活をしっかりと保障できないプロリーグのあり方は、日本サッカー界全体としてもっと真剣に取り組むべき課題である。

(5)「見つける、伸ばす、生かす」"育成の極意"

　Jリーグ創設前の日本リーグ時代（JSL）には、高校の優秀選手たちが集まる関東・関西地区の名門大学が当時のタレント選手を集約して、企業スポーツへと送り込んでいた。しかし、Jリーグ創設により、18歳のタレントは確実に発掘され、プロへとその進路をとるようになった。これにより、大学フットボール界は一番手のスター選手を集めて勝つのではなく、二番手、三番手の好素材をいかに発掘し、いかに育成できるかに勝負がかかってきた。地方大学でも、指導者や施設を整備し、育成力で勝負する新興の大学チームが台頭するようになってきたといえる。かつての名門校が2部リーグに降格したり、全国大会の出場権を逃すなど勢力図は劇的に変化してきたといえる。

　18歳の時点では、まだまだ才能が開花していない未完の大器をいかにして見つけ出してくるか、そして、その才能をいかにして磨き上げていくか、最後にプロフットボール選手として生活していくための、確かな人間性や社会性、そして、知性や教養を併せ持つ人材育成力こそが大学サッカーの使命だと私は考えている。

　したがって、フットボールの競技者としての視点だけでなく、指導、普及、社会貢献、地域貢献といった経験も人間的成長には重要だと考えている。当然、将来教育現場で指導者となっていく人材を育成することも大学サッカーの重要な役割のひとつである。またフットボールという世界的ポピュラーなスポーツ特性を生かし、グローバルな視野の育成も重要な柱として考えておくべきだろう。

　個人や、各大学レベルの国際交流事業や、フットボール研修事業に学生を参加させることでも、選手を成長させることができると確信している。だからこそ、全日本大学選抜チームは、世界的視野での活動を今後も継続的かつ発展的に進めていかなければならないと考えている。

(6) 上手い選手と伸びる選手の違いとは

　小学6年、中学3年までのタレントをスカウトし、Jの下部組織で育てる仕組みは、この20年で特に首都圏を中心に進み、Jクラブには、地域の優秀選手が優先的に集まるシステムが確立されてきたといえる。数千人のセレクションを通過して、Jクラブ下部組織のユニフォームを着ることができるのは、間違いなく"上手い選手"たちである。いろいろなスキルテスト、ゲームでの力量をみて、スキルフルな選手が高評価され、誰の目にもとまりやすいはずである。しかし、自立期以降に立派なサッカー選手として大成していくには"上手い"だけではなく、もっと違う"何か"が必要なはずである。

　小6や中3の入団テストの際に、その"何か"を客観的に定量化できたり、発見できればいいが、現実的にそこを見抜くことはきわめて難しいのが現状である。技術偏重のツケは、Jユースの選手に共通した傾向として18歳以降にみられるようになってくる。その1つが、自己分析能力の低さである。通常Jユースは30〜35名程度で構成され、中1で入団すれば、高3まで6年間同じ集団で過ごすことになる。同質集団の中での自分自身の立ち位置や、自己の能力を客観的に分析する力は、閉鎖的な環境では育ちにくい。また、学校生活と練習の両立のため、Jクラブでの拘束時間には限界があり、フットボール以外の、人間性を高めたり、仲間と共に過ごす中で自分の長所・短所を見つける力や他人の良さを認め、自分自身の不足点を冷静に把握する力が充分に備わっていないと感じることが多い。いわゆる「ゆとり世代」に入ってから、「フットボールは上手いが、人間的に未成熟で、主体的に動く行動力や観察力、共感力に物足りなさを感じる選手」が多くなってきている。

4 大学における選手育成の現状と展望

(1) 個性を磨き、伸ばすトレーニング

　大学時代に大きく伸びた選手の共通した特徴は、自分自身の個性を発見し、自覚し、磨く意識性の高さにあるといえる。例えば単にフィジカルトレーニングにおいても、与えられたメニューを消化し、こなすトレーニングを行うのではなく、プレーへの還元、目的の明確化により、さらなるパフォーマンスの向上がみられるものである。

大学入学時には、目立たない存在であった選手が、大学1・2年次の基礎トレーニングを重ねることで、一躍才能を開花させることも決して珍しいことではない。

　技術的な反復（ドリル）練習においても、自分独自の武器を磨く、育てる意識でコツコツと継続できる人が結局、後からぐんと伸びてくるというのは実感である。大学4年間で、技術的な能力は、すでに完成していて、あまり変化しない、18歳までで技術力は完成されなければならないと考えられがちだが、自分で工夫、努力することで、人はいくらでも変化できると考えている。

　現実に、福岡大学や、大学選抜、ユニバー代表から後にA代表に選考された選手たちの大学1・2年次を振り返ると、18歳以降でも"人は変えられる"You can change!! である。何をどのようにして、いつまでに、何のためにという「トレーニング需要」が明確になればなるほど、人は伸びていくものである。

　大学の4年間が、回り道のように思える方もいるようだが、じっくりと自分を見つめ、自分を伸ばし、自分の活かし方を見つける時間こそが"大学のフットボール"だと考えれば、決して"時間の無駄遣い"にはならないと信じている。

(2) 19歳からの実践力　出場機会の確保で向上

　大学の各地域リーグ戦は、20〜25試合、トーナメント戦、天皇杯予選を含めると、各地域ブロックでの試合数は、年間約30試合という現状だ。また、全国大会上位進出の場合、夏の総理大臣杯、冬の大学選手権、天皇杯決勝大会を合わせて、約10試合。つまり、大学サッカー界には、年間約40試合の公式戦があり、Jリーグクラブとの練習試合や、選抜・代表チームでの強化試合を加えると、計50試合近くのゲームを経験できることになる。

　Jリーグでは、サテライト（2軍）リーグを2009年に廃止して以降、若手選手の実戦の場、試合数が激減しているのが現状である。週末の公式戦に出場できなかった控え選手やメンバー外の特に若手選手にとっては90分間試合する環境が整っていないことが致命的欠陥となっているのである。

　U-22選抜チームを週ごとに編成し、J3に参戦させてはいるが、根本的な解決策にはなっておらず、18歳まで育成ピラミッドを構築していながら、19〜21歳の若手有望選手を試合で伸ばし、鍛えていく場が不足していることが、U-19アジア予選敗退の原因の1つであることは明白である。

日本のフットボール界において、大学サッカーというカテゴリーは、日本独自のカテゴリーではあるが、選手が成長するための実践力を磨く、リーグ戦、カップ戦、国際大会、天皇杯を経験できるという点では、"人を育て、伸ばす"チャンスを秘めた重要なカテゴリーであるといえる。

(3) 大学選抜からＡ代表へのステップアップ

　"大卒選手からＡ代表へ"という道は、Ｊ創世記にはほとんど可能性に乏しく、強化の本流ではないとみられていた。しかし、長友佑都選手（明治大学→FC東京→ACチェゼーナ→インテル）や、近年の武藤嘉紀選手（慶応大学→FC東京→マインツ）、永井謙佑選手（福岡大学→名古屋グランパス→スタンダール・リエージュ→名古屋グランパス）の例をみるまでもなく、10代前半で必ずしも才能を開花させていない"遅咲きタレント"が大学で頭角を現し、最短大学３・４年次にはＪ特別指定選手として、公式戦デビューすることも決して珍しいことではなくなってきた。

　彼らに共通する所は、一芸に秀でた特徴をもっていることである。2006年ドイツワールドカップ代表の中で、大卒日本代表は、坪井慶介選手（当時 浦和）と巻誠一郎選手（当時 千葉）であり、ともに2001年北京ユニバーシアード大会の優勝メンバーであった。大学時代のユニバー代表の選考20名において、19番目が坪井選手、20番目が巻選手だったことを鮮明に覚えている。ひとつの特徴はあっても、技術的な完成度が低く、見た目には下手な選手であった。

　事実、当時の坪井選手の左足キックは、とてもＪリーグに進めるレベルではなく、守備能力はピカイチでも、奪った後のフィード力は、隣の選手に横パスをつなぐのが精一杯というレベルだった。巻選手は、得意のヘディングは当時から外国人と互角に戦えるレベルにあったが、ボールコントロールやポストプレーにはミスも多く、泥臭いプレー、球際のコンタクトプレーを頑張るが、トータルの評価は決して高くはなかったのである。その２人が、2002年以降、唯一にして最大のストロングポイントを武器に、大卒後４年でプロの世界で光り輝いたのである。彼ら２人の活躍と成長こそが、大学サッカーの真価を物語っているといえるだろう。

（4）多様なフットボールへの適応力と献身性

　大学出身者の強みと考えられるのが、多様な指導者、システム、フットボール環境への適応力、順応性であるといえる。大学時代、高体連、Ｊユース、町クラブなど多彩な出身母体でサッカーを経験してきたチームメイト（仲間）と接し、いろいろな価値観やフットボールスタイルが混在している大学出身者は、4年間で1つだけのスタイルに固執することなく、様々な人間性やスタイルのフットボールに自分を合わせていく術を自然と身につけていくのである。その中で、自己主張する強さを磨き、他の考え方を受け入れる寛容さも身につけていくのである。

　一方、クラブのアイデンティティが統一され、1つのスタイルに固執した価値観だけを植え付けられたクラブ育ちの選手は、適応力に欠け、違う価値観を受け入れる器の大きさや幅、深さに欠ける傾向がある。

　大卒22歳でのプロデビューは確かに遅いが、自身のフットボールスタイルやフットボール観、ストロングポイントの認識・自覚などが安定した状態に完成しつつあるのが、大学出身者の良さでもある。Ｊクラブでは、シーズン最中に監督が交代し、まったく異なるシステムやスタイルに、チームが変化することがある。しかし、こんな時こそ、大学出身者の強みが発揮されるのである。

　指導者の求めるものを察知して、動き、みんなをまとめて動く力になること、エゴを出すばかりでなく、互いを尊重し合ってチーム力向上を前向きにリードする力など、大学時代に培った総合的な人間力の高さがプロの最前線でも大いに役立っていると確信している。

5　学生スポーツにみる戦略とは

　本講では、大学のフットボールを事例にして具体的な事例を交えながら学生スポーツの育成戦略の現状とその特徴を論じてきた。フットボールでは、クラブスポーツから学校スポーツまで多様な環境から多様な選手育成を行えることが、日本の独自性であり強みである。そして、育成の最終段階として、多様な環境で成長してきた選手たちの個性が融合し、さらに大きく成長を促進できる環境が大学のフットボールといえる。

　学生スポーツの育成における戦略とは、選手の大学4年間での大きな成長に

期待して、トレーナビリティー（伸びしろ）を大きくもった人材を大学の環境の中で「人間として」、さらには「競技者として」いかに伸ばせるかを意識することであり、クラブとは異なる多様な人間性やスタイル等を経験することにより、「個性を見つけ、伸ばし、生かす」ことによって、プロのプレー環境においても大いに役立つ総合的な人間力の高さを身につけさせることである。

（乾　真寛）

第 **7** 講

戦略目標の到達と再設定

　戦略と戦術の関係性を考える際に、スポーツの場面に喩えると「長期計画の立案」は戦略であり、「具体的な試合中の行動」は戦術といえる。両者は常に情報が更新され、常に変化する環境に応じて、お互いを再設定することが戦略目標を到達する上で求められる。本講では、日本サッカー協会が掲げた目標を「戦略と戦術」の見直し、修正等の活動を通して、どのように実現してきたのかを事例として検討することによって組織としての戦術、戦略の目標設定の役割について検討する。

1 戦略目標の設定

（1）競技スポーツにおける戦略と戦術

　現代の競技スポーツにおいて、どのような戦略・戦術を用いるのかということは大変重要な問題になっている。戦術（tactics）とは、戦闘実行上の方策、一個の戦闘における戦闘力の使用法である（松本, 2007）。また、戦略（strategy）とは、戦術より広範な作搬計画であり、各種の戦闘を統合し、戦争を全局的に運用する方法である。このことから、元来は、戦争で使用された用語であることがわかるだろう。しかし、スポーツの世界、特に競技スポーツの世界では、戦いというアナロジー（類推）により戦術・戦略という用語が使用され、一般化された。したがって、スポーツにおける戦略は、大きな観点からゲームを観ることと考えることができる。それに対して、戦術は、戦略の範囲内で、最も具体的で詳細な部分に焦点を当てることになる。スポーツの場面においては、最も戦略的として「長期計画の立案」があり、最も戦術的と考えられるものとして「具体的な試合中の行動」がある（松本, 2007）。

　例えば、競技スポーツにおいて戦略を決定するには、まず対戦相手がどのような戦術で挑んでくるのか予測を行わなければならない。過去の試合データから特徴や傾向を把握することで、対戦相手が次回の試合で用いる戦略の予測が

できる。スポーツ競技では技術の向上だけでなく、過去の試合内容を分析し、その分析結果によって競技水準の向上を行うことが非常に大切である。戦術を分析する際、試合全体やシーズンを通しての包括的な予測を行う場合が多い。その一方で、試合の中での特徴的な場面での戦略や似た場面ごとの戦略など、様々な状況下において断片的なシーンでの戦術を予測することも必要である（谷ほか，2014）。

しかし、バスケットボールやフットボール競技等の攻守混成型集団球技スポーツは、常に局面が変化し、同じ場面がゲーム中にもう一度再現されるのかが不明なことが多い。また、ビデオカメラやインターネット等のメディアの発展により、情報が交錯し、より複雑になっている。

（2）日本サッカー協会における情報戦略の組織的な活用

日本スポーツ界における国際競技力向上に寄与する情報戦略活動は、昨今、日本オリンピック委員会（Japanese Olympic Committee. 以下、「JOC」と略す）の施策の中で大きな躍進を遂げてきた（勝田ほか，2005）。それは、文部省（現 文部科学省）が2000年9月に策定した「スポーツ振興基本計画」（文部省，2000）を背景に、JOCが国際競技力向上に向けた具体的な施策として2001年4月に「JOC GOLD PLAN」を策定したことを発端としている（JOC，2001）。JOCは情報戦略活動を、「世界でトップレベルの成績を残すには、高度な情報収集や分析を中核とする情報戦略活動が鍵を握る時代となっている」と位置づけている（河野，2005）。こうした活発な情報戦略活動へと発展しつつある「情報」の組織的な活用は、2001年に開設された国立スポーツ科学センター（Japan Institute of Sports Sciences. 以下「JISS」と略す）に、わが国初となるスポーツ情報戦略の専門部局であるスポーツ情報研究部が設置されたことによって、競技現場における映像撮影・分析や、強化戦略立案のための競技リザルトの分析などについて、JOCや各競技団体と連携・協働しながら実践的な取り組みを発展させてきた。

JOCに加盟している日本サッカー協会（Japan Football Association. 以下「JFA」と略す）も、情報戦略の組織的な活用によって、フットボールのレベルに急速な進歩をみせたが、その道程は非常に厳しいものであった。1993年、日本初のプロフットボールリーグが開幕し、企業スポーツからの脱却をはかり、

地域に根差したスポーツクラブをつくろうという理念は、それまで企業スポーツと学校体育で発展してきた日本のスポーツ界に大きな風穴を開けた。しかし、同年、カタール・ドーハで行われた国際フットボール連盟（Fédération Internationale de Football Association. 以下「FIFA」と略す）のワールドカップ（アメリカ）アジア地区最終予選で本大会出場を逸すドーハの悲劇を味わった。このころから、少しずつではあるが、世界への距離が縮まっていた。そして、FIFAワールドカップ（フランス）アジア地区第3代表決定戦で、日本代表がイランをゴールデンゴールで下し、1998年に開催されたFIFAワールドカップフランス大会に初出場を果たした（JFA, online）。日韓共同開催となった2002年のワールドカップでは、ホストカントリー（開催国）となり、アジア地区予選が共同開催国の韓国とともに免除されたアドバンテージもあり、ベスト16に進出を果たした。以後、日本は毎回出場を果たすものの、2006年のドイツ大会では予選リーグにおいてグループ最下位となり決勝トーナメントへの進出はならなかった。2010年の南アフリカ大会では予選リーグを突破、決勝トーナメントまで進出を果たし、ベスト16まで駒を進めた。以後、2014年に開催されるブラジル大会まで、5大会連続でアジア代表としての出場権を獲得している。

（3）日本フットボールの中期計画と現状

そして、新たに2015年、JFAは「JFA中期計画2015－2022」を発表した。その計画では、今後の8年間で力を入れて推進していく活動を整理すると発表した。普及面では、フットボールを愛する仲間＝フットボールファミリーを2018年に560万人、2022年に640万人まで拡大させることを目指す。強化面では、2018年にFIFAランキングでトップ20、2022年に同ランクでトップ10を狙う。また、2030年までにワールドカップに出場し続けてベスト4入り、フットボールファミリーを800万人とするという目標も設定している。達成のため、同年までに世界でトップ3の組織になることも強化戦略として掲げている（JFA, online）。

日本プロフットボールリーグ（以下「Jリーグ」と略す）も、日本代表チームがFIFAワールドカップにおいて優勝する（またはFIFA世界ランキングにおいて、常時トップ10に入る）ための強化戦略や競技の枠を越え広くスポーツの発展と振興を主な目的として、1993年5月15日に1部リーグ制の10チー

ム編成で開幕し、1998年までは1部のみの「Jリーグ」として最大で18クラブによって開催された。1999年からJリーグ ディビジョン1（現J1リーグ）とJリーグ ディビジョン2（現J2リーグの2部制に移行、2014年にJ3リーグ（J3）が創設された。今年で23回目（年目）のシーズンを迎えた。2016年現在、加盟チームは38チームでJリーグディビジョン1（以下「J1リーグ」と略す）が18チーム、Jリーグディビジョン2（以下「J2リーグ」と略す）が22チーム、Jリーグディビジョン3（以下、「J3リーグ」と略す）が13チーム編成となった（Jリーグ, online）。

　一方、日本女子フットボールは、1981年6月、初めて正式な日本女子代表チームが結成され、第4回アジアフットボール連盟（Asian Football Federation. 以下、「AFC」と略す）のアジア女子選手権に出場した（矢内, 2012）。その後、2003年の第4回FIFA女子ワールドカップ（開催：アメリカ合衆国）や2004年のアテネオリンピックでの活躍により、女子フットボールは日本国内に浸透し、日本の愛称「なでしこジャパン」とともに女子フットボールは認知されるようになった。2005年1月、川淵三郎氏（元日本サッカー協会会長）は「2030年までに女子ワールドカップを日本で開催し、その年までに世界一にする」と宣言した。2007年、なでしこジャパンは第5回FIFA女子ワールドカップ（開催：中華人民共和国）に出場した。2008年は2月には東アジア女子フットボール選手権2008で優勝し、日本として初タイトルを獲得するなど、FIFA女子ワールドカップには全6大会に、オリンピックには5大会中4回に出場した。そして2011年のFIFA女子ワールドカップではアジア勢の代表チームとして初優勝を飾った。その功績によってAFCアニュアルアワード2011で、宮間あや選手が2011年のAFC年間最優秀女子プレーヤーに、佐々木則夫監督が同最優秀監督に選出された。その他、17部門のうち、主要9部門を日本が受賞した。その後も2012年アルガルベカップ2012に出場し、準優勝を収めた。また、2015年FIFA女子ワールドカップ（カナダ）で準優勝を飾った（JFA, online）。

2 戦術の修正

(1) Jリーグにおける競技力向上の戦術とその修正

　こうした日本代表が多く所属しているJリーグや日本女子代表チームにおい

ては、日本フットボールのレベルを向上させるために日々のトレーニングやゲームは、非常に大切である。そのためには、フットボールにおける戦術を身に付けることが必要不可欠となる。フットボールにおける戦術は、「個人戦術」「グループ戦術」「チーム戦術」「ゲーム戦術」と大きく分けて4つある。そして、その中に「攻撃の戦術」と「守備の戦術」がある（鈴木，2008）。したがって、この大きな4つの戦術を構築するためには、日々のトレーニングで、何をどのように行ったかによって、ゲームの勝敗が決定づけられるといっても過言ではない。

　そこで、プロフットボールチームの2010年と2011年の各チームがトレーニングに費やした時間比率を算出した。調査におけるトレーニングメニューについては、ヴァインエック（2002）に倣い、ウォーミングアップ、技術、戦術、フィジカル、ゲームの5項目に分類した。調査対象は、J1リーグ4チーム・J2リーグ4チームの合計8名であった（調査期間は、2012年4月中旬から5月中旬）。その結果、2010年と2011年の各チームがトレーニングに費やした時間比率では、戦術トレーニング、ゲーム、フィジカルトレーニング、ウォーミングアップ、技術の順であった（**図7-1**）。プロフットボールチームでは、戦術トレーニングやゲーム、フィジカルトレーニングの割合が多いことが明ら

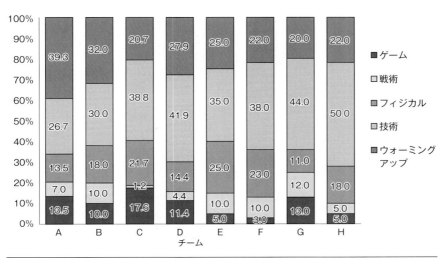

図7-1　Jリーグ8チームのトレーニングに費やした時間比率

かになった（松山ほか，2015）。

　各チームがトレーニングに費やした時間比率の算出の結果、戦術トレーニングが最も多かった理由として、山本（2013）は、シーズンのトレーニングでは、疲労回復と戦術トレーニングが重要になると述べている。このことから、Jリーグ8チームのトレーニングは次のゲームで最大限発揮できるように、戦術の修正を加えたトレーニングを行うために時間比率が多くなったと考えられる。

（2）サッカー日本女子代表チームにおける競技力向上の戦術とその修正

　次に、日本女子代表の各トレーニングに費やした時間を比較した。調査におけるトレーニングメニューについては、同様にヴァインエック（2002）に倣い、ウォーミングアップ、技術、戦術、フィジカル、ゲームの5項目に分類した（調査期間は、東アジア選手権大会に向けての大会直前のトレーニング2010年1月29日～2月13日）。その結果、日本女子代表チームがトレーニングに費やした時間比率では、戦術トレーニング、ゲーム、ウォーミングアップ、フィジカルトレーニング技術の順であった（**図7-2**）。日本女子代表チームでも、戦術トレーニングやゲームの割合が多いことが明らかになった（松山ほか，2013）。

　日本女子代表チームがトレーニングに費やした時間比率の算出の結果、戦術トレーニングが最も多かった理由として、望月聡氏（元日本女子代表コーチ）

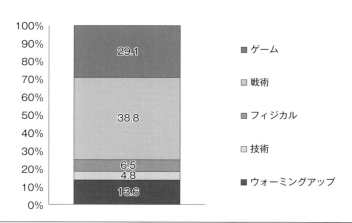

図7-2　日本女子代表チームのトレーニングに費やした時間比率

によると、「大会前では、相手チームの戦術面の確認だけでなく、お互いのコンビネーションを確認するためにトレーニングの頻度が多くなった。」と述べていた。このことから、日本女子代表チームは、大会前に相手チームの戦術面の確認だけでなく、お互いのコンビネーションを確認するために時間比率が多くなったと考えられる。

したがって、ゲーム期における日々のトレーニングでは、次のゲームにおける自チームの戦術確認や修正だけでなく、情報収集によって得られた相手チームの戦術を攻略するための時間を費やすことが多いことが明らかになった。

3 戦略の完結

(1) 戦術と戦略の優先性

ここで挙げた事例からも分かるように、日々のトレーニングの中で、次のゲームにおける自チームの戦術確認や修正だけでなく、情報収集によって得られた相手チームの戦術を攻略するための「戦略と戦術の関係性」において、常に変化する環境を把握してトレーニングを行う必要がある。

こうした結果をかんがみて、改めて戦略と戦術を考えると、スポーツ戦略とは、英語でWHAT（目的）であり、チームが進むべき方向性やチームの考え方を明らかにするものである。そして、将来の進むべき方向性とシナリオを描き、確立するかを考えるものである。

一方、戦術とは、英語でHOW TO（手段）であり、今までのやり方を大きく変えないで、臨機応変に現状の延長線上でやり方や方法を改善することである。しかし、ここで大切なのは、今まで行っていた戦術を考える前に、まず戦略として考え進むべき道を考えることである。そして、進むべき道が決まったら、戦術的に創意工夫して効率的な進め方を実現する必要がある。実現するためには、走りながらも考えないと、もっと近道を探すとか、目の前の崖や谷間などの危険を避けていかなければ成功しない。

(2) チームコンセプトしての戦略

また、戦略と戦術の関係性の中で「いかなる戦術も戦略に勝てない」といわれている。そこには、勝利する方程式、すなわちチームコンセプトが重要であ

る。すなわち、いかに戦術力があっても、敵の術中にはまってしまえば、かえって消耗戦を強いられて敗戦する確率が高くなってしまうことさえある。戦術も重要ではあるが、力ずくの戦術だけでは勝利することは不可能である。したがって、戦術を最大限に活かすためには、すぐれた策を弄する策略、すなわち戦略が必要である（西村, 2004）。

4 戦略の再設定と現在地

(1) 戦略の見直し

　前述した戦略の完結では、戦略と戦術の関係性の中で、戦術を最大限に活かすためには、戦略が必要であると述べた。しかし、スタートの時点で、チームが進むべき方向性やチームの考え方を明らかにした戦略を立てたとしても、再設定することが必要になることもある。

　例えば、文部科学省は、本戦略に掲げる施策を総合的かつ積極的に推進し、わが国の一層のスポーツ振興に取り組んだ。そのことによって、スポーツ立国の実現を目指すために「基本的な考え方」として、それらに導かれる今後おおむね10年間で実施すべき5つの重点戦略、政策目標、重点的に実施すべき施策や体制整備の在り方などを刷新した。その5つの重点戦略の目標と主な施策の中核として、「1.ライフステージに応じたスポーツ機会の創造」「2.世界で競い合うトップアスリートの育成・強化」「3.スポーツ界の連携・協働による「好循環」の創出」「4.スポーツ界における透明性や公平・公正性の向上」「5.社会全体でスポーツを支える基盤の整備」が挙げられている。

　本戦略の策定を機に、より多くの人々がスポーツに親しみ、スポーツを楽しみ、スポーツを支え、そしてスポーツを育てることを通じて、スポーツのもつ多様な意義や価値が社会全体に広く共有され、わが国の「新たなスポーツ文化」が確立されることを切に期待するものである（文部科学省, 2010）。

(2) フットボールにおける戦略の再設定の事例

　フットボール競技においても、現在、FIFAワールドカップ予選が現在行われており、日本も6大会連続本大会出場に向けて戦っている。今でこそ日本はワールドカップ出場を続けているが、日本はワールドカップ出場することが

フットボール界の悲願だった時期があった。

　日本は、初のワールドカップ出場をかけて、最終予選の最後の試合となるイラク戦に臨んだ。日本は勝てばワールドカップ出場、引き分けでもサウジアラビアと韓国双方が勝たないかぎり、ワールドカップ出場という絶対優位の状況であった。試合は前半5分三浦知良選手が先制のヘディングゴールを決めて前半を終了した。後半に入るとイラクが攻勢に転じ55分に同点ゴールを決められるが、日本も69分に中山雅史選手が逆転ゴールを決めて勝ち越しに成功した。

　日本がリードして迎えたロスタイム。日本中の誰しもが日本の勝利を確信していた。しかし、コーナーキックからのショートコーナーを使った攻撃を防ぎきれずに失点し、同点になり試合終了を迎える。サウジアラビアと韓国が勝ったため、日本は最後の最後でワールドカップ出場という夢を逃してしまったのだ（JFA, 1996）。

　この敗戦を機に、JFA（2010）が日本フットボールの戦略の再設定として、先進国との違いを分析した結果、育成強化と指導者育成が鍵であると考え、1996年より、世界をスタンダートとした強化策の推進のポリシーを明確に揚げ、育成強化に取り組み、選手を指導する指導者の資質を向上させるための指導者養成を充実させ、1998年のフランスワールドカップから5大会連続でワールドカップ出場を実現した結果だと考えられる（清水, 2013）。

　同様に、Jリーグの湘南ベルマーレは、1994年に加盟し20周年という節目を迎えた。以前まで降格や昇格を繰り返しながら低迷したクラブを眞壁潔社長、大倉智ゼネラルマネージャーが中心となって、2010年に1年でJ2に降格した教訓を踏まえ、戦略の再設定として、地元密着型の育成型チームへと変貌させた。また、観客を魅了するフットボールを追求し、常にゴールを意識しながら縦にボールを運ぶフットボールがピッチでされるようになったことで、地元のコアなファンが根付くようになったことも事実である（湘南ベルマーレ, 2013）。2015年、初のJ1リーグ残留に成功し、さらなる飛躍が期待されているクラブである。

　また、サガン鳥栖は、1994年、ホームタウンを佐賀県鳥栖市に移転したものの、1997年1月に12億円の累積赤字を抱えて経営難に陥った佐賀スポーツクラブは臨時株主総会を開いて解散を決議し、Jリーグ準会員も取消された。翌年1998年に「株式会社サガン鳥栖」として法人化し、1999年から発足し

たJリーグ ディビジョン2への入会した後、試行錯誤を繰り返しながら、2012年にJ1に昇格した。現在、以前の教訓を生かしながら、クラブの再設定に成功したクラブの1つである。サガン鳥栖の戦力補強の特徴として、限られた予算の中で、新卒の選手や試合になかなか出るチャンスの少なかった若手選手を積極的に補強し、試合に多く出場させるというものがある。また、クラブの戦略として、若手を育てて主力に成長させるという方針により、指導スタッフを充実させて、徹底した走り込みをはじめとする猛練習に取り組んで鍛え上げている。

最後に日本女子フットボール界では、新旧の交代と共に新たな再設定が行われた。

日本女子フットボールは、FIFA女子ワールドカップには全6大会出場し、オリンピックには5大会中4回出場した。2011年のFIFA女子ワールドカップ（ドイツ）ではアジア勢の代表チームとして初優勝を飾った。その後も2012年アルガルベカップ2012に出場し、準優勝を収めた。また、2015年FIFA女子ワールドカップ（カナダ）で準優勝を飾った（JFA, online）。

しかし、2016年3月7日に大阪・キンチョウスタジアムなどで行われたフットボール女子のリオデジャネイロ五輪アジア最終予選で日本は敗退し、2004年アテネ五輪からの五輪連続出場は3大会で止まった。リオ五輪予選で、予選突破が絶望的になった中国戦試合後に間近でみた選手たちの涙は印象的で、忘れることのできないシーンだった。佐々木則夫監督は、「今回は思うようにいかない結果となってはしまいましたが、なでしこには多くの若手有望選手が育ってきているので、次の世代の戦略を再考し、次期監督と共に強いチームをつくっていってほしいと思います。」と述べていた。JFAは4月27日、日本女子代表新監督としてU-20日本女子代表の高倉麻子監督の就任を発表した。男女を通じてトップカテゴリーで初の女性指揮官となった高倉新監督は東京のJFAハウスで会見に臨み、「ワールドカップやオリンピックで良い成績を残すだけでなく、世界の女子サッカーをリードするサッカーを是非やりたい。」と笑顔で抱負を語った。今後の日本女子代表チームの再設定がスタートした（JFA, online）。

したがって、これらの事例からうかがえることであるが、スタートの時点で、チームが進むべき方向性やチームの考え方を明らかにした戦略を立てたとして

も、再設定することが必要になることもあるということである。

5 戦略目標の到達と再設定の方向性にみる戦略とは

　最後に、戦略目標の到達と再設定として、スポーツにおける戦略は、大きな観点からゲームを観ると考えられる。それに対して、戦術は、戦略の範囲内で、最も具体的で詳細な部分に焦点を当てる。スポーツの場面では、最も戦略的と考えられるものに、「長期計画の立案」があり、最も戦術的と考えられるものとして、「具体的な試合中の行動」となる。また、戦術的と考えられるものとして「具体的な試合中の行動」だけでなく、日々のトレーニングの中で、次のゲームにおける自チームの戦術確認や修正、情報収集によって得られた相手チームの戦術を攻略するための「戦略と戦術の関係性」において、常に変化する環境を把握して行う必要があると考えられる。

　しかしながら、スタートの時点で、チームが進むべき方向性やチームの考え方を明らかにした戦略を立てたとしても、再設定することが必要になることもある。

（松山博明）

参考文献

* びわこ成蹊スポーツ大学 編（2008）スポーツ学のすすめ．大修館書店，pp.188-189．
* ヴァインエック,J.：戸苅 晴彦，八林 秀一 訳（2002）サッカーの最適トレーニング．大修館書店，pp.12-15．
* 日本サッカー協会「なでしこジャパン」
  JFA http://www.jfa.jp/nadeshikojapan/（参照 2016年5月10日）
* 日本サッカー協会（1996）日本サッカー協会75年史．ベースボール・マガジン社，pp132-133．
* 日本サッカー協会（2010）U-12指導指針2010．pp.4-6．
* Jリーグ
  http://www.jleague.jp/（参照 2016年5月10日）
* 日本オリンピック委員会（2001）JOC GOLDPLAN．
* 勝田隆・粟木一博・久木留毅・河合季信・和久貴洋・中山光行・河野一郎（2005）日本オリンピック委員会における情報戦略活動．仙台大学紀要，36（2）：59-69．
* 西村克己（2004）「経営戦略とは何か 〜戦略と戦術の違いは」
  https://www.blwisdom.com/strategy/practice/strategic/item/9877-1/9877-1.html?start=1（参照 2016年5月10日）
* 河野一郎（2005）JOC強化策「GOLD Plan」策定からアテネ五輪まで．筑波大学体育科学系紀要，

28：115-118.
* 松山博明・土屋裕睦・堀野博幸・須田芳正（2012）ブータン王国サッカーのコーチングに関する調査研究 −U-19代表チームにおける強化トレーニング内容の観点から−．大阪体育学研究,51(3)：28.
* 松山博明・土屋裕睦・望月聡（2013）ブータン王国サッカーのコーチングに関する調査研究 〜女子代表チームにおける強化トレーニング内容の観点から〜．第24回大会兵庫体育・スポーツ科学学会抄録：16.
* 松山博明・堀野博幸・須田芳正・中村泰介・関口潔・土屋裕睦（2015）プロサッカーチームのシーズンにおけるトレーニング頻度．大阪成蹊大学マネジメント編紀要，1：90-95.
* 文部科学省（2010）スポーツ立国戦略 −スポーツコミュニティ・ニッポン−文部科学省，pp.1-14.
* 文部省（2000）スポーツ振興基本計画.
* 清水正典（2013）スポーツ社会システムの構造形成、日本サッカーの発展過程と社会的背景．吉備国際大学研究紀要，23：53-63.
* 湘南ベルマーレ（2013）縦の美学 〜湘南ベルマーレが追求するサッカーのスタイルと育成論，pp.3-6.
* 谷俊廣・黄宏軒・川越恭二（2014）スポーツ競技戦略決定支援のための移動軌跡のマイニングと可視化システム．立命館大学情報理工学部コミュニケーションソフトウェア研究，セッションE1-6, March（2014）.
* 山本純（2013）プロサッカーチームにおける3年間の傷害調査．日本フットボール学会，11：36-51.
* 矢内美由子（2012）なでしこの遺伝子〜世界頂点へ 日本女子サッカー30年の戦い〜．学研，pp.30-38.

第3章

スポーツ戦略の動態

第 8 講
学生アスリート組織構築のための戦略

　大学スポーツの組織構築のための戦略は、選手環境・大学環境・地域環境の整備の3つのフェーズに分類できる。筆者が関わった大学フットボール部（本学ではサッカー部）では、それらを具体的に、勝つための組織づくり、大学生としての教育の提供、経営的な持続可能性、とし、これらの3つを同時に必要とされ、現場では学生の人間力など成長を促せる組織構築を目指した。本講では、常勝チームに育てた筆者の経験を事例に、学生アスリートの組織構築のための戦略を論じる。

1 選手環境整備の戦略

(1) 寮の建設

　チーム強化をしていくうえで、「寮」という共同生活ができる場所は、非常に重要な役割をもっていると考えられる。本学サッカー部では4年間の寮生活を入部条件としている。

　2000年に総工費2億円をかけた第1龍駿寮、2003年にサッカー部マンション、2005年に第2龍駿寮、2012年に第3龍駿寮を竣工した。基本的には地元の地主さんを探し交渉し、寮建設の趣旨を理解していただき、そのうえで地主さんが土地を担保に金融機関からの融資を受けて建物を建設する。完成後、地主さんとサッカー部との間で10年間の賃貸契約を結ぶといった手順で、サッカー部員のため、これまでに4棟の寮を建設した。家賃を含め食費や水道光熱費の経費については、大学からの補助や援助はなく、寮に関わる経費は選手の保護者が負担している。

　これらの寮を建設して以降、学生の生活習慣の改善・睡眠時間の確保（休養）と朝・夜2回の食事（栄養）が確保されたため、日々良いコンディションでトレーニングに打ち込めるようになった。また、建設後も常に改修を施し、トレーナールームを設けて寮内で身体のケアやマッサージができるよう医療用ベッド

を搬入したり、疲労回復などに効果がある高気圧のカプセルを購入するなど、アスリートにとって必要となる医療体制を可能な範囲で充実させてきた。さらに、学生が食事をする場となる食堂には、70インチの壁掛け専用テレビを設置し、食事中でもサッカーの映像がみられるようにした。各部屋は冷暖房完備され、洗濯場には1部屋1台の洗濯機が設置され、業務用の洗濯機、乾燥室も完備されている。そして、洗濯場スペースには卓球台を置くなど、より良い生活空間として可能なかぎり改善に努めてきた。また、寮の前には市民病院でもある済生会病院（総合医療病院）があり、夜間でも救急医療の対応も可能である。また、近くにはコンビニエンスストアをはじめ、薬局・スーパー・郵便局・銀行・クリーニング店・ファミリーレストラン・レンタルビデオ店・各種飲食店・ホームセンター・ガソリンスタンドなどがあり、徒歩3分以内で生活に必要な物は購入できる。さらに、公式戦（大学リーグ・JFL）で使用する龍ヶ崎市たつのこフィールドまで徒歩5分、大学まで3km、フットボールフィールドまで5kmで、トレーニングや試合で使用する施設の中心に位置する。立地条件を含め学生にとって生活しやすい場所に4棟のサッカー部寮をもつことができた。

(2) 食事提供と寮の管理

　第1龍駿寮が完成してからは、筆者自ら夫婦で寮に住み込み、9年間学生の管理に時間を費やした。これは、管理者としての責任を果たす意味でも重要なことであるが、同時に学生にとって常に身近にいる父親・母親的な存在として、グラウンドでの監督業とは別の側面から学生を見守れるよう心がけ、様々な案件にも対応し、大学サッカー部という組織の在り方や周辺住民との向き合い方に気を配ってきた。

　また、朝・夕2食の準備は家内が担い、バランスの取れた食事の提供を実現させ、このことが身体作りに大きな影響をもたらした。運動部の寮で食事の部分を業者に依頼するケースがしばしばあるが、ただ単に栄養面での管理にとどまらず、学生にも準備や後片付けを当番制で担わせたり、集団生活の中での役割を認識させたりすることで、人としての成長を促してきた。

　ある期間においては、筆者自身も厨房に立ち朝食を作るなど、学生とともに作業を実施してきた。そうすることによって、グラウンド内でみる学生の印象

とは異なる一面がよく観察でき、その人物の本質的な考え方など垣間見ることができた。なお、昼食については個々に任せているが、サブ食堂は解放し限定的ではあるが食材の使用も認めているため、自炊をしている学生も存在する。

清掃当番・日直という役割については、現在では宿直制として駐車場の警備等も学生に経験させている。清掃当番は主に1年生が担い、毎日就寝前に寮内すべてを清掃する。日直の業務は第2龍俊寮の玄関横にある日直室に待機し、郵便物・宅配便の受け取りと電話の対応、定期的に寮内を巡回してゴミ箱のゴミを廃棄といった作業を担っている。さらに、夜11時から朝まで管理棟に3人ずつ学生が宿直し、駐車場内の車・バイクの監視体制を敷いている。これまでに数十台の車輌が盗難に遭い、その都度、警察に被害届を提出してきたが、犯人の特定に至らないケースや加害者が未成年者の場合の対応など法的な問題があった。そのため、盗難にあった学生が修理代を捻出したり新たに購入したりするなど、被害者側である学生が様々な負担を強いられてきた。数百万円をかけフェンスを構築したり、防犯用のカメラを設置するなどの対応策をとってきたが、それでも被害が減らなかったため、自警団的に警備をするよう促してきた。その結果、盗難の抑制には効果があり、以後未遂はあったものの1台も盗難被害には遭っていない。このように、選手としてのレベルに関係なく各学生に役割や分担があり作業を担当させている。

この取り組みから、コミュニケーションスキル・判断力・助け合い等を養うことができる。日頃の考え方や判断力は、そのままサッカーのプレーにも影響をもたらすと考える。だからこそ、筆者が日々の生活習慣にこだわる必要がある。

(3) 集団生活の在り方

ハードとしての寮を建設し単に場所としての形を整えたとしても、そこで、生活をする学生の意識改革ができなければ集団生活をさせる意味がない。一同が同じ環境の下で目標設定し、トレーニングに励むことは、スポーツの取り組み方としては合理的で、特にチーム競技に生かされる要素が多分にあることは先に述べた。しかし、本質的な狙いは個々の学生の「人としての成長」の場であることが重要だと考えている。

さらに、地域住民とのあり方は、おのずと意識していかなければならない。

また、よく大学運動部寮での周辺住民とのトラブルを耳にするが、本学でも様々な苦情が寄せられてきた。残念ながら、サッカーだけに夢中になる学生が多く、最低限のルールだけを順守し、向かい合うルームメイトや仲間への配慮や気配りは考えないといった身勝手な行動をとる傾向がある。大会で優勝するなど良い成績を残しても、身近にいる方々から非難されるような集団であれば、大学スポーツとして、地域の方々と一体となって、スポーツ文化を育てていくことにはならない。そのため、筆者は常に「人としての在り方」を意識させ、「人の中で生かされている」現状の中で、彼らがこだわるサッカーに没頭できていることを理解させてきた。

　騒音対策として、現在では夜9時以降にコンビニなどへの買い物に出かける際はバイクの使用を控えたり、食べ歩きや大きな声での会話を控えるなど、地域住民に配慮する意識を学生たちは持ちはじめた。また、大学グラウンド周辺の住民に配慮し、住宅地の道路ではバイクのエンジンを切って押してくることも定着した。

　さらに、毎週火曜日早朝に全部員による地域のゴミ拾いを実施したり、寮周辺の雑草の除去などボランティア的な取り組みも定期的に実施している。所属する自治体のイベントや子供会の催しに参加や寄付をするなど地域の中での取り組みを意識させ、異なる世代や価値観の異なる方たちとの交流を積極的に促している。

　年間行事の中には「寮での献血活動」（年3回実施）、「障害者施設」（東京都北区）に出向いて障害者のサポートやイベント開催への協力、「スキー合宿」（山形県米沢市にて2泊3日で実施・新4年生全員の参加）での雪下ろしなど数々のボランティア活動も積極的に取り組み社会貢献の意識をもつきっかけになるよう働きかけた。このような取り組みが個々の成長に大きな影響をもたらし、人として成長することによりアスリートとしてのレベル向上にもつながると考えている。

（4）サッカー部専用車輌の購入

　サッカー部では、現在4台のバスとチーム車2台を所有している。特大の観光バス、大型バス、マイクロバス2台、荷物運搬車、普通車である。特大の観光バスの所有名義は大学であるが、その他の車輌の名義は個人名義（サッカー

部監督)である。当然、登録費、車検代、自動車税、任意保険など必ず必要となる手続きのほか、ガソリン代や高速代、修理代など年間での車輌関係費用は経費総額のかなりの割合に相当する。しかし、所在地である茨城県龍ヶ崎市から各大会に参加するために、公共の交通機関を利用した際に発生する経費を考えれば、年間の支出は抑えられている。

　本学サッカー部所属のコーチは大型免許の資格をもち、必要に応じて試合会場まで運転業務も行っている。240人の学生の年間試合数は数百試合にもなり、移動のための経費削減にはこの方法が妥当であると考えている。また、バスの広告宣伝効果は抜群であり、空港や駅・サービスエリアなどで写真撮影をされる一般の方まで存在する。かえって、かなり目立つため、運転にあたっては、道交法を順守することやマナー運転にも心がけるようコーチ陣には厳重な注意を呼び掛けている。なお荷物車は、JFLのホームゲーム開催に必要な備品等を運ぶために必要となる。また、寮で必要となる消耗品の購入など、ホームセンターに買い出しに行く際に利用することが多い。レンタカーでの対応も検討したが、利用頻度と突発的な使用を考えると専用車を維持することが望ましいと判断した。

(5) 情報発信とホームページの更新

　本学サッカー部では、学生を全寮制で預かり指導をしてきた。また、6つのチームに振り分け、それぞれ担当コーチを配置し日々トレーニングを積んできた。そうした日々の活動状況を保護者は知らないケースがある。今の学生は、自分の近況報告をしていない者が多い。当然、本人にとって都合の悪いことは報告しない。そのため、これまで、選手の両親や出身高校、クラブの指導者宛てに、試合結果や予定を毎週郵送してきた。この費用は年間80万円前後になるが、本学だけのアピールではなく大学サッカーのファンを増やす意味でも情報の発信に力を注いできた。

　このことが、大学進学後の選手の状況が客観的に伝わると、各高校の指導者や保護者から評価され、「流経(本学)に預ければしっかりと面倒をみてくれる」という信頼関係が構築され、さらなる選手獲得にも優位に働いてきた。さらに、独自のポスターを作成し、市役所や商店街、小・中・高校に掲示をお願いするなど、地域の方に情報を発信してきた。また、大会で優勝するごとに行われて

きた祝勝会では、記念の冊子を作成するなど本学サッカー部の歴史やOBを紹介している。

また、ホームページによる情報発信についても、何度もホームページをリニューアルし、日々の更新もしっかりと行ってきた。日々の学生の話題等もトピックスとして紹介したり、試合の評価を選手に記載させるなど工夫を凝らしてきた。さらに、現役選手の情報だけにとどまらず、本学卒業生のJリーガーや各年代カテゴリーでの活躍状況が、アクセスすれば瞬時に分かるよう内容の充実したホームページ制作を心掛けている。

2 大学環境整備の戦略～大学との協力関係の構築～

(1) サッカー部専用の人工芝グラウンドの竣工

2002年10月にサッカー部のトレーニング場として、人工芝（ロングパイル）の大学サッカー場の竣工に至る。5年後の2007年には人工芝サッカー場2面を有するフットボールフィールドの竣工も実現する。大学側とは、グラウンドの整備やクラブハウス（グラウンド付帯設備）の建設、観覧席の設置、トレーニング用具や備品の購入など施設投資の交渉を行ってきた。環境の整備は、チーム強化や選手育成に欠かせない案件である。本学サッカー部の躍進にも大きな影響力があったことはいうまでもない。

大学の経営陣に理解・納得してもらうためにも、日頃からサッカー部の理念・取組・結果ということにこだわった。大学に依頼する案件は、事業整備的にみてもかなりの費用負担が考えられるため、スポーツ文化の発展のためにも根気強く交渉してきた。規模や整備内容は必ずしも現場の要望通りではない面もあったが、予算の範囲内での投資であることを考えれば、指導者として感謝の気持ちをもつことが重要である。その姿勢は、必ず学生の行動に謙虚に現れる。与えられた施設の維持や備品の管理などは他人任せにするのではなく、サッカー部に関わる指導者・マネージャー・選手が一丸となって取り組んできた。グラウンド周囲の雑草の除去や排水溝のゴミの排除、倉庫内の整理整頓など細かいところにも目を配ってきた。特に、グラウンドエリア内にゴミひとつ落ちていないよう注意を促してきた。このことは、大学内の教職員や外部の関係者が、突然施設に立ち寄っても、日常の在り方を評価していただく良い機会だと

も受け止めている。

　素晴らしい環境を準備していただいたという感謝の念を持ち続けられるよう、今後も組織として取り組んでいきたい。

（2）指導スタッフの確保

　1997年に、当時の学長からお誘いを受け、本学サッカー部の指導を任せられた。初めのうちは何事も一人でこなさなくてはならず、いろいろな人材が必要だと大学側に要望していた。現在でこそ10人のコーチングスタッフを有する組織になったが、各コーチの採用には様々な努力を必要とし、体制を整えるには時間がかかった。

　各大学のスポーツ指導者の待遇は以前に比べれば改善されてきているが、まだまだOB会で人件費を捻出するケースや、企業からの出向という形態で対応せざる負えない組織は多く見受けられる。本学のように充実した人材と人員を確保するためには、諸条件の整備や待遇面の向上など、携わる者が仕事として確立できるよう経営陣（人事採用の権限をもった人物）と話し合っていく必要があるだろう。

　また、このような交渉をしても、必ずしも現場サイドの要望通りにスタッフの採用が成立するわけではないため、サッカー部とラクビー部とでNPO法人を立ち上げ、所属スタッフの身分保障を充実させる努力もしてきた。

　学生の活用も必要で、本学ではスポーツ健康科学部の学生にトレーナー業務や指導にも積極的に参加してもらい、能力に応じ側面的な役割を任せている。この実践の貴重な経験が蓄積されれば個々の財産として、今後の指導現場での自信にもつながり、就職活動においても生きると考える。

　本学では、238人（2015年現在）の学生を全寮制で預かっており、コーチが担う仕事は、オフ・ザ・ピッチまで及び幅広い。寮の管理や学生の指導、広報活動やボランティアなどサッカー以外の役割を求められる。近年、指導者を希望する若い世代の中には、プロ志向的な考えで、「サッカーの指導がしたい」と、グラウンド上だけの指導にこだわってくるケースが多く見受けられる。学生を成長させるために、グラウンド以外の場面においても真剣に向かい合っていくことができる指導者は減ってきたように感じられる。戦術論や技術論には長けていても、サッカーを通じて人を育てるという一番大切な要因に目を向け

ず、指導者自身の実績のために指導を行っている傾向がある。そういうコーチの指導を受けた選手は、サッカーの結果だけにこだわり、状況を的確に察知し状況に応じた判断をし、今何をすべきかという考えをもつべきであるのに、どのような状況でも自分のやりたいことだけを行うといった個人主義的な発想や、思うような結果を導き出せない時に、他人に責任を転嫁する風潮が目立ってきた。しかし、これは彼らだけの問題ではなく、大人や指導者の背中をみて、そういう選手が増えたのだろうと考えられる。

だからこそ、指導者の採用には「人間性」を重視して評価するように心がけている。

(3) 附属高校の強化

本学は、大学サッカー界の中で伝統大学ではなかったため、当初、選手の勧誘には相当な努力が必要であった。有望な高校生に「サッカーをやるなら流通経済大学に進学したい」と思われないかぎり、当然有望な選手は他の有名大学や強豪大学に進学していく。大学に働きかけグラウンドを人工芝にしたり、サッカー部独自に寮を完備したりといったハード面の整備を図り、充実した指導スタッフを揃えたことで少しずつ変化がみられるようになった。

さらに、附属高校の強化を考え、本田裕一郎監督を公立高校から勧誘し指導に当たって頂いた。その結果、流通経済大学附属柏高校（流柏）は激戦区であった千葉県のみならず全国的にも強豪高校として、その名は関係者のみならずブランド的なチームにまで成長した。高校選手権やインター杯で優勝、高円宮杯でも2度優勝に輝くほどの実績があり、将来を夢みる多くの有望中学生が流柏に進学するようになった。

附属高校とは頻繁に練習試合を行い、合同で激励会を開催し、バーベキューを実施したり、お互いに重要な公式戦の応援に駆けつけるなど連携を深めてきた。さらに、3年生を対象に進学説明会を実施し、その場には保護者の方も毎年30人前後参加するようになった。

その結果、附属高校で成長し実績を残した多くの選手が、本学に進学するというルートが確立されるようになり、本学は近年圧倒的な強さを誇り数々のタイトルを獲得する強豪大学となった。また、各年代の代表選手や大学選抜に多くの選手が名を連ねるようになり、卒業時にプロリーグに進んだ選手は70人

以上（2015年現在）にもなった。

（4）スポーツ健康科学部の設立

　付属高校との連携が充実していく過程で、「大学に体育学部がない」ため、他大学を受験するという傾向がサッカー部以外の運動部でも議論になった。そのため、今後の大学の方向性の一環として2006年4月に「スポーツ健康科学部」が新設され、体育の教員免許の取得も可能になった。

　このことが、さらに附属高校からの進学率を高める要因となり、現在では各学年20人前後の附属出身者が在籍するようになった。

　また、スポーツ健康科学部に在籍する者の中には、指導者を目指す者やスポーツトレーナーを目指す者など、将来何らかの形でスポーツに関わることを望む学生が多く、側面からサッカー部の活動に関わる学生も増えてきた。

　このことが部員だけではなく、サッカー部を取り巻く環境という意味で様々な効果を表した。特に、スポーツ健康科学部の小粥智浩准教授（JFAにおいてアンダーカテゴリーのコンディショニングコーチとして活躍）が立ち上げたトレーナーチームによるサポート体制の成果には目を見張るものがあり、選手のフィジカル面の強化は著しく向上した。

（5）JFL（日本フットボールリーグ）への参入

　本学は、2004年に全国地域リーグ決勝大会に大学サッカー連盟の推薦を受け出場し、各地域社会人リーグの覇者と対戦した結果、決勝リーグでも2位となり2005年シーズンから2010年に降格するまでの6年間、JFLに所属し年間30試合を戦った。

　当時、JFLへの参入には、年間3,000万円程度の予算が必要であったが、大学後援会と各種スポンサーの支援により参加することができた。残念ながら2009年シーズンからの登録制度の変更により2010年に降格してしまうが、その間セミプロや社会人チームから多くのことを学ぶことができた。この結果、関東大学リーグにおいて2006年、2008年、2009年と3度優勝することができたが、選手たちがレベルの高いJFLでの経験を同年代での学生リーグの中で発揮できたことが勝因の一つと考えられる。また、現在Jリーグで活躍している多くのOBは、学生時代にJFLでの試合経験を積み、現在に至っている。

2014年に再び全国地域リーグ決勝大会で3位になり、2015年シーズンからJFLの舞台に復帰することができた。現在のルールでは、JFLの公式戦でプレーする選手は、大学主催の大会への出場はできなく、登録を変更しなくてはならない煩雑さはあるものの、手続きをすれば変更が可能である（これは大学連盟側への移籍はいつでも可能だがJFL側への移籍はウインドウが開く春と夏の一定期間でしかできないため）。

　今後、可能であれば同一選手がどちらのリーグにも出場できるように働きかけたい。選手にとって成長できる環境を構築することが優先されるべきだと考えている。

3 地域環境整備の戦略〜地域やスポンサーとの協力体制の構築

(1) 流通経済大学サッカー部を応援する「まちの応援団」の結成

　私たちサッカー部が在籍している龍ヶ崎市は人口78,877人（2015年9月現在）の茨城県南部に立地し、首都圏には1時間以内で行けるベットタウンである。JRの駅名は「佐貫駅」という名称のため全国的には「龍ヶ崎」という知名度は低いのかもしれない。

　この街に2008年3月15日、流通経済大学サッカー部を応援する「まちの応援団」という組織が結成され（初回会員数750人）、多くの市民や様々な企業や団体が団結してサッカー部の応援・支援を担うようになる。このことは、単に大学の1運動部の枠組みを超え地域との関係をより充実させるきっかけとなった。街の至る所に「流通経済大学サッカー部を応援するまちの応援団」と記された幟があり、必然的に目にとまる。

　それまでは、自分たちのこだわりだけでサッカーに夢中になっていた学生たちが、関係する多くの人の支えで成り立っていることを少しずつ認識するようになり、私生活でも周辺住民に対する配慮など「地域」の中に存在していることの役割・責任を意識するようになった。そのことで、彼らの行動に良い変化が起きている。これまで以上にルールを順守することはもちろん、道徳的な一面もみつめるようになり、多くの学生が自身の在り方について考えるようになった。

(2) 龍ヶ崎市との連携

　2007年4月に龍ヶ崎市たつのこフィールドが完成した。それまではJFLのホームゲームを龍ヶ崎市で開催することができず、ひたちなか市の陸上競技場（龍ヶ崎市より北へ100km程度、車で1時間20分）を借りて実施してきた。大学からの要望や地域住民による後押しもあり、龍ヶ崎市たつのこフィールドが完成、JFLのホームゲームや大学連盟主催のリーグ戦が地元で行われるようになると、多くの市民や周辺住民、地域の子供たちが足を運んでくださり熱い応援を繰り広げてくれた。この地域は元来、野球熱が強く陸上競技場の建設よりも、野球場の建設を待望する声も多数あったが、流通経済大学サッカー部の躍進が結果的には陸上競技場の建設に結び付いたと考えられる。

　現在、龍ヶ崎市役所内に「龍流連合」という部署が存在し、サッカー部だけでなく、大学との相互関係を深め、地域活性化のための協力関係が整備されている。Jリーグが打ち出している方針に「地域密着型」ということが謳われているが、これはプロでない大学スポーツにおいても非常に重要なファクターである。私たちは春休みを利用してアメリカ遠征を行ってきたが、UCLAをはじめ米国の各大学のスポーツに対する理念や期待感、施設の充実ぶりに驚かされるばかりであった。さらに、地域の中での評価やシンボルとしての側面ももち合わせ、地域の中心的役割を担っていることなど学ぶべき点が多々あり、今後まだまだやらなければならない取り組みがある。

(3) 各企業との関連

　大学に進学し、4年間課外活動（運動部や文化部）を本格的に行うと、入学金や授業料を含み、平均で1,000万円前後の経費がかかる。運動部を本格的に強化していくためには、合宿や練習試合が組まれ、他地域や海外に遠征するなど各選手の負担は増加する一方である。そのほとんどの費用を両親が負担するわけだが、各家庭の平均的な経済状況は決して余裕があるようには思えない。どんなに良い企画を提案しても「お金」がかかることには協力的ではない意見も噴出する。

　それならば、組織としての価値を高め、この組織に資金や物資を提供していただき、各企業の掲げる理念や販売促進に効果があれば、この組織に投資していただけるのではないかと考えた。また、多くの企業の方とお会いしサッカー

部の理念や在り方を訴えてきた。現在では10社以上の企業からご支援いただき、合宿、海外遠征、留学など各事業の費用負担をサポートして頂いている。また、日常的に必要となる飲料水や食材、医療消耗品など物品提供をして頂いている。さらに、サッカー部専用の車輌に広告を掲示したり、タイヤなどの消耗品を無償で提供して頂いたり、優勝祝賀会のパンフレットや大会プログラムへの広告記載など様々なサポートを受けることができている。

(4) チームとしてのアルバイトの導入

　本学の正式名称は「日通学園・流通経済大学」という。まさしく日本通運との関係性が強い大学である。日本通運は物資の運搬がメインであるが、引っ越し業務も請け負っている。引っ越しシーズンの3月下旬は、人材不足の状況になるため、サッカー部に応援を依頼してくることがあり、1日に30人以上の学生が引っ越し業務のサポートに行くこともある。重い荷物を運ぶことは、筋力トレーニングの一環として成果がある。また、年齢や価値観の違う大人と共同作業を行うことにより、得られる様々な知識や経験が各学生の財産になるという点で派遣している。もちろん、作業により得た賃金は各自が受け取り貯金をさせる。そのことで、今後の活動で必要な時に活用できるようにし、遠征費や合宿費を全て両親に頼るのではなく、経費の一部を彼らに負担させる意味合いもある。

　引っ越しの派遣以外にも、フットボールフィールド近辺（周囲が工業団地のため）の企業から一時的な依頼を受けることがあり、オフシーズンなどにまとまった人数で夜通しの作業についた学生もいる。また、近隣の農家からの依頼で米の荷積みなど、体力的にも役立つ作業についたケースもある。さらに、部員の研修の位置づけとして、審判活動やJFA指導者講習会時の補助要員など、サッカーに直接関わるアルバイトも実施している。サッカー部のルールでは、個人的なアルバイトは禁止にしてきたが、個々の学生の取り組み方を評価したうえで、経済的な理由や時間の有効利用（3年生までに単位取得ができている4年生）を考慮し認める傾向にある。

　共同生活をしていると、同じ価値観の者だけで物事をみるため、偏った考え方になりがちである。そのためにも、アルバイトなどを経験することにより、自分たちとは異なる価値観や様々な考え方を習得してもらいたいと考えている。

そして彼らが接した多くの方々に、サッカーの素晴らしさを伝えてもらい一人でも多くの協力者や理解者を増やしていってもらいたい。

4 学生アスリート組織構築にみる戦略とは

　学生アスリート組織構築には3つの戦略の柱がある。まずはじめに「選手環境整備」の戦略である。大学の運動部として所属する選手の質を高め、チームとしての結果にこだわり、目標とする大会での優勝を目指し活動する中で、試合に関われる学生と関われない学生を、集団生活を通じて、組織の中での役割や責任をもたせ、人間力アップのために一つ一つの事例に向かい合わせる必要がある。さらに、卒業後、次の世代を担う彼らの成長を促せる組織体を構築することである。

　二番目は「大学環境整備」の戦略である。学生には「ここはプロの養成所ではない」ということを入学時より言い聞かせてきた。日本人男性の平均寿命は80歳を超える現代において、仮に子供の頃からの目標であったプロ選手に到達したとしても、引退後の人生において、長く携わってきたスポーツや仲間との人間関係から得られるものがなければ、たとえ試合に勝ち、日本一や世界一を獲ったことも意味をもたない。これらの歩みによって、大学サッカー部に多くの関係者が関わることにより、経営判断を行う学校組織の理事会の意向だけで、廃部や休部といった事態にならないような組織を構築していく必要がある。

　最後は「地域環境整備」の戦略である。選手が好きなサッカーに没頭することを可能にし、こだわりを持ち続けられた背景には、OBや大学関係者以外にも、地域の多くの方々の支えや援助があることを理解させなければ、支えや援助は無意味になる。地域環境整備の戦略だけでなく、選手が自惚れることなく「人の中で生かされている」という意識を抱く環境の設定が、組織全体の戦略でもある。

（中野雄二）

第 9 講
アマチュア組織における戦略の系譜

　1993 年の J リーグ開幕以来、戦前からの職業野球団の歴史をもつ野球と並んで、プロフェッショナル・スポーツ（以後「プロスポーツ」「プロ○○」とする）は大衆にとって聞き慣れた言葉となった。2016 年 10 月の新生 BJ リーグ（プロバスケットボール）の華やかな開幕も相まって、プロスポーツは大衆文化となりつつある。各々の競技は早急にプロ化された訳ではない。長いアマチュアの歴史の中で、紆余曲折を経てプロ化に至った。フットボールの歴史の中で、今まで明記されてこなかったものの、わが国のフットボールの原型となっていたアマチュア組織が現存する。それは日本クラブユースサッカー連盟であり、その組織の創設をしたクラブの一つ、「枚方フットボールクラブ（以下「枚方 FC」とする）」である。

　本講では、「アマチュア組織における戦略の系譜」として、枚方 FC の系譜と日本クラブユースサッカー連盟の系譜を対照する。その中で、いくつかの転換期と「戦略」の変遷を抽出し、アマチュア組織における「戦略」について論考する。なお、本講における史実は、故近江達（おうみすすむ）（1929-2013）氏による自費出版物、ならびに現在の枚方 FC 代表で同クラブ 1 期生、関西クラブユースサッカー連盟会長、元日本クラブユースサッカー連盟理事である宮川淑人氏に行った、半構造化面接法による調査結果（2016 年 10 月，著者）をもとにしている。

1 クラブとはなにか

　産業革命は近代化をもたらし、現代社会の諸相を産出し、スポーツにおいても近代化をもたらした。英国において、同業者や同じ嗜好をもった同志たちの集まりはソサエティ（society）と呼ばれ、その中でもフットボールの愛好者が集うフットボールクラブ（football club）が誕生した。このフットボールクラブは大英帝国の発展とともに、世界へと拡がっていった。

　第二次世界大戦後のドイツにおいては、ポピュリズムによるナチス政権の復活を防ぐため、民衆による集会を禁じていたが、戦前より民衆の支持を得ていたスポーツ、とりわけフットボールに興じる同志たちの集まりだけが許されて

おり、フスバルクラブ（Fußball club）として成立し、そのクラブ同志の対抗戦は民衆の娯楽として絶大なる人気を誇っていた。

わが国においては1896年の東京高等師学校（後に東京教育大学、筑波大学）にフートボール部が設立され、翌1898年に神戸尋常中学（後の神戸一中、神戸高校）に蹴鞠会が結成され、1899年には神戸の御影師範学校にア式蹴球部が設置された（日本サッカー協会HP「沿革・歴史」より）。これらの卒業生が教員となり全国にフットボールを伝播し、すなわち教育、学校を基盤としたクラブ、いわゆる課外活動として発展していったのである。

ヨーロッパやアメリカ大陸における有志や同志という発想よりも、わが国におけるクラブ（学校教育の課外活動含む）は、当初より「枠組み」ありきであった。職業野球団にしろ、Jリーグの各クラブの創設、学校の課外活動クラブにおいては「組織」が主体であり、ヨーロッパにみられる「同志」という概念は薄く、当初より組織はガバメントの様相をなしており、ガバナンスの概念はみることができない。つまり、概念的位相がみられ、むしろ、「枚方FC」や1970年にわが国初のフットボールの法人組織として認可を受けた「神戸フットボールクラブ」などは、「組織の目的」の観点からすると異質な存在であった（神戸フットボールクラブHP「クラブ紹介」より）。

補足すると、わが国には全国組織のスポーツ少年団という「枠組み」があり、青少年の育成を目的とした組織であるが、これはスポーツ少年団連盟への登録が行われて、はじめて「スポーツ少年団」を名乗ることが可能となる。このスポーツ少年団は学校区域を基準としており、「志」で集うものとは次元を異にする。地域を越えた参加は異質、もしくは異端児扱いされた。大衆の言説として、学校区域を越えた参加は「何かの問題が発生」か、指導者等に誘われた「競技能力の優れた児童・生徒」であった。後者は指導者が不文律を破ったとされ、その不文律とは「学校」という単位から生起するものであった。

2 枚方クラブの創設の背景

「枚方FC」の創設は「偶発性」そのものであった。近江達氏は当初よりフットボールの普及や発展を意図して自らクラブの設立に奔走したのではなく、数々の偶然と時代の成せる業であった。彼は、アメリカの研究所やベネズエラの大

学から招聘されていたほどの有能な医師・研究者であった。しかし、偶然1962年に住居に近い枚方市内の私立病院へ招聘された。地元でスポーツ店を営む根岸伸行氏（その後、交野FC代表）と交流をもつようになり、その5年後の1967年に社会人のフットボールチーム、「枚方スポーツクラブ」へ愛好者として参加することがなかったら、「枚方FC」の創設はなかった。後に近江氏は「あの時、海外に行ってしまったら今とはまったく違った人生になって、枚方フットボール・クラブも皆さんとの出会いも生まれなかったのだ、と時折思う。」と回顧している。

1969年に「枚方スポーツクラブ」に中村昭二氏の息子が所属していた関係で、同氏から枚方市内の開成小学校の児島先生（当時）を紹介され、サッカー教室のコーチを依頼されたことから歴史は始まった。このサッカー教室が「枚方FC」の母体となった。翌1970年に「開成スポーツ少年団」、1972年には4つの学校区へと拡がり「香里ヶ丘少年団」に改称した。1971年にサッカー教室から始まった一期生が中学校へ進学するにあたり、子供から大人までの一貫教育と地域に根ざしたサッカークラブを目指して、「枚方フットボールクラブ」が誕生した。

哲学者の九鬼周造氏（1935）が「数々の偶然は必然的な存在である」と云うように、「枚方FC」創設の背景として、近江氏が医師として枚方市へ赴任したことから、「枚方FC」の創設までを「必然」と捉えることも可能である。

1960年代の大阪府下の枚方市は、高度経済成長期という時代に象徴される大都市近郊型の典型的な都市であった。特に、戦前から大規模な陸軍施設があり、1952年に小松製作所（現小松製作所大阪工場）、1956年には中宮第一、第二団地へ、1958年には香里団地となり、生産拠点と労働者のための都市近郊型集合住宅群が完成した（枚方市史編集員会, 1984）。

一般的な都市の発展と同様に、枚方市では新たな居住者の需要を満たすために、商店から商店街が生まれ、徐々に様々なコミュニティが形成されていったのである。そこには生活に必要不可欠な病院、すなわち医師の需要が起きたのも「必然」といえる。

また、「回顧録 ―私のサッカー人生―」（近江, 2007）にて、「赴任後も私の出身校である京都大学の体育会サッカー部や医学部サッカー部に顔を出した」と記している。愛好者としてプレーを続ければ、用具の購入のためにスポー

ツ店へ行くことも「必然」であった。当時は、現在のようにインターネットや大型専門店もなく、街のスポーツ用品店が流通業態の通例であったことも挙げられるだろう。そこで、日々多忙な医師活動以外の「憩いの場所」を求めてスポーツ店へ行くようになり、地元の知己が生まれ、「枚方スポーツクラブ」が必然的に発生したのである。その話題の中心に存在するのは「フットボール」であり、ここでフットボールの「場/Field」（ブルデュー, 1990）が形成された。

さらに、「枚方FC」1期生の宮川氏によると、「当時の開成小学校他、近隣地域には『サッカー少年団』などのサッカーをする集団がなかった」という。枚方市の都市形成からすると必然的であり、競合が存在しないという観点からも、「枚方FC」の創設は「偶然」であり「必然」でもあった。

3 枚方クラブの系譜

その後の「枚方FC」は、当時としては希有な近江氏の「指導理念」により、児童・生徒は年ごとに増加し、1期生の宮川氏らが中学生となりジュニアユース（中学生の部）、その後もユース（高校生の部）が持ち上がりで結成された。

特筆すべきは、学校教育における部活動が主流の時代に、このようなチーム（部門）が存続し続けたことと、競技面からも多数の優秀なプレーヤーを輩出したことである。その系譜は、近江氏が創設し、全面的に運営・指導をしていた時期である「第1期」、宮川氏ら、OBの学生コーチが指導を手伝っていた時期である「第2期」、宮川氏が代表として運営を任された時期である「第3期」、OB専任スタッフの導入以降の「第4期」、という4つの「転換期」に分けられる（**表9-1**）。

なお、「第〇〇期」の名称については「枚方FC」に生起した事項にもとづき分類し、筆者や読者が「枠付け」を行わないように配慮した。また、OBの場合の表記方法と類似するため、「枚方FC〇〇期生」という表記を以後用いる。

(1) 第1期（1969〜1978年）

幾多の必然的な偶然が重なり、「枚方FC」が創設された。1961年のスポーツ振興法の制定、1964年の東京オリンピックが起因となり、それまでのわが国における特別な階層が行うスポーツから、大衆にスポーツが認知された。こ

表9-1 枚方フットボールクラブ年表

年	クラブ	小学生	中学生	高校生
1969	近江達が開成小学校にて指導を開始（4月）	開成小学校にてサッカー教室開始（4月）		
1970	開成スポーツ少年団発足（4月）開成小学校に水銀灯設置（12月）			
1972	香里ヶ丘少年団へ改称（香陽、山之上、五常、春日学区から参加／4月）近江達「サッカーノート上巻」出版	第1回清水招待大会 3位（1期生／小学6年）兵庫県少年サッカー大会 優勝		
1973	近江達「サッカーノート下巻」出版 枚方フットボールクラブへ改称			
1974		第3回大阪府下少年サッカー大会 優勝		
1975	近江達「新サッカーノート」連載開始、サッカーマガジン			
1976		第5回大阪大会（小学6年）準優勝		
1977	佐々木博和（2期生）ユース代表選出（当時の最年少選出）		第1回大阪府下クラブ中学大会 優勝	第1回全国ユースリーグ 優勝（後の日本クラブユース選手権U18）
1978	安井真、吉村雅文（1期生）ユース代表選出	西日本ジュニア・サッカー・フェスティバル 優勝		第2回全国クラブユース選手権 第3位（第1回から改称）
1979	宮川淑人（1期生）が学生コーチとして参加	第3回大阪府知事杯少年サッカー選手権大会 優勝 関西少年サッカー大会 優勝		第3回全国クラブユース選手権 第3位
1980	佐々木博和（2期生、松下電器産業サッカー部）日本代表B選出（親善試合出場）			
1981	佐々木博和 日本代表選出（香港遠征参加）近江達「手作りサッカー講座」連載開始、サッカーダイジェスト			
1981			全国クラブ中学2年生大会（交野カップ）優勝	
1982	クラブOBによる代表チーム発足（大阪社会人リーグ加盟）5部優勝		淡路招待大会 優勝（中2）	
1984	第1回アーセナル杯開催（枚方FC主催大会）大阪社会人クラス別トーナメントBクラス 優勝		大阪クラブジュニアAリーグ 優勝（中2）第4回全国選抜中学生サロンフットボール大会（中1の部）準優勝 大阪クラブジュニアAリーグ 優勝（中3）	第8回全日本クラブユース選手権 優勝（第7回より改称）第2回関西クラブユース選手権 優勝
1985	代表チーム 大阪社会人リーグ2部降格 父兄を中心としたHFC85（シニアチーム）結成		大阪クラブジュニアBリーグ 優勝（中1）第3回大阪中学生ミニサッカー大会 優勝 大阪クラブジュニアAリーグ 優勝（中3）	第9回全日本クラブユースサッカー選手権 準優勝
1986	代表チーム 大阪社会人リーグ1部昇格		大阪クラブジュニアBリーグ 優勝（中2）第4回大阪中学生ミニサッカー大会 準優勝 第5回大阪クラブジュニアAリーグ 優勝（中3）第1回全日本クラブジュニアユース選手権関西代表	第10回全日本クラブユースサッカー選手権 第3位

年	クラブ	小学生	中学生	高校生
88	代表チーム　大阪府代表で大阪・岡山対抗戦に選出され勝利 福重圭二　日本クラブユース選抜選出（フランス遠征参加） HFC85 招待大会開始（第1回大会 HFC85 優勝）		全国サロンフットボール大会　優勝	関西クラブユース　準優勝
89		アーセナル杯　準優勝（小5）	神戸サマーフェスティバル　準優勝	
90	枚方 FC レディースチーム発足			
91	廣長優志（16期）　日本ジュニアユース代表選出（アジアユース大会出場） 石丸清隆（14期）　日本ユース代表候補合宿参加 代表チーム　天皇杯大阪府代表（関西大会出場） OB マスターズ結成			第1回京都暁招待大会　優勝 第15回全日本クラブユースサッカー選手権　準優勝
92	近江達「日本サッカーにルネッサンスはおこるか」自費出版			関西クラブユースリーグ　優勝 第2回京都暁招待大会　優勝 藤田カップ京都教育大フェスティバル　優勝
93	J リーグ発足　佐々木博和（2期/川崎/現東京 V）、宮澤浩（市原・現千葉）　プロ契約 廣長優志（16期）　川崎（現東京 V）とプロ契約			
94	枚方 FC 保護者会発足			
95				
96				
97				
98				
99				
2000				
2001				
2002	代表者宮川　関西クラブユースサッカー連盟理事長就任			
2003	代表者宮川　日本クラブユースサッカー連盟理事就任			第27回日本クラブユースサッカー選手権（U18）関西地区予選　ベスト4 第1回関西クラブユース地域リーグ　4位
2004	専任スタッフ制度導入			第28回日本クラブユースサッカー選手権（U18）関西地区予選　優勝 第2回関西クラブユース地域リーグ　準優勝
2005			アドバンスリーグ3部優勝	第29回日本クラブユースサッカー選手権（U18）関西地区予選　第3位 第3回関西クラブユース地域リーグ　準優勝
2006			アドバンスリーグ2部優勝	第30回日本クラブユースサッカー選手権（U18）関西地区予選　第3位 第4回関西クラブユース地域リーグ　第3位
2007			アドバンスリーグ2部優勝	第31回日本クラブユースサッカー選手権（U18）関西地区予選　ベスト8 第5回関西クラブユース地域リーグ　第3位

年	クラブ	小学生	中学生	高校生
2008			アドバンスリーグ2部	第32回日本クラブユースサッカー選手権（U18）関西地区予選　ベスト8 第6回関西クラブユース地域リーグ　ベスト8
2009			アドバンスリーグ1部	第33回日本クラブユースサッカー選手権（U18）関西地区予選　予選ラウンド敗退 第7回関西クラブユース地域リーグ　ベスト8
2010			アドバンスリーグ1部	第34回日本クラブユースサッカー選手権（U18）関西地区予選　予選ラウンド敗退 第8回関西クラブユース地域リーグ　予選ラウンド敗退
2011			アドバンスリーグ1部	第35回日本クラブユースサッカー選手権（U18）関西地区予選　予選ラウンド敗退 第9回関西クラブユース地域リーグ　予選ラウンド敗退
2012	代表者宮川　関西クラブユースサッカー連盟会長就任		第27回日本クラブユースサッカー選手権（U-15）大会関西大会出場 アドバンスリーグ1部6位	第36回日本クラブユースサッカー選手権（U18）関西地区予選　予選ラウンド敗退 第10回関西クラブユース地域リーグ　予選ラウンド敗退
2013	創設者　近江達　逝去（享年83歳） ガンバ大阪（Jリーグ）と人事交流業務提携（スタッフ派遣）		アドバンスリーグ1部9位	第37回日本クラブユースサッカー選手権（U18）関西地区予選　予選ラウンド敗退 第11回関西クラブユース地域リーグ　予選ラウンド敗退
2014			第29回日本クラブユースサッカー選手権（U-15）大会関西大会出場 アドバンスリーグ2部1位	第38回日本クラブユースサッカー選手権（U18）関西地区予選　第5位 第12回関西クラブユース地域リーグ　5位
2015	50周年を目標に法人化へ準備開始		アドバンスリーグ2部2位	第39回日本クラブユースサッカー選手権（U18）関西地区予選　第6位 第13回関西クラブユース地域リーグ　予選ラウンド敗退
2016			第31回日本クラブユースサッカー選手権（U-15）大会関西大会出場 アドバンスリーグ2部3位	第40回日本クラブユースサッカー選手権（U18）関西地区予選　第5位 第14回関西クラブユース地域リーグ　4位

（出典「枚方FC30周年記念誌」（枚方フットボールクラブ）、「日本サッカーにルネサンスは起こるか？」（近江達）、「枚方フットボールクラブHP」（参照　2016年11月20日）から上田、宮川、枝元、小島が作成）

のような社会的背景により、児童の健全な成長を促すプログラムとして、全国的にスポーツに目が向けられた。しかし、このスポーツは教育プログラムの中に組み込まれたため、大衆化の一方で軍事訓練に近い指導方法が主流となり、スポーツの本質的な「喜び」から乖離し、現代の体罰問題等の根幹ともなった。

近江氏は、その中ではまったくの異端であった。彼は、スポーツは「喜び」であるという「理念」をもっていた。また、「ゲームで発生しない練習（トレーニング）は練習にあらず」という「指導理念」により、旧来の日本の「型」を教える指導文化を壊した。そのため、当時のわが国のスポーツの中でフットボールはマイナーであったにもかかわらず、多くの児童や大人たちの共感を得て、自由闊達で自立したプレーヤーを育てた。「枚方といえばフットボール」という地盤を築くこととなった。この間、枚方FC 1 期生が小学生から中学生、高校生へと進学するたびに、枚方FCジュニアユース（中学生）、枚方FCユース（高校生）へと発展し、現在の「枚方FC」の骨格ができあがったのである

ここで注目すべき点は、近江氏の「理念」に共感した人々が参集し、「枚方FC」の運営、指導に関わったことである。自営業者、複数の小学校の教員、会社員、市役所職員、そして保護者らである。すでにこの段階でコミュニティが再形成され、フットボール・ソサエティが生まれ、ヨーロッパ型クラブが存立していたのである。近年、政府の施策に多用される「地域スポーツクラブ」は、すでに形成されていたことが立証される。今まで公表されてこなかった史実である。

(2) 第 2 期（1979～1987 年）

「発足以来、枚方FCにとってコーチ不足は悩みの種だったが、54 年、1 期生の宮川氏が大学生で戻ってきて、コーチを手伝ってくれるようになった」（近江，2001）。第 1 期でコミュニティからフットボール・ソサエティが形成されていたと分析したが、現実的な指導現場の人手不足はアマチュアクラブ（チーム）にとって永遠の課題である。しかし、宮川氏が学生コーチとして指導に加わり、他のOBも徐々に加わるようになったことが解決の糸口となった。1982 年にクラブOBによる代表チームが結成された。これは、枚方FC 1 期生たちが学生生活を終えて社会人になったことに由来し、この時期からOB学生や社会人たちにより後輩を指導する形態が形成された。

近江氏の「理念」は戦績を上げることではなかったが、その「理念」を学生コーチたちが育み、ジュニアユースは大阪で敵無し。ユースではジュニアユース同様に関西で敵無しであった。そして、クラブの全国大会（現在の日本クラブユースサッカー選手権大会U-18）でも優勝、準優勝、そして3位を2回獲得した。枚方FC1期生や2期生が中心となったOBコーチが小学生、中学生、高校生の指導に加わり、近江氏の「理念」を具現化する「再生産の場」（ブルデュー, 1991）が形成されていたのである。

（3）第3期（1988〜2003年）

　宮川氏が28歳の時、近江氏が運営・指導から引退してアドバイザーに就任する。1980年代に入り、「枚方FC」の活躍に感化され、それまでの学校教育の延長として行われていた課外活動（以下「部活動」とする）ではなく、クラブが次々に誕生した。東京オリンピックの翌年1965年に発足した日本サッカーリーグに加盟する読売クラブや日産自動車は、プロ化を目指して下部組織（小学生年代から高校生年代までのスクールやチーム）を整備し始めた。1986年に日本で初めて実質上のプロ選手が承認（スペシャル・ライセンス・プレーヤー）され、時代はプロ化へと向かっていった。この流れは「枚方FC」のようなコミュニティから発生したクラブ組織にも大きな影響を与えた。

　特に小学生年代のジュニアや中学生年代のジュニアユースは増加し、1986年には、その全国大会として第1回全日本クラブジュニアユース選手権大会が開催されている。また、この時代は部活動とクラブが最も対峙した時期でもある。

　学校教育を基盤とした部活動は、学校教員が職務の一環としてフットボールの指導を行った。そのため、集団行動や教育的意義を前面に打ち出し、プレーヤーの育成というよりも組織・集団の形成に指導の重点を置いていた。学校教育における体育の延長上であり、近江氏の「理念」、フットボールを行う「喜び」とはまったく異なる「目的」によるものであった。

　フィールド上の指導も、プレーヤーやフットボールの発展に寄与するものではなく、他校との優劣を争う「勝利のみを価値」とした指導へと偏向しがちであった。勝利をもたらすプレーヤーは優秀な生徒であり、勝利をもたらす指導者は優秀な指導者や教員である、という記号化された教育観が一般的であった。

そのため、クラブと部活動を抱える学校や教員との軋轢は多方面で起こった。

その中で、1991年11月の社団法人日本プロサッカーリーグ（Jリーグ）の設立は「枚方FC」のみならず、地域から発生したクラブ（以下「街クラブ」とする）にとっては大打撃であった。Jリーグに所属するクラブ（以下「Jクラブ」とする）には、下部組織の保有が加盟承認の条件であり、発足当時の10のJクラブにはすべてなんらかの形態（街クラブ等の吸収合併を含む）で下部組織が整備された。以後、Jクラブ承認に向けて準備するクラブはすべてが下部組織を整備した。そのため、**表9-1**でも確認されるように、「枚方FC」の活躍の舞台は全国から関西へと変容している。また、Jクラブのユースやジュニアユースも大阪、関西においても「街クラブ」と同条件にて参加していたため、「枚方FC」においても組み合わせによっては、初戦敗退という結果に終わることもあった。**表9-2**で確認すると、1992年以降は全日本クラブユース選手権（現日本クラブユース選手権U-18）の上位チームはJクラブへと移行している。この後、Jクラブと「街クラブ」の格差が生まれ、Jクラブを主体とした大会へと変容していった。このことが起因となり、日本クラブユース連盟においても主体の移動が明確となった。

(4) 第4期（2004年〜現在）

第3期における外部環境の変化に伴い、「枚方FC」は運営面と指導面の両面において「戦略の再設定」を行った。2004年の専任スタッフ（指導者兼務）の導入である。

スポーツ、とりわけ1993年の華やかなわが国初のプロ・フットボールリーグの誕生とは裏腹に、それまでは熱心な教員や愛好者、街クラブのOBなどがボランティアで指導や運営を行っていたが、指導対価が市場価格と同等に推移したのは、社会構造の形成過程において必然的であるといえよう。「枚方FC」においても同クラブOB学生の支援から指導対価へと概念が変容した。

宮川氏は「複数のパートタイムの学生コーチや支援者による指導体制から、Jクラブの専任プロコーチとの比較で負けないため」という視点と「枚方FCの理念の継承」とを勘案した結果、OB専任スタッフの導入に踏み切った。経済面ではすでに佐々木実氏、川島達夫氏、橋本良子氏の尽力により、1994年「枚方FC保護者会」が設立され、準備体制が整っていたことも、OB専任スタッ

フ導入への大きな後押しとなった。

　1997年以降は、Jクラブのユースと「街クラブ」が関西代表決定戦（年によって方式は異なった）を行うこととなり、主な「場」は変移していったが、OB専任スタッフ導入の効果もあり、関西では復活の兆しをみせた。

　2013年1月11日「枚方FC」創設者である近江達氏が83歳にて天命をまっとうした。時を同じくして同年4月にJクラブのガンバ大阪と「枚方FC」は、人事交流に関する包括提携を結ぶ。ガンバ大阪からのコーチ派遣である。近江氏の「理念」によって累積的に発展し、その「理念」は1期生の宮川氏に引き継がれ、その後、社会の変容とフットボールに関わる外部環境の変化に随時対応した。「理念」が「枚方FC」の「戦略」の柱であったが、ついに、その「戦略の転換」をせざるを得なかったのである。

　ここには「市場原理」が働いた。**図9-1**によると1993年のJリーグ開幕から観戦者数は減じ、2002年のFIFAワールドカップ日韓大会直後はなんとか開幕時近くまで到達するが、その後は停滞している（日本プロサッカーリーグHP，2016）。そのため、各Jクラブは「営業戦略」の戦術としてマーケティングを活用した。フットボールやクラブのファンなどのコア層だけでなく、イベント感覚でゲーム観戦に来るライト層にもターゲットを当て、地域を細分化し、セグメントに分類し、これらの層の取り込みによって観戦者数の増加を試みた。そのため、クラブの所在地域では、その地域分類がより細かくなった。所属地域郊外の地域もターゲットとなり、当初のターゲット地域を拡大させた。

　わが国の第2の都市である大阪（厳密な大阪府という意味ではなく、大阪地域）には、ガンバ大阪とセレッソ大阪が存在する。公的な取り決めがあるわけではないが、大阪市内から北部がガンバ大阪の地域であり、南部がセレッソ大阪という「界/Field」（ブルデュー，1990）が誕生した。これは最大の出資会社であるパナソニック（株）の本社や事業所が大阪市内の北部地域に位置する門真市や守口市に所在することも影響を及ぼしている。枚方市はその北東に隣接し、大阪のベッドタウンとして都市形成された地域である。そのため、ガンバ大阪の「営業戦略」として重要なターゲット地域となった。

　一般的にJクラブの「営業戦略」の目的は、チケット売上増（ファンの拡大）である。この戦略を遂行するために生み出された「マーケティング＝戦術（壊滅戦）」であり、その具体的な「戦闘の方法」が定期的な「巡回サッカー教室」

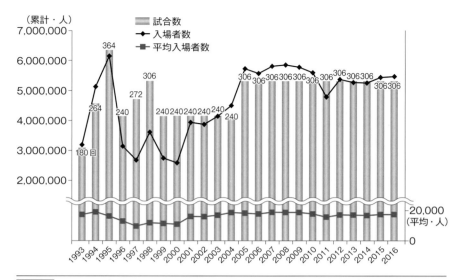

図9-1 Jリーグ入場者数

や常設の「サッカースクール（教室）」である。この「戦略」の遂行には「街クラブ」の存在が障壁（競合）となる。Jリーグ発足当時から現在においても、新規加入を目指すクラブの「街クラブ」に対する「戦術」の失策により、コア層を完全に失ってしまうケースが少なくない。特に、当初のクラブの基盤地域外へ常設の「サッカースクール」を作る「支店化」の選択は、「街クラブ」と対立構造を生む。ガンバ大阪にとって、これらの対立構造を防ぐ「営業戦略」の目的を遂行するための「戦術」が、「枚方FC」との人事交流に関する包括提携であった。一方、「枚方FC」にとっては、近江氏、そして宮川氏へと継承された「理念」にもとづくアマチュアクラブの存在意義を自らに問い、Jクラブとの提携（Jクラブからの指導者派遣）という現実的な「戦術」を選択したのである。

4 日本クラブユース連盟の創設

　ここで、高校生年代以下のアマチュア・フットボールの統括組織である、現在の日本クラブユース連盟の系譜にも触れておきたい。

高校生年代において、全国高等学校体育連盟（以下「高体連」とする）主催の全国高等学校総合体育大会（以下「インターハイ」とする）や全国高等学校サッカー選手権大会はあるが、クラブチームの大会はなかった。そこで、1977年に枚方FC代表の近江氏や当時の神戸FC常務理事の加藤正信氏（故人）、賀川浩氏（2015年FIFA会長賞受賞者）、読売クラブ（現東京ヴェルディ1969）の3つのクラブの発案により第1回ユースリーグが始められた。その翌年の1978年に全国のクラブチームの統括組織である、全国サッカークラブユース連合が発足し、大会名も第2回全国クラブユースサッカー選手権に名称変更された。その後、1983年に日本クラブユースサッカー連盟と組織名称を変更し、大会名も第7回全日本クラブユースサッカー選手権大会に変更された。1985年には中学生年代の日本クラブジュニアユースサッカー連盟が発足し、翌1986年に第1回日本クラブジュニアユースサッカー選手権が始まった。そして、1997年には両組織が発展的な統合を行い、日本クラブユースサッカー連盟となり、大会は日本クラブユースサッカー選手権U-18（高校生年代）と同U-15（中学生年代）となって継承された。

　競技成績の視点では、高校生年代、中学生年代どちらもJリーグ発足の1993年以降を境に、Jクラブの下部組織が大会の上位を占め、1997年以降、「街クラブ」はほとんど上位に進出していない（**表9-2**）。

　創設期からJリーグ発足まではJリーグの前身である日本フットボールリーグ（JFL）に所属する企業クラブの下部組織も存在したが、「街クラブ」がJFL下部組織のユースチームに大会の上位を独占されることはなく、1997年以降は明確な格差が生まれた。

　Jリーグ発足までは、U-18とU-15の2つの年代を保有するクラブは、JFLの企業クラブと「枚方FC」や「神戸FC」のように幼児から高校生年代までを保有する「街クラブ」であり、その他も含めて少なかった。そのため、日本クラブユースサッカー連盟と日本クラブジュニアユースサッカー連盟は別の組織として存立した。しかし、Jリーグの加盟条件に下部組織の保有が明記され、Jクラブは同一組織として2つの年代別連盟に別々に加入することとなった。

　競技成績の上位をJクラブが占めるようになり、徐々に日本クラブユースサッカー連盟と日本クラブジュニアユースサッカー連盟のガバナンスの主体はJクラブへと移行していった。日本クラブユースサッカー連盟では全国サッカーク

表9-2 日本クラブユースサッカー連盟年表

年	連盟	U18大会			U15大会		
1977	第1回ユースリーグ発足	第1回ユースリーグ					
		優勝	準優勝	第3位			
		枚方FC	読売クラブ	神戸FC			
1978	全国サッカークラブユース連合発足／全国クラブユースサッカー選手権大会に名称変更（第2回）	第2回全国クラブユースサッカー選手権大会					
		優勝	準優勝	第3位			
		神戸FC	読売クラブ	枚方FC			
1979		第3回全国クラブユースサッカー選手権大会					
		優勝	準優勝	第3位			
		読売ユースA	神戸FC	枚方FC			
1980		第4回全国クラブユースサッカー選手権大会					
		優勝	準優勝	第3位			
		三菱養和SC	読売ユースA	神戸FC			
1981		第5回全国クラブユースサッカー選手権大会					
		優勝	準優勝	第3位			
		読売ユースA	三菱養和SC	神戸FC			
1982		第6回全国クラブユースサッカー選手権大会					
		優勝	準優勝	第3位			
		愛知FC	三菱養和SC	読売ユースA			
1983	全日本クラブユースサッカー選手権大会に名称変更（第7回）	第7回全日本クラブユースサッカー選手権大会					
		優勝	準優勝	第3位			
		三菱養和SC	トライスター	愛知FC			
1984		第8回全日本クラブユースサッカー選手権大会					
		優勝	準優勝	第3位			
		枚方FC	全日空横浜SC	三菱養和SC	愛知FC		
1985	日本クラブジュニアユースサッカー連盟発足	第9回全日本クラブユースサッカー選手権大会					
		優勝	準優勝	第3位			
		読売ユースA	枚方FC	交野FC			
1986	日本クラブジュニアユースサッカー選手権発足	第10回全日本クラブユースサッカー選手権大会			第1回日本クラブジュニアユースサッカー選手権		
		優勝	準優勝	第3位	優勝	準優勝	第3位
		読売ユースA	三菱養和SC	枚方FC	読売SC	三菱養和SS	町田Jr.
1987		第11回全日本クラブユースサッカー選手権大会			第2回日本クラブジュニアユースサッカー選手権		
		優勝	準優勝	第3位	優勝	準優勝	第3位
		日産FC	三菱養和SC	読売ユースA	兵庫FC	神戸FC	三菱養和SS
1988		第12回全日本クラブユースサッカー選手権大会			第3回日本クラブジュニアユースサッカー選手権		
		優勝	準優勝	第3位	優勝	準優勝	第3位
		読売ユースA	三菱養和SC	日産FC	交野FC	読売SS	町田Jr.	日産
1989		第13回全日本クラブユースサッカー選手権大会			第4回日本クラブジュニアユースサッカー選手権		
		優勝	準優勝	第3位	優勝	準優勝	第3位
		読売ユース	三菱養和SC	日産FC	安佐南FC	読売ジュニアユース	町田Jr.	三菱養和SS
1990		第14回全日本クラブユースサッカー選手権大会			第5回日本クラブジュニアユースサッカー選手権		
		優勝	準優勝	第3位	優勝	準優勝	第3位
		読売ユース	FC町田	全日空横浜	日産FC	読売ジュニアユース	日産追浜FC	神戸FC
1991		第15回全日本クラブユースサッカー選手権大会			第6回日本クラブジュニアユースサッカー選手権		
		優勝	準優勝	第3位	優勝	準優勝	第3位
		読売ユース	枚方FC	市川カネツカ	交野FC	読売ジュニアユース	日産追浜FC	釜本フットボールクラブ	日産FC
1992		第16回全日本クラブユースサッカー選手権大会			第7回日本クラブジュニアユースサッカー選手権		
		優勝	準優勝	第3位	優勝	準優勝	第3位
		読売ユース	松下FC	日立柏	日産FC	日産FC	栄FC	フジタサッカースクール枚方	市川カネツカ
1993		第17回全日本クラブユースサッカー選手権大会			第8回日本クラブジュニアユースサッカー選手権		
		優勝	準優勝	第3位	優勝	準優勝	第3位
		読売ユース	三菱養和SC	FC町田	グランパス	日産FC横浜マリノスジュニアユース	ジェフユナイテッドジュニアユース	フジタSC枚方	横浜フリューゲルスJY

年	連盟	U18 大会				U15 大会			
1994		第18回全日本クラブユースサッカー選手権大会				第9回日本クラブジュニアユースサッカー選手権			
		優勝	準優勝	第3位		優勝	準優勝	第3位	
		横浜マリノス	セレッソ大阪	読売ユース	ベルマーレ平塚	岐阜VAMOS	ジェフユナイテッドジュニアユース	日産FC横浜マリノスジュニアユース	
1995	メニコンカップ 日本クラブユースサッカー東西対抗戦(U-15)発足	第19回全日本クラブユースサッカー選手権大会				第10回日本クラブジュニアユースサッカー選手権			
		優勝	準優勝	第3位		優勝	準優勝	第3位	
		日産FC横浜マリノス	パナソニックガンバ大阪	セレッソ大阪	三菱養和SC	清水エスパルス・ジュニアユース	読売日本SC・Jr.ユース	ジェフユナイテッド市原Jr.ユース	
1996		第20回全日本クラブユースサッカー選手権大会				第11回日本クラブジュニアユースサッカー選手権			
		優勝	準優勝	第3位		優勝	準優勝	第3位	
		セレッソ大阪ユース	横浜マリノスユース	交野FC	ジェフユナイテッド	清水エスパルス・ジュニアユース	岐阜VAMOS	ジェフユナイテッド市原Jr.ユース	
1997	日本クラブユースサッカー連盟に名称変更 日本クラブユースサッカー選手権(U-18)大会に名称変更(第21回) 日本クラブユースサッカー選手権(U-15)大会に名称変更(第12回)	第21回日本クラブユースサッカー選手権(U-18)大会				第12回日本クラブユースサッカー選手権(U-15)大会			
		優勝	準優勝	第3位		優勝	準優勝	第3位	
		浦和レッズユース	鹿島アントラーズユース	セレッソ大阪	ガンバ大阪	清水エスパルス・ジュニアユース	横浜マリノスジュニアユース	三菱養和SS	読売日本SC・Jr.ユース
1998		第22回日本クラブユースサッカー選手権(U-18)大会				第13回日本クラブユースサッカー選手権(U-15)大会			
		優勝	準優勝	第3位		優勝	準優勝	第3位	
		ガンバ大阪ユース	ジェフユナイテッド市原ユース	柏レイソルユース	ジュビロ磐田ユース	ジェフユナイテッド市原Jr.ユース	清水エスパルス・ジュニアユース	読売日本SC・Jr.ユース	ヴィッセル神戸ジュニアユース
1999		第23回日本クラブユースサッカー選手権(U-18)大会				第14回日本クラブユースサッカー選手権(U-15)大会			
		優勝	準優勝	第3位		優勝	準優勝	第3位	
		ジュビロ磐田ユース	ベルマーレ平塚ユース	清水エスパルスユース	京都パープルサンガユース	京都パープルサンガジュニアユース	清水エスパルス・ジュニアユース	ガンバ大阪ジュニアユース	ヴィッセル神戸ジュニアユース
2000		第24回日本クラブユースサッカー選手権(U-18)大会				第15回日本クラブユースサッカー選手権(U-15)大会			
		優勝	準優勝	第3位		優勝	準優勝	第3位	
		横浜F・マリノスユース	京都パープルサンガユース	浦和レッドダイヤモンズユース	柏レイソルユース	横浜F・マリノスジュニアユース	京都パープルサンガジュニアユース	サンフレッチェ広島	柏レイソルユース
2001		第25回日本クラブユースサッカー選手権(U-18)大会				第16回日本クラブユースサッカー選手権(U-15)大会			
		優勝	準優勝	第3位		優勝	準優勝	第3位	
		FC東京U-18	コンサドーレ札幌ユース	京都パープルサンガユース	サンフレッチェ広島FCユース	浦和レッドダイヤモンズジュニアユース	FC東京U-15	鹿島アントラーズジュニアユース	柏レイソルユース
2002		第26回日本クラブユースサッカー選手権(U-18)大会				第17回日本クラブユースサッカー選手権(U-15)大会			
		優勝	準優勝	第3位		優勝	準優勝	第3位	
		清水エスパルスユース	浦和レッドダイヤモンズユース	名古屋グランパスエイト	コンサドーレ札幌U-18	柏レイソルユース	ヴェルディジュニアユース	図南サッカークラブ	FC東京U-15
2003		第27回日本クラブユースサッカー選手権(U-18)大会				第18回日本クラブユースサッカー選手権(U-15)大会			
		優勝	準優勝	第3位		優勝	準優勝	第3位	
		サンフレッチェ広島F.Cユース	浦和レッドダイヤモンズユース	横浜F・マリノスユース	清水エスパルスユース	FC東京U-15	ジェフユナイテッド市原ジュニアユース舞浜	清水エスパルスジュニアユース	サンフレッチェ広島F.Cジュニアユース
2004		第28回日本クラブユースサッカー選手権(U-18)大会				第19回日本クラブユースサッカー選手権(U-15)大会			
		優勝	準優勝	第3位		優勝	準優勝	第3位	
		サンフレッチェ広島F.Cユース	ジュビロ磐田ユース	浦和レッドダイヤモンズユース	鹿島アントラーズユース	ヴェルディジュニアユース	ガンバ大阪ジュニアユース	名古屋グランパスエイト	横浜F・マリノスジュニアユース

年	連盟	U18 大会				U15 大会			
2005		第29回日本クラブユースサッカー選手権 (U-18) 大会				第20回日本クラブユースサッカー選手権 (U-15) 大会			
		優勝	準優勝	第3位		優勝	準優勝	第3位	
		ヴェルディユース	横浜F・マリノスユース	ガンバ大阪ユース	大宮アルディージャユース	浦和レッドダイヤモンズジュニアユース	横浜F・マリノスジュニアユース	ヴェルディジュニアユース	ヴィッセル神戸ジュニアユース
2006		第30回日本クラブユースサッカー選手権 (U-18) 大会				第21回日本クラブユースサッカー選手権 (U-15) 大会			
		優勝	準優勝	第3位		優勝	準優勝	第3位	
		ガンバ大阪ユース	ヴェルディユース	柏レイソル U-18	FC東京 U-18	横浜F・マリノスジュニアユース追浜	清水エスパルスジュニアユース U-15	柏レイソルユース U-15	浦和レッドダイヤモンズジュニアユース
2007		第31回日本クラブユースサッカー選手権 (U-18) 大会				第22回日本クラブユースサッカー選手権 (U-15) 大会			
		優勝	準優勝	第3位		優勝	準優勝	第3位	
		ガンバ大阪ユース	ジュビロ磐田ユース	サンフレッチェ広島F.Cユース	ジェフユナイテッド市原・千葉 U-18	京都サンガ F.C U15	東京ヴェルディ 1969 ジュニアユース	清水エスパルスジュニアユース	柏レイソル U-15
2008		第32回日本クラブユースサッカー選手権 (U-18) 大会				第23回日本クラブユースサッカー選手権 (U-15) 大会			
		優勝	準優勝	第3位		優勝	準優勝	第3位	
		FC東京 U-18	柏レイソル U-18	東京ヴェルディユース	ガンバ大阪ユース	名古屋グランパス U15	ガンバ大阪ジュニアユース	横浜F・マリノスジュニアユース追浜	浦和レッドダイヤモンズジュニアユース
2009		第33回日本クラブユースサッカー選手権 (U-18) 大会				第24回日本クラブユースサッカー選手権 (U-15) 大会			
		優勝	準優勝	第3位		優勝	準優勝	第3位	
		セレッソ大阪 U-18	FC東京 U-18	京都サンガ F.C.U-18	アルビレックス新潟ユース	ヴィッセル神戸ジュニアユース	京都サンガ F.C U-15	名古屋グランパス U15	ACNジュビロ沼津
2010		第34回日本クラブユースサッカー選手権 (U-18) 大会				第25回日本クラブユースサッカー選手権 (U-15) 大会			
		優勝	準優勝	第3位		優勝	準優勝	第3位	
		東京ヴェルディユース	柏レイソル U-18	横浜F・マリノスユース	名古屋グランパス U18	清水エスパルスジュニアユース	ジュビロ磐田ジュニアユース	浦和レッドダイヤモンズジュニアユース	サンフレッチェ広島F.Cジュニアユース
2011	一般財団法人日本クラブユースサッカー連盟に名称変更	第35回日本クラブユースサッカー選手権 (U-18) 大会				第26回日本クラブユースサッカー選手権 (U-15) 大会			
		優勝	準優勝	第3位		優勝	準優勝	第3位	
		東京ヴェルディユース	ヴィッセル神戸 U-18	柏レイソル U-18	名古屋グランパス U18	清水エスパルスジュニアユース	ガンバ大阪ジュニアユース	京都サンガ F.C U-15	ヴィッセル神戸 U-15
2012	第1回TCY復興支援サッカーフェスティバル発足	第36回日本クラブユースサッカー選手権 (U-18) 大会				第27回日本クラブユースサッカー選手権 (U-15) 大会			
		優勝	準優勝	第3位		優勝	準優勝	第3位	
		柏レイソル U-18	横浜F・マリノスユース	京都サンガ F.C.U-18	サンフレッチェ広島F.Cユース	ガンバ大阪ジュニアユース	ヴィッセル神戸 U-15	アルビレックス新潟ジュニアユース	清水エスパルスジュニアユース
2013		第37回日本クラブユースサッカー選手権 (U-18) 大会				第28回日本クラブユースサッカー選手権 (U-15) 大会			
		優勝	準優勝	第3位		優勝	準優勝	第3位	
		横浜F・マリノスユース	サンフレッチェ広島F.Cユース	清水エスパルスユース	ガンバ大阪ユース	横浜F・マリノスジュニアユース	FC東京 U-15 深川	京都サンガ F.C U-15	ガンバ大阪ジュニアユース
2014		第38回日本クラブユースサッカー選手権 (U-18) 大会				第29回日本クラブユースサッカー選手権 (U-15) 大会			
		優勝	準優勝	第3位		優勝	準優勝	第3位	
		三菱養和SCユース	FC東京 U-18	コンサドーレ札幌 U-18	JFAアカデミー福島 U18	鹿島アントラーズジュニアユース	清水エスパルスジュニアユース	名古屋グランパス	サンフレッチェ広島F.Cジュニアユース
2015	JCYレディースサッカーフェスティバル	第39回日本クラブユースサッカー選手権 (U-18) 大会				第30回日本クラブユースサッカー選手権 (U-15) 大会			
		優勝	準優勝	第3位		優勝	準優勝	第3位	
		横浜F・マリノスユース	大宮アルディージャユース	ベガルタ仙台ユース	ジェフユナイテッド千葉 U-18	横浜F・マリノスジュニアユース	FC東京 U-15 むさし	ガンバ大阪ジュニアユース	京都サンガ F.C U-15
2016	加盟クラブ数 118 (U18) 1,390 (U15)								

(出典 日本クラブユースサッカー連盟HP、公財日本サッカー協会HPから上田、枝元、小島による作成)

ラブユース連合が、中学生、高校生年代の両方を保有するクラブによる発案、設立でもあったため、早期より日本クラブジュニアユースサッカー連盟との統合には積極的な姿勢であった。そして、Jクラブが両組織のガバナンスの主体へと変容していくと、育成年代に2つのガバナンスが存在する意義が問われ、同一の「場」作りが提唱された。Jリーグの理念（「百年構想」）がメディアに溢れ、誰しもが抱くスポーツのイメージ（スポーツファミリー）を具体化させようとした時代であったことも追い風となり、1997年の統合となった。

5 戦略の転換（Jリーグ創設によるクラブ状況の変化）

「理念」にもとづく「累積戦略」を用いた「枚方FC」だが、自らが発案して創設された現日本クラブユースサッカー連盟においても、明らかに「戦略の転換」をせざるを得なかった事象であるJリーグの創設を挙げて、アマチュアクラブの現在に照射して論考する。

「枚方FC」の成立は、社会、その中の都市の形成過程においてコミュニティからソサエティが成立し、それがフットボールを中心としたものであったことに起因する。ここでは、近江達氏という医師の存在が大きかった。職業上、大衆の敬意がすでにあり、その医師がフットボールの愛好者で指導を行う。文化の伝播過程の観点においても、障壁は比較的少なかったと分析される。また、その「理念」が当時の学校教育とは異なり、「自由」の概念の中に含まれた「責任」が芽生える指導であったことも発展の礎となった。特に、その「理念」が具現化した個人とチームのパフォーマンスは圧巻であり、観ている者には「脱日本社会」を感じさせ、競技成績において実証した。その後の宮川淑人氏が継承し、宮川氏と同様に「枚方FC」のOB学生たちが指導を手伝い、フットボールという「場」における「戦略の主体」は「枚方FC」であった。しかし、Jリーグの創設によって、「戦略の主体」が転換した。

この背景には、社会構造の変化がフットボールに「市場原理」をもたらしたことも挙げられる。すなわち、「戦略の概念フレーム」が拡大したのである。アマチュアクラブにとって「市場原理」は活動の経済的制限を必然的にもたらし、Jクラブにとっては「市場獲得」のための地域拡大とそれらの地域の詳細なマーケティング（戦術）の必要性をもたらした。そのため、アマチュアクラ

ブとJクラブの「衝突」が発生したのである。この解決策として、「枚方FC」はガンバ大阪との提携という「和解」にて、この「衝突」を回避したのである。

　別の観点からすると、それまではハイアラーキー構造の最上位層に位置した「枚方FC」は、この提携により階層の移動を選択した。フットボール全体におけるハイアラーキー構造の再編が起き、最も影響を受けたのが最上位層に位置する「同志＝理念」にもとづくアマチュアクラブであった。他の後発のアマチュアクラブも、Jクラブという階層が最上位に載ったことにより、「枚方FC」等と比べれば比較的小規模な影響に思われたが、ライト層をJクラブに奪われ、徐々にコア層も失う結果を招いた。このハイアラーキー構造の再編は、アマチュアクラブにも「戦略」と「戦略の概念フレーム」に関して、社会構造の変化を踏まえた設定をする必要性、換言すると「戦略の目的」を再考する機会を与えたといえる。「累積戦略」から「順次戦略」への転換を問う社会構造の変革は、社会的形成過程を踏まえた「戦略」の策定の必要性をアマチュアクラブに問うたのである。

❻ アマチュアクラブにみる戦略とは

　近江氏は「いつ潰れてもええやん」とクラブの存立や事業活動を第一の目的に置くのではなく、プレーヤーを対象とし、彼らの発展、すなわち「育成の理念」の具現化が「戦略の目的」であった。現代表者の宮川氏も同様である。宮川氏も「戦略とは、自分が、自分らしく生き、携わっていくための環境作りである」と語る（宮川, 2016）。

　「枚方FC」は創立50周年となる2019年を目指し、法人化を視野に入れている。宮川氏は「近江、宮川個人の『理念』ではなく、クラブに関わる皆の『理念』として、社会の中で公に継承すべきものである」とも語る（宮川, 2016）

　「枚方FC」は新たな具現化装置を創る「戦略」を決定した。一部上場のグローバル企業の要職に就き、現在の社会動態に対して日々客観的な分析を生業とする宮川氏は、「組織の方向性、ターゲットが無ければ、戦略は語れない」と「戦略の概念」に関する根幹を指摘する。

　現代社会における「戦略」は、その「概念フレーム」を拡大させなければ無策として、地球規模の崩壊をもたらす危険性を抱く。そのため、ガバナンスと

いう概念が生まれ、武力を用いない解決策を模索している。一方、グローバリゼーションにより資本の流動性は高まり、多様性は、現実的には市場の一元化に包摂されている。その中で、不確定性を「喜び」とするスポーツにおいて、戦略的に「戦略の概念フレーム」を「同志＝理念」に転換させることは、現代社会の潮流とは対極を成すものである。しかし、アマチュアクラブの「理念」はすべてのスポーツ組織の根幹を形成し、人々の「生」の起源でもある。すなわち、「スポーツにおける戦略」の特殊性の存在が確認されるのである。

（上田滋夢・宮川淑人）

■ 参考文献

* ピエール・ブルデュー（1990）「ディスタンクシオンⅠ －社会的判断力批判－」藤原書店.
* ピエール・ブルデュー（1991）「再生産（教育・社会・文化）」藤原書店.
* 枚方フットボールクラブ（2001）「枚方FC30周年記念誌」（自費出版）
* 枚方市史編集員会（1984）「枚方市史」第10巻.
* （一財）日本クラブユースサッカー連盟ホームページ
  http://www.jcy.jp/?page_id=4（参照 2016年11月10日）
* （公財）日本サッカー協会ホームページ「沿革・歴史」http://www.jfa.jp/about_jfa/history/#1950（参照 2016年11月25日）
* （公財）日本サッカー協会ホームページ「日本クラブユースサッカー選手権大会U-18」
  http://www.jfa.jp/match/club_youth_u18_2016/history.html（参照 2016年11月25日）
* （公財）日本サッカー協会「日本クラブユースサッカー選手権大会U-15」
  http://www.jfa.jp/match/prince_takamado_trophy_u15_2016/history.html（参照 2016年11月25日）
* （公社）日本プロサッカーリーグ「年度別入場者数推移」．
  http://www.jleague.jp/stats/SFTD12.html（参照 2016年11月25日）
* （一社）神戸フットボールクラブホームページ http://www.kobe-fc.com/clubinfo/rekishi.html
  （参照 2016年11月10日）
* 九鬼周造（1935）「偶然性の問題」岩波書店.
* 近江達（1992）「日本サッカーにルネサンスは起こるか？」（自費出版）
* 近江達（2007）「回想録 私のサッカー人生」（自費出版）

第10講
リーダー教育における新たな戦略

　スポーツ界に限らず、次世代のリーダーの輩出は不可欠であり、そのための教育は重要である。そもそも、スポーツや教育を通じた人材育成や人材開発は、「体系的・段階的・継続的」なプログラムでなければ成果を挙げることはできない。「人材育成や人材開発においては、「体系的・段階的・継続的」なプログラムにより成長することができるということは、小学校から大学までの学校教育やスポーツ、音楽などについて既に実証されている。」という（秦，2014）。しかし、わが国のスポーツ現場では、「体系的・段階的・継続的」なリーダー養成が意図的・戦略的に行われているケースは一部の指導者養成プログラムを除き、ほとんど見受けられない。「地位が人を作る」「背中を見て育つ」というように、無責任な形でリーダーが輩出されているのが現状である。

　本講では、スポーツ戦略の中で必要となるリーダー教育における新しい視座を戦略として論じる。

1 リーダー教育とリーダーシップ教育の違い

（1）リーダーとリーダーシップの違い

　リーダーの本質はそもそも何なのだろうか。

　「上手く人を導く」「メンバーを団結させる」「カリスマ性」などといった、人のコントロール術について述べられることがあるが、それはあくまでもリーダーに必要な素養の一つにすぎない。組織にリーダーが必要な最も大きな理由は「組織の理念にもとづいた目標を達成する」ことである。「組織の理念にもとづいた目標を達成する」ために、リーダーは様々な能力や環境を駆使する。

　それでは、リーダーシップとは何なのか。リーダーとリーダーシップを混同して理解している方も多いが、本講ではリーダーとリーダーシップは明確に区分する。リーダーは、結果を残すために必要なポストであり役割である。一定の領域や権限がそのリーダーに与えられ、リーダーがどのようなスタイルのリーダーシップを活用するかはリーダーに一任されることが多い。場合によっ

ては、リーダーを選ぶ側が現状に合ったリーダーシップを発揮できる者をリーダーに選ぶことも多い。そして、想定・期待した結果に満たない場合は、リーダーの解任や交代は必然的なものとなるため、スポーツの世界では成果を評価するために一定の期間を区切ってリーダー（監督・主将等）を任せることが多い。

　一方、リーダーシップは、構成員すべてに何がしか求められるものであり、スポーツにおいても様々な場面で構成員による無数のリーダーシップが発揮されている。また、そのスタイルも様々であり、例えば、ゴールマンほか（Goleman&Boyatzis, 2002）が提唱するEQリーダーシップでは、リーダーシップのスタイルを「ビジョン型」「コーチ型」「関係重視型」「民主型」「ペースセッター型」「強制型」の6つに分類している。このように、複数の型のリーダーシップを一人のリーダーがすべて発揮することは困難であるため、必要に応じ構成員でリーダーシップを発揮し合うことが求められており、素晴らしい組織やチームは無意識、あるいは意識的に全員がリーダーシップを発揮している。このようなチームを作り上げていくこともリーダーの役割ともいえるだろう。

(2) リーダー教育とは

　リーダーとリーダーシップに違いがあれば、おのずとその養成方法・内容も異なってくる。現在、そしてこれからのリーダー養成は、型にはめたリーダーを輩出することではなく、自分に合ったリーダー像を確立し、組織の成果に寄与することである。例えば、海外のプロフットボールチームの監督を例にとれば、2部リーグから1部リーグへ昇格させることが得意な監督がいたり、1部リーグ下位から中上位にレベルアップさせることが得意な監督がいたり、常にチャンピオンを狙える常勝チームを率いるのが得意な監督がいたりといったように自らの特性を活かして、組織やチームに貢献していることがうかがえる。このような例は、国家や社会の中でもよく見受けられる。例えば、変革を必要とする際に成果を挙げることのできるリーダー、安定期を長く続けることのできるリーダー、危機的状況を乗り越えることができるリーダーなど、多くの場合、万能型のリーダーは存在せず、環境、規模、時代、組織文化などによって必要とされるリーダーのタイプは異なるのである。私たちは、ついつい万能型のリーダーになろうとし、また養成しようとするが、不得意な状況を乗り切る

ことを強いるようなリーダー養成は時間・費用・エネルギーの無駄だと気づくべきである。むしろ、自分の得意なスタイルを確立し、どのような場面で能力を発揮できるかを認識することが重要である。また、必要に応じ自らが持ち得ないリーダーシップや専門性を効果的に他者から活用できるリーダーを養成することが望まれる。

　これらのことは、個人が自らリーダー教育を望んでいる場合も、組織が計画的にリーダー教育を行う際も当てはめることができる。この原理・原則を誤るとリーダー養成は失敗することとなり、過去のカリスマと呼ばれるリーダーは、この原理・原則を無視したために後継者育成に失敗した。だからこそ、"自分を越える"より優秀なリーダーを輩出できず、カリスマと呼ばれているのである。

　リーダー教育での重要なことは、すべてのリーダーに必要となる素養の修得を基盤とし、個々人に適したリーダースタイル確立を達成するためのオーダーメイド型もしくはカスタマイズ型のプログラム環境を整えることであるが、このことは本講で後述する。

(3) リーダーシップ教育とは

　リーダー教育が、自分に合ったリーダー像を確立することであるならば、リーダーシップ教育はどのようなものであろうか。リーダーシップ教育は、リーダーのみならずすべての人々が学び、修得するための取り組みであり、リーダーやリーダー以外の人々が、リーダーシップを発揮する際に必要な知識・技能・態度をテーマや素養ごとに身につけるプログラムである。すなわち、リーダーというポストや役割にとらわれずに、ツールとしての知識・技能・態度を修得するためのプログラムである。

　リーダー教育は「人」を育成するのに対して、リーダーシップ教育は、リーダーシップを発揮できるようになるための「ツール」を修得する場である。スポーツで喩えるならば、組織の理念にもとづいた成果を挙げる素晴らしい監督を育成するというのがリーダー教育であり、選手へのコーチングを的確にできるようにすることがリーダーシップ教育である。そのため、リーダー教育プログラムの中には、スキル・ツールの修得の一環としてリーダーシップに関する内容が含まれることは当然のことである。

2 スポーツにおけるリーダー教育の必要性とわが国の現状

(1) スポーツにおけるリーダー教育の必要性

　どのような社会や組織においてもリーダーが必要であり、スポーツもその例外ではない。前述のとおり、リーダーは「組織の理念にもとづいた目標を達成する」のが役目であるが、スポーツにおける目標は他の組織よりも明確に示されているケースが多い。しかしながら、組織の理念にもとづいた目標を達成している組織やチームは必ずしも多くはない。理念を重要視しすぎて結果が残せない。また、目標は、達成したが理念を疎かにしている、理念も目標達成もまっとうできていないケースなど多々見受けられる。

　「組織の理念にもとづいた目標を達成する」ためには、リーダーが明確なビジョン、目標を明示し、それらをまっとうするための取り組みをマネジメントする必要がある。しかしながら、スポーツ界の多くのリーダーは、リーダーとして必要な知識、技能、態度を身につけるための教育を受けていないケースが多い。もちろん、アメリカのように多種多様なリーダー教育を展開している国もあるが、リーダー教育の先進国でさえ、「体系的・段階的・継続的」なプログラムを開発し、展開できている訳ではない。すなわち、競技特性にもとづいた指導者養成やコーチング、マネジメントというような教育は開発・展開されているが、真のリーダー教育とは成り得てないのである。「体系的・段階的・継続的」であるということは、教育プログラムとして不可欠な原理・原則なのである。

　私たちは、自らが所属する国、地域、所属のスポーツチーム等の勝利や成果および波及効果を期待している。そのためには、最高のリーダーが必要である。特にスポーツは、チームを統括する立場である監督等や選手のリーダー役である主将等のリーダーとしての素養が、そのままチームの成果に大きく影響することは理解していただけるであろう。監督や指導者が代わっただけで、チームの成果が大きく変わった事例を私たちはしばしば目にしてきた。そして、それらの成功例、失敗例には原理・原則が存在し、その原理・原則を学ぶことこそ、リーダー教育の原点である。リーダーは、生まれつきの才能で就く立場ではなく、教育・育成により身に付けた能力で就くことができる立場なのである。特に、スポーツの世界におけるリーダーは先天的な能力や世襲ではなく、後天的

に培った能力や経験に加え、人間性に依存する場合がほとんどである。だからこそ、スポーツにおけるリーダー養成や教育は重要なのである。

(2) わが国のリーダー教育の現状

　わが国では、(公財)日本体育協会や(公財)日本サッカー協会(以下、「JFA」とする)が行っている指導者養成事業が一定の「体系的・段階的・継続的」な指導者養成プログラムといえる。特に、JFAが行っているシステムは、段階的なプログラムだけではなく、有資格者のライセンス更新のためのプログラム受講が義務化されているため、継続性も担保されている点が優れているといえる。しかしこれらは、スポーツ指導者、専門競技指導者養成プログラムとしては一定の評価ができるものの、リーダー教育としては物足りない。もちろん、各競技団体では、各年代や都道府県のまとめ役などを集めて研修会や講習会を開催したり、マネージャーのための研修も開催されている。しかし、本講が対象としているリーダー教育のレベルには達していない。筆者もこれら講習会、研修会に参加し、複数のライセンスを取得した。国内外のランセンスを有するが、筆者の経験ではそれらの講習会の中で最も効果的だと思えたのは、オーストラリアサッカー協会のライセンス取得講習会であった。システムはJFAとほぼ同じであるが、求められる視点が競技者育成という観点だけではなく、人としてどう接すれば効果的か、選手の年代別の接し方、選手個々のバックグラウンドを考慮した指導など、リーダーとして必要な素養に大きなウエイトを置いている点が日本とは異なっている。すなわち、オーストラリアの取り組みは、日本と比較すると、より社会的に適合できるリーダー教育となっていると感じられた。実際に、筆者はオーストラリアで培った指導法やコミュニケーション法をスポーツの場面に加え、大学や高校での講義・教職員のトレーニング、経営者塾などでも活用している。それどころか、大学経営やNPO経営の場面でも活用できる。

　これまでの日本におけるリーダー教育は、専門性に応じたものがほとんどであり、経営学の領域が中心となっていた。しかし、ドラッカー(1974)やコヴィー(1989)らにより、専門性に依存しないリーダー教育、すなわち、どの分野にでも必要な共通のリーダーとしての素養が存在し、核となる原理・原則を基礎とした素養がなければ、組織マネジメントが効果的に行えないことが認識され

つつある。しかし、わが国のスポーツ界における指導者養成やリーダー教育において、この原理・原則を基礎とした「体系的・段階的・継続的」なプログラムは残念ながら存在しない。この点を克服し、リーダー教育を実践しないかぎり、わが国におけるスポーツの地位や価値は現状より高まることはないであろう。もちろん、オリンピック・パラリンピック開催などによる一時的な高まりや競技人口の増加はあるだろうが、スポーツそのものの価値の向上にはつながらない。

3 リーダー教育における戦略の必要性

(1) リーダー教育における戦略の必要性

　本講の大きなテーマでもあるリーダー教育における戦略は、なぜ必要なのであろうか。リーダー教育の必要性は前述したとおりであるが、ここではリーダー教育の戦略の必要性について述べる。

　スポーツを競技レベルで行うには、戦略や戦術は重要となる。戦略は、理念や目的および目標を達成するためのストーリーであり、戦術はそのための手法である。競技レベルでスポーツを行うには、その理念や目的および目標が必ず存在する。それらを達成するためには、どうしても有効な戦略が必要となる。どのようにリーダーを育てるかにおいても戦略がなければならない。「戦略なくして成果なし」である。

　最高のリーダーを育成するという目標を掲げ、そのプログラムを構築し、実践するには、やはり最高のストーリーが必要となる。そして、ストーリーはエンディングから作られる。エンディングからリバース（逆送り）しながらストーリーを作ることでエンディングがブレないようにすることが必要である。

　戦略を作る際には、妥協は禁物である。特に、分かりづらい戦略を作ると評価がしづらくなる。エンディングが最高になる、例えば「日本一」とか「世界一」というのは、その領域において最高でなければならないため、他と比較して劣る点があってはならず、非常に分かりやすい。これは、大阪商業大学サッカー部を常勝チームに育て全国制覇を何度も成し遂げた上田亮三郎氏がその著書（上田，2012）で同様のことを述べている。上田氏は全国の舞台に立つだけで満足していた筆者に「日本一になることが重要なのではなく、日本一を目

指すプロセスが重要なのである。リーダーである監督が逃げているのではないか」と投げかけてくれた。筆者はそれ以来、何事にも「日本一レベル」を意識できるようになった。チームを成功へと導き、勝利を収め、理念達成に近づくには、明確かつ高位な戦略が必要なのである。この戦略を上手く構築できなければ、その後の戦術は上手く機能せず、結果が残せない。ストーリーが面白くない脚本に対し、どんなに良い役者やスタッフ、スタジオそして予算を用意しても、素晴らしい映画を製作することはできない。すなわち、最高のリーダー教育の戦略がなければ、最高のリーダーを輩出することはできないのである。これらのことは、リーダーやリーダー教育を行う者が忘れてはならない原理・原則なのである。

(2) リーダー教育の戦略における理念の重要性

　競技レベルでスポーツを行うには、その理念や目的および目標が必ず存在すると先に述べたが、その中で最も重要なのが、理念である。しかし、理念は抽象的であり、終わりなく永遠に追い求められるものでもある。同様に、スポーツにおけるリーダー教育そのものにも理念が必要である。何のためにスポーツにおけるリーダー教育が必要なのかということである。ただ単に勝利すれば良いのだろうか。読者の皆さんはそうではないことは理解いただけるであろう。そもそも、競技スポーツにおいて勝利は重要なのだが、最終目標は勝利なのだろうか。勝利だけの追求は理念とはいえない。リーダーには、そのことを理解してもらう必要がある。「組織の理念にもとづいた目標を達成する」ことがリーダーの役割であるが、「成果や勝利にもとづいて理念を軽視する」ことが、リーダーの役割ではないのである。スポーツが世界や社会に与える影響は大きい。それに加え、子供たちの未来にも大きな役割を担い、生きる喜びを多くの人々に与えている。そのようなスポーツのリーダーたちが、倫理観や道徳を無視し、勝利や報酬のみを求めることがあってはならない。

　そもそも、スポーツは人類になくてはならない存在ではなかった。人類創世記には存在しなかったのだが、現在ではスポーツは平和や外交を担い、経済や社会を動かすものとなった。それにつれて、スポーツの理念やスポーツに関与するリーダーに求められる理念が希薄になっていると感じることがある。オリンピックやサッカーW杯では賄賂疑惑やドーピング疑惑がつきまとい、名誉

と社会的地位を一瞬にして失う者や失望を与える者が後を絶たないのが現実である。それに加え、わが国では体罰問題やスポーツ特待生に絡む問題等が存在する。どれもリーダーや指導者たちが引き起こしている問題なのである。

スポーツにおけるリーダー教育を戦略的に進めていくうえで、今こそリーダー教育の理念を明確かつ直視し、その教育プログラムのコア（核）として位置づける必要があるように考える。このことは、リーダー教育プログラムを構築するうえで重要な原理・原則である。

（3）リーダー教育における戦略ストーリーの重要性

リーダーは、映画やドラマのようなストーリーを作り、それを脚本・監督しながら感動的な結果を導くことを仕事とする。スポーツの世界でもそのリーダーの役割は同じことである。自らがドラマを演出していること、選手が主役でスタッフが脇役であることを自覚させ、観客役であるチームに関わるすべての人々をも巻き込んでいくことが求められる。だからこそ、リーダーにはストーリー性は不可欠なのである。ストーリーは常にエンディングから考える必要がある。

ここでは、リーダーがチーム運営で実践するストーリーではなく、リーダー教育を行ううえでのストーリーの重要性を述べる。近い将来、リーダーになることを前提にリーダーの卵たちは教育を受ける。また、すでにリーダーになった者がさらに成長するために教育を受けるが、彼らはリーダーとしてドラマを演出する側に立つこととなる。だからこそ、リーダー教育そのものがドラマや映画のようなストーリー性を持ち、教育を受けている人々にその感動を与えていくことが彼らの経験となり、素養の一部として培われる。そのことによって、現場でドラマや映画のようなシーンを作り出すことができ、観衆や関わる人々にまで感動を分け与えるのである。

山も谷もない平坦な道ではドラマは成立しない。リーダー教育そのものが、辛さ、苦しさ、達成感、喜び、感動のあるストーリーとなることで、リーダーやリーダーの卵たちに戦略ストーリーの重要性を原理・原則として認識してもらう必要があると考える。

4 リーダー教育における効果的な手法

(1)「体系的・段階的・継続的」なプログラムの開発と環境づくり

　冒頭に述べたとおり、教育プログラムとして人が成長するためには、「体系的・段階的・継続的」なプログラムでなければならない。この原理・原則はゆるぎないものである。すなわち、カリキュラムが存在し、成長度合いに合わせレベルが高くなり、継続的に学びを続けることが必要なのである。スポーツにおけるリーダー教育もこの原理・原則の例外とはならない。また、カリキュラムが構築されたとしてもバランスよく知識・技能・態度が身につくものでなければ、偏ったプログラムとなる。さらに、知識・技能・態度それぞれにおいて体系化され、段階的・継続的であることが求められるのである。

　次に、リーダー教育で重要なことは、すべてのリーダーに必要となる素養の修得を基盤とし、個々人に適したリーダースタイル確立を達成するためのオーダーメイド型もしくはカスタマイズ型のプログラム環境を整えることであると前述した。しかし、オーダーメイドやカスタマイズするには、リーダー教育を行う講師と受講者がお互いを知り、信頼できる関係を構築する必要がある。そのため、担当講師が頻繁に代わるようなオムニバス方式で教育プログラムを組むことは適していない。ただし、担当講師が毎回代わったとしても、主担当の講師役複数名が常に観察・指導できる体制であれば問題はない。また、主担当の講師役が複数名体制であるということも重要である。理由は、モデルとなる講師役が複数名いることで、自分に合ったリーダースタイルを見出すことができるとともに、ハラスメント防止、多面的な観察・指導も可能となる。講師役側もチーム・ティーチングの指導体制を執ることで効果的な対応を図ることができる。このように「体系的・段階的・継続的」なプログラムを構築し、複数の指導体制を恒常的に整えることが、リーダー教育プログラムを構築するうえでの最初の取り組みである。

(2) 自己分析・理解と他者理解の重要性

　実際にプログラムを実施するうえで、最初に行うべきことは自己分析と自己理解である。リーダーは他者の特徴を理解し活用することが望まれるが、その前に自分自身を知ることが重要である。自分を知ることと自分を受け入れるこ

とで、自己の強みを活かし、弱みを補完することが可能となる。弱みの補完はいくつかの方法があるが、自己分析・理解できたリーダーの多くは、弱み克服を他者からのサポートで補うことを選択する勇気をもつことが可能となる。多くのリーダーは、参謀役やコーチング・スタッフなどを配置することで効果的な指導体制や運営体制を組む。リーダー自らと同じタイプを揃えるのではなく、異なる専門性や長所をもったスタッフを揃える重要性を知ることが重要であり、そのためには、リーダー教育を実践する講師役が手本となる体制を示す必要がある。

まず、自己認識を深める効果的な手法をいくつか紹介する。最初に、自分史やポートフォリオの活用である。自己の考え方や生き方は自らが育った経験、環境、関わった人々、文化などにより構築されるが、自分史を書くことによって、それらを振り返るとともにこれまでの自分を許容することが重要である。自己肯定感が高い人は、他者肯定感が高くなるのである（ビジョナリーマインド）。そういう意味で、自分史の作成は効果的である。

次に、ポートフォリオの作成である。ポートフォリオの内容は**図10-1**のとおりであるが、特徴的なのは、①リーダーとしてのフィロソフィー（理念）と一個人としてのフィロソフィーおよびそれぞれのゴールを記すこと、②自分が現在できること（できる能力）をエビデンスで示すこと、③将来の成りたい自分を記し、現在不足している能力を明確にすること、などである。

そして「自らが個人作業だけでは気づき得なかった領域まで入り込む必要があり、そのためには、どうしてもメンターの存在が必要かつ重要である。」といわれている（秦, 2009）。すなわち、メンタリングによるメンターの存在やクリティカル・フレンド（お互いの成長を促すことを目的とした、批評し合える関係[1]）の存在が必要となる。自分は知らないが他者が知っている自分をクリティカル・フレンドによって、自他ともに知らない自分をメンタリングによって知ることができる。このようなメンターやクリティカル・フレンドは一生のパートナーと成り得るような関係であるが、リーダー教育のカリキュラムやプロセスの中で、メンターおよびクリティカル・フレンドが作れるようなプログラムを構築する必要がある。日本が世界に誇る素晴らしい教育システムとして徒弟制があるが、これからのリーダー教育においては、複数講師役による徒弟制とピアによるクリティカル・フレンドが不可欠になると考える。このこ

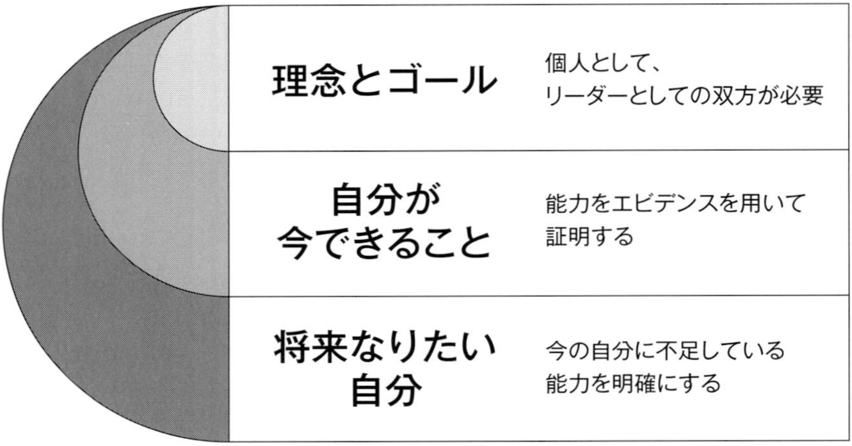

理念とゴール	個人として、リーダーとしての双方が必要
自分が今できること	能力をエビデンスを用いて証明する
将来なりたい自分	今の自分に不足している能力を明確にする

図10-1 ポートフォリオの構成要素

とをリーダーやリーダーの卵が理解することこそが、他者理解の有効性を知ることにつながっており、リーダーとしての知識・技能・態度それぞれを修得するプロセスでもある。

(3) 様々な環境での実践トレーニングと「振り返り」の反復

　人種、年齢、性別、競技レベル等の異なる環境でのリーダーとしての実践トレーニングは、なにものにも変えがたいリーダー教育だといえる。このことは監督や指導者だけではなく、選手レベルのリーダー教育にも同じことがいえる。筆者はこれまで様々な環境を設定し、スポーツを通じたリーダー教育を実践してきた。その理由は、非日常として設定された環境の中での実践的なリーダーとなり得る場を用意することで、意識的・無意識にリーダーシップを発揮し、リーダーとしての素養が身につくケースが非常に多いからである。場合によっては、まったくリーダーとして機能しないことや、リーダーシップを発揮することができないこともある。しかし、そのこと自体がリーダー教育となる。

　その核となるのが「振り返り」である。「振り返り」は3段階で構成されている。第一段階は、リーダー教育受講者の指導役となるインストラクターによる「振り返り」である。第二段階は、リーダー教育受講者同士による「振り返り」である。第三段階は、リーダー教育受講者自身による「振り返り」である。

ここでいう「振り返り」とは、「振り返り」の対象となる者が一方的に指導役・観察者・他の受講者から指摘を受けることだけを意味しているのではない。大切なのは「気づき」である。リーダーとして自分にどのような素養が不足し、どのような素養を有しているのか。ウィークポイントは何であり、ストロングポイントは何なのか。今後、どのようにすれば改善や成長ができるのか。これらの気づきを与えることが重要であり、この手法やプロセスを修得することそのものが、リーダーして他者に関わる際のスキルとして重要となる。そして、最終的に他者の力を借りずに自らで「振り返り」を行うことができることが望まれる。

　図10-2は、教育学等でよく用いられる「ジョハリの窓」である。下図のように、リーダーにとっても「開放の窓」を広げ、自己認識や自己開示が重要になるが、「盲目の窓」は他者からの指摘で気づくことができ、「秘密の窓」は自らが自己開示することで「開放の窓」にすることが可能となる。しかし、自分も他者も知らない「未知の窓」は自己開示や他者からの指摘では知ることができない。「振り返り」では「盲目の窓」や「秘密の窓」を「開放の窓」にすることだけではなく、「未知の窓」までも「開放の窓」にすることも含まれている。それでは、「未知の窓」をどのようにすれば「開放の窓」にすることができるのであろうか。鈴木・山内（2015）は、「開放の窓」を広げるために自己開示

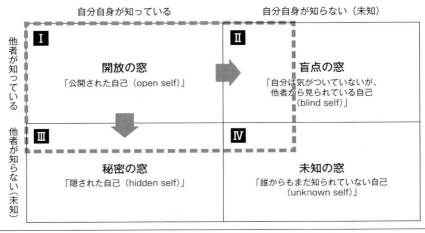

図10-2　ジョハリの窓

やフィードバック等の手法を示しているが、これに加え、自らが他者に自分のことを話し続け、それをひたすら「なぜ?」と問いかけながら聴くメンターが存在することで「未知の窓」を「開放の窓」に近づけることができる[(2)]。このことは、リーダー教育にとって非常に重要なことである。リーダーは、自己認識している自己についての開示力、他者からの意見を謙虚に受け止める力、そして、他者に自己認識できていないことでも自らのことを話し続ける力が求められ、それらの力を養うトレーニングが重要となる。そのために、人種、年齢、性別、競技レベル等の異なる環境に身を置く機会を与えることが戦略的に不可欠となる。そうすることで、「開放の窓」が広がり、自らを認知し、他者に何を求めなければならないのかが理解できるのである。

5 リーダー教育およびその戦略の課題

(1) わが国におけるリーダー教育の課題

　わが国のスポーツ界におけるリーダー教育の課題は、リーダー教育そのものが存在しないということである。このような話をすると「存在するぞ!」と反論したい方もおられるであろう。しかし、ここでいうリーダー教育とは、「知識・技能・態度」の修得を基盤とした「体系的・段階的・継続的」なプログラムを意味している。冒頭にも述べたが、これら3つが揃わなければ教育プログラムとは呼べない。それどころか、現在のわが国のスポーツ界では、専門競技に特化したコーチ養成や指導者養成プログラムは存在するものの、その内容は競技力向上やアスリート養成のためのものであり、部分的にリーダー教育やリーダーシップ教育が盛り込まれている程度に過ぎない。チームマネジメント、1対1でのコーチング法やメンタリング法を理論的に学ぶケースもあるだろうが、手法の修得にまでは至っていない。それに加え、リーダーとしての態度や考え方のトレーニングはまったくといってよいほど行われていないのが現状である。このようなことが体罰や勝利主義にもとづいた指導につながる危険性を高めているともいえるだろう。

　ただし、わが国ではリーダーには結果だけではなく、人間性や倫理観、道徳性を求める文化が存在する。これは、他国に広げる価値のあるものだといえる。是非とも、知識・技能に加え、態度(人間性)がバランスよく修得できるリー

ダー教育を導入すべきである。

(2) リーダー教育における戦略の課題

　わが国のスポーツ界における戦略の課題は、欧米と比較すると非常に多い。特に、スポーツに関するリーダー養成のビジョンがないことが一番の課題である。ビジョンやゴールがない中で戦略を立てることはできない。ビジョンやゴールがない中で戦略を立てようとすること自体に無理がある。仮に、それらが存在したとしてもカリキュラムが存在しない。カリキュラムが存在しないと評価ができない。評価ができないと改善ができないため、良いプログラムは構築できないという負のスパイラルの渦中にいるのが現状である。さらに、大きな課題は、そのような症状であるにもかかわらず、誰も気づかず放置しているということである。

(3) リーダー教育を通してみた「スポーツ戦略」とは

　これまで、スポーツにおけるリーダー教育という観点から新たな視座について触れてきた。そこには、単純に勝たせるためだけの監督・指導者・主将としてのリーダーだけではなく、組織の理念やスポーツそのものの社会における役割を理解し、体現できるようなリーダーの輩出を念頭に置いた戦略の必要性を唱えてきた。

　スポーツは様々なドラマの塊であり、そのドラマを脚本・監督するのがリーダーの役割でもある。そのため、リーダー教育そのものがストーリー性をもつことで、リーダーはドラマやストーリーの重要性に気づくことができる。

　次世代のリーダー輩出のための教育は、スポーツ戦略を効果的に機能させるために最も重要な戦略であることを私たちは理解する必要があるだろう。そして、本講で示した原理・原則にもとづいて展開することを忘れてはならない。

　よく名将、名監督といわれる方、伝説の監督として歴史に残っている方がおられる。確かに彼らは、素晴らしい業績を残したのであろう。しかし、彼らが本当に素晴らしいリーダーであり指導者であるなら、彼らの名声よりも彼らが育てた後継者たちの名声が上回るはずではないだろうか。彼らを育成したリーダーや指導者たちこそ、素晴らしいと考えるのは間違っているとは思わない。

スポーツ界においても、リーダー教育を戦略的に行い、スポーツそのものが進化し、スポーツ選手やスポーツに関わる人々や社会全体が幸福になるよう祈念してこの講を終える。

(秦 敬治)

○注釈

(1) 愛媛大学リーダーズ・スクール（ELS）をはじめとした, 西日本学生リーダーズ・スクール（UNGL）などで使われている。
（秦敬治, 泉谷道子, 山内一祥, 久保研二, 岸岡洋介．(2010)「学生リーダーシップ養成とスチューデント・アシスタント活用に関する考察 〜学生支援とピア・エデュケーションの視点〜」『学生支援の現状と課題 −学生を支援・活性化する取り組みの充実に向けて−』独立行政法人日本学生支援機構学生生活部, pp.67-75.)

(2) 西日本学生リーダーズ・スクール（UNGL）では、「振り返り」の際に「なぜ…」「どうして…」というような問いかけを行う。このことで「未知の窓」を「開放の窓」に近づける手法をマニュアル化している。
（佐藤浩章, 秦敬治, 鈴木理絵, 山内一祥．(2015)『UNGLのアングルVol.1 〜「振り返り」手法編〜』西日本学生リーダーズ・スクール（UNGL）, 愛媛大学リーズ・スクール（ELS).)

引用・参考文献

* 上田亮三郎（2012）『やらなあかんことは やらなあかんのや！―日本人の魂ここにあり―』アートヴィレッジ.
* Golman, D., Boyatzis, R., Mckee, A. (2002) PRIMAL LEADERSHIP：Realizing thePower of Emotional intelligence．（土屋京子 訳．2002『EQリーダーシップ：成功する人の「こころの知能指数」の活かし方』日本経済新聞社出版社．）
* Peter F. Drucker（1974）Management：Tasks, Responsibilities, Practices（上田惇生. 2008『ドラッカー名著集13 マネジメント［上］−課題、責任、実践』『ドラッカー名著集14 マネジメント［中］−課題、責任、実践』『ドラッカー名著集15 マネジメント［下］−課題、責任、実践』ダイヤモンド社．）
* Stephen R. Covey（1989）The 7 Habits of Highly Effective People（ジェームス スキナー：川西茂 訳．1996『７つの習慣-成功には原則があった！』キングベアー出版．）
* 鈴木理絵, 山内一祥, 佐藤浩章 編．秦敬治（2015）『UNGLのアングル vol.1 〜「振り返り」手法編〜』西日本学生リーダーズ・スクール（UNGL）, 愛媛大学リーズ・スクール．
* 秦敬治（2009）「ティーチング・ポートフォリオ作成プロセスの意義」『日本におけるティーチング・ポートフォリオの可能性と課題 −ワークショップから得られた知見と展望−』独立行政法人大学位授与機構, pp.91-95.
* 秦敬治（2010）「学生支援の新たな試み 〜愛媛大学リーダーズ・スクール（ELS）〜」『大学と学生』日本学生支援機構, pp.44-48.
* 秦敬治（2014）「FDの実践と課題 −愛媛大学の事例に基づいて−」「FDの反省と課題」IDE現代

の高等教育，No.559：pp.36-41.
＊秦敬治，泉谷道子，山内一祥，久保研二，岸岡洋介（2010）「学生リーダーシップ養成とスチューデント・アシスタント活用に関する考察 〜学生支援とピア・エデュケーションの視点〜」『学生支援の現状と課題 －学生を支援・活性化する取り組みの充実に向けて－』独立行政法人日本学生支援機構学生生活部，pp.67-75.

第11講
レジリエンスとの闘い

　急速にグローバル化した現代社会では、個人を取り巻く環境が激変しており、ストレスや多忙で精神的に疲労している人が増えている。そのような環境に適応する能力として、本講ではレジリエンスに注目する。近年、注目され、学校教育をはじめ、スポーツ活動を通してレジリエンス能力を向上することが研究されている。主要なプログラムを詳解し、戦略的にこの能力を身につける必要性と手順を紹介する。

1 思いもかけない災難に遭遇した私たち

　人生においては、思いもかけない災難に遭遇することがある。例えば、戦争や虐待、そして災害などによるものがある。そして、普段の日常に起こりうるネガティブな出来事から、両親の深刻なけんか、家庭の経済状況の悪化、家族の病気や死、そして自身の入院、さらには人間関係によるトラブルまで、誰もが厳しいと思うだろう耐え難い出来事が多様に存在している。

　こうした思いもかけない災難に遭遇する出来事の中に、リスクの高い環境で育ちながらも予想される精神疾患や問題行動を起こすことなく、良好な適応をすることができる子供たちがいるという報告がある。

　このような子供たちの良好な結果から「レジリエンス」という概念が生まれたといわれている。アメリカでは、2001年のテロを契機にレジリエンス研究が盛んになった。日本においても、2011年の東日本大震災以降、メディアなどを通じて「レジリエンス」という言葉に触れるようになったという人も多くなった。例えば、発災直後のアメリカ・タイム誌によると、悲惨な状況下でも秩序と忍耐を失わない被災地の人々に取材を行い、「震災によって、日本人のレジリエンスを浮き彫りにした」と報じている。また、スポーツ界においても、アメリカ・ニューヨークタイムズ紙が、FIFAワールドカップ女子サッカーで

劇的な優勝を成し遂げた"なでしこJAPAN"の活躍した様子を、震災の悲劇から懸命に立ち上がろうとする日本社会の底力の象徴として「レジリエント（resilient）なチーム」と称えたほどである。

したがって、レジリエンスとは、深刻な社会、健康問題の広がりという重大なリスクに晒されているにもかかわらず、正常あるいはきわめて良好な発達結果が認められることをいう (Fraser, Kirby and Smokowski, 2004)。しかし、レジリエンスの捉え方には幅があり、レジリエンスを困難な環境の中でも良好な発達を遂げる個人の能力と捉えるのか、一次的には厳しい環境にうちひしがれても、その後には回復するような力動的な適応プロセスとみなすのかなど、レジリエンスのどの側面に注目するかは研究者によって異なり、統一された見解が得られていないのが現状である。

2 レジリエンスとその研究

(1) レジリエンス研究の起源

研究によると、ある人物が逆境を乗り越えて活躍するという物語は古くからあると考えられる。今日のレジリエンス研究のルーツは、非常に多様な分野の先行研究にまで跡付けることができる (Cicchetti and Garmezy,1993)。それらは、精神疾患（例えば、統合失調症）、貧困、トラウマなど発達やメンタルヘルスの様々なリスクを負いながらも年齢相応の発達を遂げたり、精神保健上の問題をあらわすことなく、良好な社会的適応を遂げた子供・若者の研究である。

レジリエンス研究は、いわばリスク研究の副産物として誕生した (Fraser, Kirby and Smokowski, 2004)。この分野の研究は1970年代に始まったといえるが、初期の研究者としては、ガーメジー（Garmezy）、マフィ（Murphy）、ルター（Rutter）、ワーナー（Werner）が挙げられる (Masten and Gewirtz, 2006 ; Masten and Powell, 2003)。ガーメジーは、今日のレジリエンス研究の創始者とみられる (Rolf,1999 ; Cicchetti,2003)。彼はアメリカの心理学者で、1940年代に統合失調症の研究を行っていた時に、患者によって転帰（outcome）にかなりの幅があることに興味をもったという。統合失調症を発症し転帰不良だった人と症状を起こしながらも社会生活を続けられた人の背景

要因には大きな違いがあった。次いで、統合失調症の母親をもち発症のリスクのある子供と、統合失調症以外の精神的問題を抱えた母親の子供との比較研究（つまり統合失調症の発症リスクに関する研究）を行った。さらに対象を拡大して、貧困など深刻なストレスの下にあるにもかかわらず非常に適応的にみえる子供の研究を行うことにした（Garmezy,1971；Rolf,1999）。そのようなリスクをもちながらも良好な適応という経過をとったのはどのようなことによるものなのかを明らかにしようとしたのが、レジリエンス研究の始まりということになる。

(2) レジリエンスの定義

　レジリエンスという言葉には、まだ日本語の表記も統一されておらず、「リジリエンス」「リジリアンス」「レジリエンス」「レジリアンス」などが使われている。英英和辞典では「弾性、弾力性、跳ね返り、復元力、回復力」などの意味が記されている。しかし、本来は、ラテン語の"resilire"という動詞に由来するもので、それは"to recoil or leap back"（反動で跳ね返る、跳び戻る）という意味だという（Masten and Gewirtz, 2006）。児童精神医学（child psychiatry：子供の精神障害の診断, 治療を行う学問）や発達精神病理学（developmental psychopathology：子供の心の問題の成り立ちを発達的に明らかにしようとする学問）においては、一般に「リスクの存在や逆境にもかかわらず、よい社会適応をすること」という意味で使われる。ルター（Luthar , 2000）らは、もう少し明確に「レジリエンスは、重大な逆境という文脈の中で、良好な適応をもたらすダイナミックな過程をいう」（Luthar, Cicchetti and Becker, 2000）と述べている。

　しかし、ここで注意すべきことは、レジリエンスには「大きな脅威や深刻な逆境に曝されること」と、「良好な適応を達成すること」という2つの条件を満たすことが必要だとされることである。ほぼ同様のことは、他の研究者も指摘している（Masten and Reed, 2002）。また、リジリエンシー（resiliency）という言葉が使われることもあるが、これは一般的なパーソナリティ特性と誤解されやすいので用いないとされる（Luthar and Cicchetti,2000；Masten and Gewirtz,2006）。

(3) 現代社会でのレジリエンスの必要性

現代社会において、急速にグローバル化し、多くの企業では変化対応力が求められ、個人を取り巻く外部環境は過去に類をみないほど激変している。また、現代社会のこころの健康の問題が挙げられ、ストレスや多忙で精神が疲労している人が増えていることから、以下の3つの能力が求められている。

①キャリアの自律力を身に付ける能力

現代社会では、会社や企業などで、どう働くべきか迷っている人が増えている。例えば、グローバル化、サービス経済化、ネットワーク社会化など個人を取り巻く外部環境は大きく変化している。こうした複雑性、不確実性の高い状況の中では、長期のキャリア展望を描くことはきわめて困難になる。

したがって、自分の考えた事柄を進めることができないような困難に出会った場合でも、合理的に物事を捉え、自分の仕事やキャリアを投げ出すことなく、たくましさをもって逆境を乗り越える力「キャリアの自律力を身に付けるレジリエンス」が求められている。

②リーダーシップを養う能力

現代社会では、急速にグローバル化が進んでおり、多くの企業では変化対応力が求められ、海外から日本を訪れて働く人が年々増えてきている。今後も日本社会におけるグローバル化がますます進むことにより、より多様性に柔軟に対応し、国籍を超えて活躍する人材がより一層必要であると考えられる。こうした中で、日本社会では、意味ある変化を創り出す変革的なリーダーのニーズがより高まると考えられる。

したがって、このグローバル化へ対応するための「リーダーシップを養う能力」として、英語力やビジネススキルだけでは充分ではなく、失敗や試練に負けないたくましさ、レジリエンスが必要である。

③ストレスを対処する能力

日本社会では、こころの健康の問題がよく取り上げられるようになった。最近、職場によるストレスや仕事が多忙であり、精神的に疲労が蓄積している人が増えている。その結果、うつ病を発症する人も多く、職場でのうつ病は深刻な状況になっている。特に、うつ病にかかりやすいのは女性や若い世代が多いように思えるが、注意が必要なのは40代から50代である。うつ病の原因として、人は体の変化とともに精神面でダメージを受けやすくなり、将来のキャリ

アに限界を感じてしまうと希望が失望に、やる気が無力感に変わってしまうことが挙げられる。

したがって、日本社会において、人は長く健康で生き生きと働き続けるためにも、「ストレスを対処する能力」を身に付けることが必要である。

3 学校教育でのレジリエンス育成

（1）学校教育におけるレジリエンス育成の機会

学校でのポジティブな体験が、レジリエンスを生み出す1つの要因であると考えられる。例えば、レジリエンスを引き出すポジティブな体験は、学習、スポーツ、音楽などの主体的な活動、そして学校での責任ある仕事への従事、さらには教師との良い関係にあると考えられている。教師が行うレジリエンス育成の実践的な内容は、ごく普通ではあるが、生徒が意欲的に活動する中で、人間関係や主体的な活動を通し、様々な体験をすることでレジリエンスが展開されていく形である。

日本では、学校教育において、児童・生徒の成長、そして人格の形成に対しての援助や支援を行う機会は、生徒指導や教育相談になる。生徒指導としての役割は、生徒の問題行動の対応に終始せざる得ないこともあるが、本来は一人一人の児童生徒の人格を尊重し、個性の伸長を図りながら、行動力や社会的資質を高めるために指導の援助を行っていく活動である。そして、学校教育の中枢的位置にある教育相談は、特定の教員が行うものでも、相談室だけで行われるものでもなく、生徒の発達に促して、好ましい人間関係を育て、生活によく適応させ、自己理解を深めさせ、人格の成長への援助を図るものである。したがって、生徒指導・教育相談は、学校のあらゆる場面で教師が生徒へ行う働きかけであると考えられる。したがって、学校では、レジリエンスを促進させる働きは、主に生徒指導・教育相談活動の中で実践されることになる。

（2）レジリエンス育成教育の事例

学校でのレジリエンスを促進させる働きは、近年欧米でも、大変注目されている。その注目の高まりとともに、レジリエンスを身に付ける必要性が示唆され、1990年第頃から、レジリエンスを育成するプログラムは学校を中心にス

キル重視型、体験重視型、環境整備重視型などが行われるようになった。

　また、日本においても、レジリエンスを育成する実践教育のプログラムを積極的に行っている。例えば、スキル重視型の実践として川井ら（2006）は、自己否定的な認知への反駁からは失敗や挫折、他者からの無視や拒否などのネガティブな事象の経験がネガティブな感情を引き起こす。ひいては、セルフ・エスティームの過度な低下につながることに着目し、小学校において認知療法を取り入れた予防的介入の実践を行った。

　そして、リフレーミングを用いた実践として北浦（2004）は、問題に直面した時に努力をしないで諦めてしまうことや問題そのものから逃げようとする児童が多くみられることに着目し、前向きに行動する児童を育てる必要性を感じ、小学校において1年間の研究実践を行った。この実践では、6人7脚大会に取り組み、お互いの良さを認め合っていこうとする事例である。困難に直面しても周りの者に励まされて回復することが、レジリエンスの視点から捉えることができる。

　また、体験重視型の実践としては、学校行事を中心とした活動を通した実践から群馬県沼田市において「やりぬく心」を学校行事や道徳の時間をとおして育成することを目的とした実践が行われている（沼田市教育研究幼小中合同班, 2012）。この実践では、保護者の方からの励ましや評価を用いて行っている。

　したがって、保護者の方から努力した過程をほめてもらうようにすることで、家庭でも支持的な雰囲気ができると考えられる。さらに、自然体験をとおした実践として、兵庫県では困難を乗り越える体験が野外での「一人泊」に挑戦しようという実践を通して行われている（兵庫県教育委員会, 2009）。

　最後に、環境整備重視型の実践としては、環境を整えることで、困難から回復することが意図されたものが見当たらなかった。そのため、実践を通して学級の雰囲気を温かくしたり、保護者の見守りを意識させたりする実践がこれに当たるのではないかと考えられる。

　このように、日本におけるレジリエンスを育成する実践教育としては、スキル重視型では、認知的スキルを用いたものが確認され、数回の授業によってスキルを身に付けることが行われている。また、体験重視型では、振り返りや自己評価、他者評価の機会が設けられていることや体験させること自体と、体験に関して自ら目標設定や意思決定をする場面が設けられることが共通している。

また、環境整備重視型では、環境整備自体が目的というわけではなく、実践の中で実践を促進するものとして取り入れられている。

4 スポーツにおけるレジリエンス

(1) レジリエンスの体験をもつ選手に共通すること

　スポーツの世界において、スポーツで良い成績を収めるために、一般的に「心・技・体」のトレーニングが必要であるが、ときに精神面の強さは結果を大きく左右すると考えられる。また、選手生命に関わる大怪我や重篤なスランプに陥っても、そこから必死のリハビリやトレーニングに耐え、選手としての輝かしい栄光を再び手にする者が存在する。これまで様々なレジリエンスの体験をもつ選手のいくつかの共通点とは、挫折を経験したことにより、選手としての自信は打ち砕かれて苦しいはずなのに、スポーツから離れられないのはどうしてなのかということである。このことを突き止めていくと「スポーツを辞めたら怒られるから」「試合で良い結果を出して称賛されたいから」といったいわゆる外発的な動機づけではなく、「スポーツが好きだから行っている」ということである。つまり、以前は、試合に勝ちたい気持ちや人に褒められたいからスポーツを行っている側面が強かったことが多かったのだが、自分の気持ちが初心に帰り、純粋にスポーツを楽しみたいから問題解決したいという質的な転換を行ったことが共通していた。したがって、スポーツにおけるレジリエンスを克服するためには、「自分が直面している挫折と冷静に向き合えること」や「自分の気持ちを初心に帰し、スポーツを行えることへの幸せを実感すること」が非常に大切であると考えられる。

　プロテニスプレーヤーの錦織圭選手は「自分自身のキャリアを振り返ってみると、怪我も味わったし、悔しい負けも数多く経験している。スポーツにおいては、良いことだけでなく、辛いことも起こる。良いことが私たちに自信をプレゼントしてくれ、試練は、私たちに飛躍のヒントを授けてくれる。」と述べている。したがって、スポーツを行うことによって「自分の夢を達成したい」という動機だけでなく、「挫折などによる逆境を克服したい」という達成動機も存在している。このような逆境をどのように乗り越えるかによって、私たちの脳は、自分の目標を達成した時よりも、比較にならない強烈な快感が得られるも

のである。

（2）スポーツ活動によるレジリエンス能力の向上

　これらのことから、スポーツ活動とレジリエンスとの関係が密接につながっていること考えられる。リース（Leith, 1998）は、心理面に運動が効果的であると述べ、自己効力感の増強やスキルの習得によって抑うつの低減に関与してくると示している。それ以外の効果として、幸福感をもたらすエンドルフィンという化学物質の濃度を上昇させることができることを示している。また、山本ら（2008）は、スポーツ活動体験によってレジリエンスとの関係から、スポーツ実施群の方が一般の非運動スポーツ実施群に比べ、レジリエンス能力が高いことを報告している。したがって、スポーツ活動とレジリエンスとの関係が密接につながっており、スポーツ活動から得られる運動効力感によって、レジリエンス能力が高まることが考えられる。その他に、レジエンスを高める重要な要素として、生活習慣における規則正しさ、食のバランスなどに代表される生活面における自己管理による生活習慣、喜怒哀楽などの感情のコントロール、気分転換の早さにみられるストレスコントロール、積極思考と行動のバランスなどの自己管理機能の要因がある。

5　レジリエンスによるトレーニング

　過去30年以上にわたる研究で「レジリエンスは習得可能である」ことが分かってきた（久世, 2014a）。その逆境力を鍛えるため方法として、ポジティブ心理学者であるイローナ・ボニウェル博士が開発した、認知行動療法とPTG（トラウマ後の成長）の研究が統合された「レジリエンス・トレーニング」がある。
　ここでは、久世（2014a）が考えるレジリエンスプログラムでの３つのステージと７つの技術について紹介する。

（1）レジリエンスプログラムでの３つのステージ

　まず、レジリエンスプログラムでの３つのステージについて紹介する。

○3つのステージ

1つ目は「ネガティブ感情に対処する」ステージである。ここは、精神的な落ち込みから抜け出し、下降を底打ちさせるステージである（図7-1中の①）。

2つ目は「レジリエンス・マッスルを鍛える」ステージである。ここは、精神的な落ち込みに底打ちした後、上方向に向けて這い上がるステージである（図7-1中の②）。

3つ目は「逆境体験を教訓化する」ステージである。ここは、精神的に痛みを感じるようなつらい体験から意味を学び、成長するステージである（図7-1中の③）。

人は思いもかけない災難や耐え難い出来事に遭遇した際、予想される精神疾患や問題行動を起こすことなく、良好な適応をする過程に、以上のような3つのステージを迎えることになる。

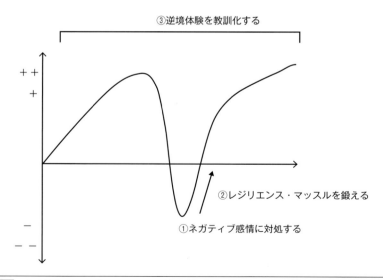

図7-1　レジリエンス3つのステージ　（久世，2014b）

(2) レジリエンス・プログラムでの必要な技術

次に、レジリエンス・プログラムで求められる7つの技術について紹介する。

1つ目の「ネガティブ感情に対処する」ステージでは、底なし沼のように、自分の体がどんどん深みに入ってしまい、抜け出すことができない状態になる。その中で、レジリエンスは何とか脱出するところのポイントになる（久世, 2014b）。このポイントでは、以下で紹介する第1と第2の技術をうまく活用することにより、身のまわりに失敗やトラブルといったピンチが原因として起こる精神的な落ち込みを底打ちすることができるようになると考えられる。

○レジリエンスプログラムの第1の技術

1つ目の「ネガティブ感情に対処する」ステージに必要な第1の技術として、役に立たない「思い込み」をコントロールすることである。「思い込み」とは過去に体験により刷り込まれた信念や価値観である。これは、ストレスやトラブルなどの体験から生まれる刺激がきっかけとなり、「思い込み」から感情や行動につながる。「思い込み」を動物の犬に喩えると、次の7つに分類することができる。

〈「思い込み」の7タイプ〉

①正義犬：何が正しいかを気にするタイプ。例えば「あんなことをすべきではなかった」「それはアンフェアだ」「○○すべきである」などの感情である。その結果、「憤慨」「嫉妬」などの攻撃系感情を生み出すことになる。

②批判犬：他の人を非難しがちなタイプ。例えば「それはすべて彼らの責任だ」「バカなことをする」などの感情である。その結果、「怒り」や「不満」の感情を生み出すことになる。

③負け犬：自分と他人を比較して、自分の足らないところを気にしがちなタイプ。例えば「他の人は自分よりできる」「自分はだめな人間だ」などの感情である。その結果、「悲しみ」「憂鬱感」などの感情を生み出すことになる。

④謝り犬：何か悪いことが起こると、自分を責めてしまうタイプ。例えば「これでは社会人失格だ」「人に迷惑をかけたのは、自分のせいだ」な

どの感情である。その結果、「罪悪感」「羞恥心」などの感情を生み出すことになる。
⑤心配犬：将来のことを考えすぎて、今後もうまくいかないのではと心配するタイプ。例えば「将来、うまくいくのだろうか」「何も達成できない」などである。その結果、「不安」「恐れ」などの感情を生み出すことである。
⑥あきらめ犬：自分で状況をコントロールできると信じないタイプ。例えば「何をしてもうまくいかない」「自分の手には負えない」などの感情である。その結果、「不安」「無力感」「憂鬱感」の感情を生み出すことになる。
⑦無関心犬：物事に無関心な態度を示すタイプ。例えば「まあ何とかなるだろう」「どちらでもいい」などである。その結果、「疲労感」などの感情を生み出すことである。

　以上のような自分の「思い込み」のタイプを自覚し、内容が非現実的で何の理由もないものは追放し、内容が理にかなっていて証拠もあるものは受容する。また、100％間違っていなく、理にかなっている３つの選択肢から対処法を選ぶことが、ネガティブ感情にコントロールされないためにも重要である。

○レジリエンス・プログラムの第２の技術
　第２の技術は、ネガティブ感情の悪循環から脱出することである。これは、不安や怒り、怖れ、憂鬱感などのネガティブな感情は、失敗体験や逆境に直面した時に生まれるものである。このネガティブ感情は、繰り返され、悪循環となることで問題となってくる。そのためには「気晴らし」をすることが非常に有効的な処方であると考えられる。この「気晴らし」とは、そのネガティブ連鎖を断ち切るために、ネガティブな気持ちを「別のことに注意を"そらす"」ことにある。
　つまり、ネガティブな感情や思考から、自分の意識を別の対象にシフトすることである。科学的根拠のある「気晴らし」には、主に４つがある。
〈「気晴らし」の４タイプ〉
①運動系：友達と一緒にスポーツジムに行って、エクササイズやダンスをした

り、ジョギングや様々なスポーツを行うこと。
②音楽系：気に入った音楽を聴いたり、ギターやピアノを演奏したりすること。
③呼吸系：静かにヨガや瞑想、散歩など呼吸を落ち着かせる活動のこと。
④筆記系：手紙や日記などを手を使って書くことにより、自分の感情を表出化
　　　　　すること。

＊

　次に、2つ目の「レジリエンス・マッスルを鍛える」ステージに移る。
　「逆境を糧に」とはよくいわれているが、2つ目のステージは、この過程を意味している（久世，2014b）。一度大きな失敗を招き精神的に落ち込むと、そこから元の状態に戻るのは容易なことではない。この過程の中で何とか這い上がるためには、困難に立ち向かう"筋力"が必要である。これは、逆境を乗り越えて再起するために重要な心理的筋肉と考えられ、「レジリエンス・マッスル」と呼ばれている。
　2つ目のポイントに必要な技術として、第3から第6の技術を習得することが大切である。

○レジリエンス・プログラムの第3の技術
　第3の技術は、自分の「強み」を活かすことである。自分ならではの「強み」を把握し、それを新しい仕事などに活かすことで、高い充実感が得られることである。また、それらの「強み」は、逆境を乗り越えるためのレジリエンス・マッスルとなる。
　自分の「強み」を見出す方法としては「強みのコーチング」がある。これは、信頼できる知人や友人にコーチングしてもらうことである。例えば「最も大きな達成・成功は何か」「自分に対して、最も好きな点は何か」「何をしている時、最も楽しく感じるか」「自分がベストの時はどんな時か」などである。
　このような質問によって自分の「強み」を可視化することで、素晴らしい資質があることに実感することができると考えられる。
　また、強みを自己認識するためのツールとしては以下の3つが挙げられる。
〈強みを自己認識するための3つのツール〉
①VIA－IS：人類がもつ普遍的な美徳は、①知恵、②勇気、③人間性、④正義、
　　　　　　⑤節制、⑥超越性の6つである。これは、これらからより具体

的な24種類の「強み」という徳性を見出した自己診断ツールである。
②ストレングス・ファインダー：主に、ビジネスシーンで活躍する卓越性をもった人々に調査することで見出された34のテーマで構成された診断ツールである。177の質問項目に応えることで、本人がもつ才能テーマが順序別に分析され、レポート形式で表示される。
③Realize 2：自分の強みだけでなく、弱みも多角的に分析できる自己診断ツールである。

次に、自分の「弱み」にどのように対処していくべきなのか。その弱みへの対処方法は、以下の3つのことが挙げられる。
①必要最低限の時間を費やして、その弱みをなくす訓練をする。
例えば、自分の達成不可欠な場合、最小限の努力で何をすべきか自問自答することである。
②「アウトソーシング」をする。
例えば、自分の不得手とすることを自分の代わりに代行してもらうことである。
③弱みを補うパートナーと手を組む。
例えば、自分と弱みが異なるパートナーと手を組んで行うことである。

○レジリエンスプログラムの第4の技術
第4の技術は、「やればできる」という自信を科学的に身に付けることである。
ある目標や行動に対して「自分ならやればできる」という「自己効力感」は、失敗や困難から立ち直ろうとするときに用いられ、以下の4つのことにより身に付けることができると考えられる。
〈自己効力感を身に付けるための3つのこと〉
①実体験：実際に行い成功体験をもつこと、いわゆる直接的達成体験である。これは、最も効果が高いとされている。
②お手本：うまくいっている他の人の行動を観察すること、いわゆる代理体験である。直接体験よりも、効果は低いとされている。

③励まし：他者からの説得的な暗示を受けること、いわゆる言語的説得である。この効果は、一時的だとされている。
④ムード：高揚感を体験すること、いわゆる生理的・情動的喚起である。ただし、酒や薬物による高揚は無効とされている。

　「自己効力感」を高める具体的な行動例としては、小さな目標を一つ一つクリアしていくことで達成感を積み上げていくことや憧れの人など成功者になったつもりで行動する（その人を演じる）ことなどが考えられる。また、家族や先生、友人などにほめてもらうことや自分自身をほめるなどによって「自分なら絶対にできる」と自己暗示をかけるなども有効だと考えられている。

〇レジリエンスプログラムの第5の技術
　第5の技術は、「感謝」のポジティブ感情を高めることである。これは、人に援助してもらった時、より良い状況に置かれた感謝の感情は、幸せな感情が高まるだけでなく、ストレスを抑え不安の徴候や抑うつが下がるため、逆境を体験した苦しい時期の立ち直りの方法として有効であると考えられる。
　これらの有効な方法として、感謝の念を高めることがあるが、以下の3種類の手法が挙げられる。
〈感謝の念を高めるための3つの手法〉
①感謝日記を書く：1日の終わりに感謝したことを思い出し、日記として書くことである。なぜこのよい出来事が起きたのかについてじっくり考え、感謝の気持ちをもつことである。そして、ありがたい気持ちを胸の内に感じて日記を終えることである。これは、日記を書くことでポジティブな感情を豊かにする活動である。
②感謝の手紙を書く：自分が過去にお世話になった、助けられた人で感謝を伝えられなかった人を選び、その人に向けて感謝の気持ちを表す手紙を書くことである。また、管理職などが、部下に対して声をかけてあげることによって、部下の心の支えになると考えられる。この行為によって、書き手にとっても感謝の気持ちを豊かにし、「レジリエンス・マッ

スル」を鍛えることができる。
③うまくいったことを回想する：その日のうまくいったことを３つ回想することである。そしてありがたい、運が良かったと感じる内容を箇条書きで記述する。なぜうまくいったかについても理由を考えることが大切である。このようにうまくいったことを振り返ることで仕事においても、効果がある。

○レジリエンスプログラムの第６の技術
　第６の技術は、こころの支えとなる「サポーター」を作ることである。これは、友人、家族、恩師、同僚などの人たちは、困難な体験をして精神的に落ち込んでいる時に、自分の折れそうな心を支え、いち早く立ち上がるために必要な叱咤激励をしてくれる存在である。有事の逆境が起きる前の平時に、自分にとって大切な５人を選び、「いざというときのサポーター」としてリストアップをしておくことが薦められる。なぜなら、人は、ひとりでいる時より他人といる時の方が30倍笑うことができるといわれているからである。また、人に話を聴いてもらうと、自己のエゴへの認識が下がり（自己中心的にならない）、人と共有するものができた喜びが生まれ、精神的な弾力性も生まれるからである。

＊

　最後の、３つ目の「逆境体験を教訓化する」ステージに移る（久世,2014b）。

○レジリエンスプログラムの第７の技術
　第７の技術は、痛い体験から意味を学ぶことである。これは、事実を歪んで認識することではなく、できるだけ正確に把握し、合理的にしなやかに解釈する柔軟な考えが必要だと考えられる。自分が体験した出来事をどのように自分に物語るかが経験の解釈に影響するため、その逆境を物語るレジリエンスの物語を語る場を設け、主観的な意味づけを理解することが重要である。
　逆境体験には自分を成長させ、次の困難を乗り越えるための価値ある意味や知恵が隠されている。そのためには、次の３つがある。
〈逆境体験から意味を見出すための３つの方法〉
①這い上がりに着目する：自分がいかにしてゼロの状態から、這い上がってきたのかに着目することである。例えば、ピンチの状

　　　　　　　　　態から自分の「強み」をいかに活用したか、どのような サポーターに助けられたか、誰に感謝の気持ちをもったのかなどを振り返ることによって、次の困難な挑戦に対して、耐えうる力を養うことが可能になる。
②再起した立場で物語る：自分が被害者という見方ではなく、再起した者の立場で物語を形成することである。例えば、自分は失敗した人間であるという悲観的な見方ではなく、困難に立ち向かって、再起した人間である立場としてレジリエンスの物語を語ることである。
③落ち込みから抜け出したきっかけを回想する：精神的な落ち込みから抜け出したきっかけは何かを回想することである。例えば、前述した物語の中には必ずピンチに直面して精神的に落ち込んだ軌跡があるはずであるが、その下降のベクトルからいかに抜け出すことができたかを振り返ることが大切である。

　この逆境の物語を俯瞰して意味を探求することによって、テデスキ（Richard G Tedeschi, 1998）は，非常に挑戦的な人生の危機でもがき奮闘した結果起こるポジティブな変化の体験と定義しており、体験した人にみられる自己の内面の成長の変化が現れる。例えば、生への感謝が増し、自己の強さを認識することができる。その結果、新しい価値観が生まれ、存在と霊的意識の高まりがある。また、深い人間関係を形成することができると考えられている。

6 レジリエンスにみる戦略とは

　現代社会やスポーツの世界においても、思いもかけない災難に出くわすことがある。その時に必要なレジリエンスにみる戦略の特徴として、次の3つが考えられる。
①回復力：逆境や困難に直面しても、心が折れて立ち直れなくなるのではなく、すぐに元の状態に戻ることができることである。

②緩衝力：ストレスや予想外のショックなどの外的な圧力に対しても耐性があり、いわゆる、打たれ強さである。
③適応力：予期せぬ変化や危機に動揺して抵抗するのではなく、新たな現実を受け入れて合理的に対応する力である。

また、レジリエンスに対応するためには、次の３つの習慣を持つことが大切である。
　①ネガティブ連鎖をその日のうちに断ち切る習慣。
　②ストレス体験のたびにレジリエンス・マッスルを鍛える習慣。
　③ときおり立ち止まって、振り返りの時間を持つ習慣。

　以上のことは、決して難しいことではなく、誰にでもできることである。
　これらの戦略的な内容を計画的な習慣として律していくことが、仕事やスポーツにおいて成果を継続的に発揮する要因になると考えられる。

（松山博明）

■ 引用・参考文献

* Cicchetti, Dante ; Garmezy, Norman (1993) Prospects and promises in the study of resilience.Development and Psychopathology,p.5,pp.497-502.
* Fraser, Mark W.; Kirby, Laura D., & Smokowski, Paul R. (2004) Risk and resilience in childhood. In Fraser, Mark W. (Ed.) Risk and Resilience. 2nd ed. NASW Press. pp.13-66.
* Garmezy, Norman (1971) Vulnerability research and the issue of primary prevention. American Journal of Orthopsychiatry, 41 (1) : 101-116.
* 兵庫県教育委員会（2009）『自然学校実践事例集　自然等との感動的な出会い，集団での学びと連帯感，社会的自立へのステップアップ』pp.15-17.
* 川井栄治,吉田寿夫,宮元博章（2006）「セルフ・エスティームの低下を防ぐための授業の効果に関する研究,ネガティブな事象に対する自己否定的な認知への反駁の促進」『教育心理学研究』56 (1): 112-123.
* 北浦賢（2004）「前向きに行動できる児童を育てる指導．心をひとつに６人７脚」『平成16年度名古屋市教育研究員第１次実践研究計画書』
* 久世浩司（2014a）『なぜ、一流の人はハードワークでも心が疲れないのか』SBクリエイティブ,pp.18-45.
* 久世浩司（2014b）『世界のエリートがIQ・学歴よりも重視「レジリエンス」の鍛え方』実業之日本社,pp.27-29,166-202.
* Leith, L.M. (1998) Exercising your way to better mental health. Fitness Information Technology.

* Luthar, Suniya S.; Cicchetti, Dante (2000) The construct of resilience : Implications for interventions and social policies. Development and Psychopathology, 12 : 857-885.
* Mark W. Fraser, (Ed.) (2004) Risk and resilience in childhood. National
* マーク・W. フレイザー：門永朋子，岩間伸之，山縣文治 訳．(2009)「子どものリスクとレジリエンス 子どもの力を活かす援助」ミネルヴァ書房．
* Masten, Ann; Gewirtz, Abigail H. (2006) Vulnerability and resilience in early child development. In McCartney, Kathleen & Phillips, Deborah (Eds.) Blackwell Handbook of Early Childhood Development.Blackwell.pp.22-43.
* Masten, Ann; Powell, Jenifer L. (2003) A resilience framework for research, policy, and practice.In Luthar, Suniya S. (Ed.) Resilience and Vulnerability.Cambridge University Press.pp.1-25.
* Masten, Ann S.; Reed,Marie-Gabrielle, J. (2002) Resilience and development. in Snyder, C. R. and Lopez, Shane J. (Eds.) (2005) Handbook of Positive Psychology. Oxford University Press.pp.74-88.
* Murphy, Lois B.; Moriarty, A.F. (1976) Vulnerability, Coping, and Growth. Yale University Press.
* 沼田市教育研究所幼小中合同班（2012）「自分がやるべきことを最後まであきらめずにやりぬく心の育成」『沼田市教育研究所研究紀要第51』
* Peters, R. D., Leadbeater, B. & McMahon, R. J. (2005) Resilience in Children, Families, and Communities. KluwerAcademic/Plenum Publishers, pp.3-11.
* Richard G Tedeschi, Crystal L. Park, and Lawrence G. Calhoun (1998) Posttraumatic growth : Positive Changes in the Aftermath of Crisis. Psychology Press.
* Rolf, Jon E. (1999) Resilience : An interview with Norman Garmezy.in Glantz, Meyer D. & Johnson, JeannetteL. (Ed.) Resilience and Development Kluwer Academic/Plenum Publishers, pp.5-14.
* 山本勝沼，今村律子，山崎多峡（2008）「大学生の運動・スポーツとレジリエンスに関する研究」『九州体育・スポーツ学会第57回大会集』p.63.

第 **4** 章

スポーツ戦略の諸相

第 **12** 講

陸上競技という複合種目の戦略

　2016年に開催されたオリンピック・リオデジャネイロ大会（以下「都市名・オリンピック」とする）では、陸上男子4×100mリレーにおいて日本代表が初の銀メダルを獲得し、日本中を熱狂させた。一般的には、相手よりも"速く、高く、遠く"へというきわめてシンプルな競技形態が陸上競技と認識されているが、種目においてはもちろん、身体運動（アクティビティ）としてバイオメカニクス、モルフォロギー（マイネル，1981）の両観点からも、大きく異なる複合競技である。

　本講では、このような特性をもつ陸上競技において、中学校[1]、高校、大学とすべての年代別カテゴリーにて総合優勝の経験をもち、女子4×100mリレーでは2016年の第100回日本陸上競技選手権大会にて優勝し、名実ともにわが国の陸上競技を制覇した、日本陸上競技連盟強化委員、前女子統括部長、現日本代表女子リレーナショナル強化コーチである瀧谷賢司（本講共著者）の陸上競技の「戦略」をもとに、女子、特に短距離種目からの視点を中心に論を進める。

1　陸上競技の国際的競技力の系譜と現状

　2016年のリオデジャネイロ・オリンピックにおける、わが国の国際的競技力を分析すると、トラック＆フィールド種目とマラソンにおいては、世界と戦えるレベルにある男子と、アジアレベルの女子とで競技力が二分化されていた。

　女子においては、2015年の北京世界陸上競技選手権大会（以下「都市名付記世界大会」とする）の出場は、福島千里選手（北海道ハイテクAC）の100m・200m、海老原有希選手（スズキ浜松AC）のやり投げ、4×400mリレーの青山聖佳選手（大阪成蹊大）、市川華菜選手（ミズノ）、千葉麻美選手（東邦銀行）、青木沙弥佳選手（東邦銀行）の4種目6名の出場だけであった。そのため、男子の「戦略」は効果が測れるが、女子の「戦略」は効果が顕在化していない。

　これまでの女子の系譜をたどると、マラソンや長距離種目で活躍するものの、

トラック&フィールド種目では1964年の東京オリンピック以降の入賞者は、1964年の東京オリンピックの依田郁子選手（80mHで5位）、1992年のバルセロナ・オリンピックの佐藤恵選手（走高跳で7位）の2人だけである。世界陸上に関しては、1987年の第2回以降の入賞者は誰もいない状況である。

表12-1は1924年のパリ・オリンピックから2016年のリオデジャネイロ大会までの、種目別入賞者数とメダル獲得者数（入賞者に含む）、表12-2は、

表12-1 夏季オリンピック 陸上競技種目別入賞者数（1924パリ～2016リオデジャネイロ）

種目	男子			女子		
	入賞者数（メダル含）	リレー種目	メダル	入賞者数（メダル含）	リレー種目	メダル
短距離（～400m, リレー除く）	2	10	2	1	1	0
フィールド	31		12	6		0
中距離（800m, 1500m）	0		0	1		1
長距離（3000m以上, 競歩含）	9		1	3		0
マラソン	18		5	8		4
男女別総数	60	10	20	19	1	5
総数	入賞者 90			メダル獲得者 25		

（出典　公益財団法人日本陸上競技連盟公式Webサイトより上田、瀧谷が作成）

表12-2 世界陸上競技選手権大会 種目別入賞者数（1983ヘルシンキ～2015北京）

種目	男子			女子		
	入賞者数（メダル含）	リレー種目	メダル	入賞者数（メダル含）	リレー種目	メダル
短距離（～400m, リレー除く）	5	8	3	0	0	0
フィールド	9		4	0		0
中距離（800m, 1500m）	0		0	0		0
長距離（3000m以上, 競歩含）	9		1	8		1
マラソン	17		3	23		11
男女別総数	40	8	11	31	0	12
総数	入賞者 79			メダル獲得者 18		

（出典　公益財団法人日本陸上競技連盟公式Webサイトより上田、瀧谷作成）

1983年のヘルシンキ世界陸上（第1回）から2015年の北京世界陸上までの種目別入賞者数とメダル獲得者数（入賞者に含む）である。男女ともにマラソンの入賞者が多いことがわかる。

2 陸上競技における「戦略」

(1) 陸上競技の特性

　陸上競技には多数の種目が存在し、種目ごとに技術、トレーニング方法等が様々であり、さらに個人種目、チーム種目（リレー）がある。また、走、跳、投の身体運動により、他競技者との競争や記録による競争種目が存在する。

　陸上競技の特性として、体操やフィギュアスケートなどにみられる採点型競技とは異なり、フットボールやラグビーなどの対戦型競技でみられる相対的要素もきわめて少ない。個々の能力を向上させる、すなわち個体の能力への依存度が高い。特にトラック＆フィールド種目はこの依存度が高く、中距離、長距離、マラソンという順番で依存度が低くなる。

　そのため、中・長距離、マラソン種目は、「駆け引き」という言葉を用いた「戦術」の概念が発生する。これらの種目では、同一チームから複数の競技者が出場すると、個からチームへと「プレー主体」が転換する。しかし、最終的に「プレー主体」は「個」へと再転換する。

　例として、マラソンの同チーム（国）の競技者が、入れ替わり、立ち替わり、先頭集団を引率したり、後続の競技者たちをブロックしてペースを乱したり、チームとして他のチームの個の能力を発揮させない「戦術」を用いて、レースの主導権を握ることがある。レースの終盤、同チームの競技者たちが抜け出して勝利を争う場合や、レースの主導権を喪失した場合、最終的には個の「戦闘」となる。ここに、「チーム」から「個」への「プレー主体」の再転換が確認される。

　唯一、トラック＆フィールド種目の中で対戦型競技の要素が多く、「プレー主体」がチームである種目がリレーである。予選、準決勝、決勝のメンバーとオーダー（順番）の決定、そして、「バトンの受け渡し」が勝敗を分ける。他種目が個体の能力への依存度が高く、「戦闘と「戦術」が同時に行われているのに比べて、直線、曲線などの異なる条件を踏まえたオーダー決定や、バトン

の受け渡しの「戦術」が関与する点で、「戦略」が必要不可欠なのがリレーである。このように陸上競技は種目によってまったく異なる特性をもつのである。

(2) 日本陸上競技連盟の「戦略」

　日本陸上競技連盟は、2015年に2020東京オリンピックに向けた国際的競技力向上を目的として、女子に特化した強化部（女子強化部）を設置した。同連盟の「戦略の目的」はいうまでもなく、「オリンピックで継続的なメダリストを輩出する」ことである。しかし、この「戦略の目的」は抽象的なビジョン（Vision）であり、一朝一夕に為し得るものではない。

　そのため、2016年のリオデジャネイロ・オリンピックから2020年の東京オリンピックまでの、現実的な「目標」を策定した。短期、中期、長期のターゲットを設定し、アジア大会の入賞者を増やして国際的競技力を高め、確実にステップ・アップをしながら、2020年の東京オリンピックにファイナリストを輩出するというものである。

目標①　リオ五輪で戦う（標準記録突破者の即戦力での活躍）
　{短期ターゲット}　2016年リオ五輪（標準記録突破選手の育成）
　　　　　　　　　　４×100mリレー　４×400mリレーの出場権獲得

目標②　東京五輪でファイナリストを出す（6年計画で育成）
　{中期ターゲット}　2017年ロンドン世界選手権
　　　　　　　　　　2018年ジャカルタ・アジア大会（東京につながる結果）
　　　　　　　　　　2019年ドーハ世界選手権
　{長期ターゲット}　2020年東京五輪（ファイナリストを出す）

　また、国際舞台の経験が豊富な競技者と、潜在的競技能力（ポテンシャル）の高い若手競技者とを融合して強化対象者に指名し、少数精鋭のチームを編成した。将来確実に国際大会で活躍できるように、個々の課題や適性に応じたテーラーメイド（個別対応）型強化を行うこととした。

　陸上競技の特性として、個体の能力への依存度が高いことを前述した。すなわち、個人強化というスタイルがトレーニングの中心となる。そのため、競技者と所属先専任コーチ（専任コーチ）との関わる時間やトレーニングは、定量

的にも定性的にも多様である。このような環境条件を基盤とした日本代表強化担当コーチ（代表コーチ）の職責は、非常に繊細であり、競技者とその個々の専任コーチの主張に配慮しながらも、日本代表チーム（日本代表）の指導方針を明確にし、個々の活動をサポートすることである。そのため代表コーチは以下の業務を担うこととなる。

1. 個人の能力の開発
2. テーラーメイド型強化（一元的ではない個別対応型強化策）
3. 若手競技者の発掘と育成
4. 大会や合宿の設定
5. 専任コーチとの連携
6. 強化関係組織との連携

3 個人種目における「戦略」

個体の能力が競技力の差に大きな影響を及ぼす陸上競技では、個体、すなわち個の能力を限りなく開発することがトレーニングの目的である。しかしながら、競技統括団体（日本代表など）、指導者（コーチ）と競技者個人の目的との微妙な差異の発生により、「競技の主体は誰なのか」という始原的な問題を、「戦略」に加味する必要性が生まれる。

(1) 個人種目の「戦略の目的」

個人種目の「戦略の目的」は、日本代表であればオリンピックでのメダルの獲得であり、最低限としての入賞である。現代のスポーツを取り巻く社会環境は、資本主義に色濃く影響を受け、経済指標が効果の測定指標へと転換している。とりわけ、オリンピックにおけるメダル獲得数による評価と、それに呼応した強化費用の配分は、競技者不在の状況を生み出す。そのため、代表コーチもこの競技統括団体の影響を受け、競技者の「目的」との大きなギャップ（差異）を発生させてしまうこととなる。同様に、競技者の専任コーチと代表コーチとのギャップも生起させてしまう。

瀧谷は、「個人種目の『戦略の目的』は、メダルや入賞ではなく、競技者が

自らの身体を扱えるようになること。自らの身体を扱えるようになると、スポーツ（競技）に取り組む楽しさが生まれる。その結果として記録が生まれる。」と論じる。さらに、「自分の動きを探る、探り当てることで、自らの動きを効率良くスピードやパワーへと変換できる。つまり、自分の身体を操ることができるようになる。これが最大の目的である。」と、個人種目の「戦略の目的」を、表象的なメダルや記録ではなく、競技者「自らの動き」へと転換させた。

福島千里選手は2015年の北京世界選手権の予選7組で3着ではあったが、自身のもつ日本記録11秒21に、わずか0.02秒に迫った11秒23の記録を出し、国外にて日本人最高記録を出して準決勝に進出した。予選後に代表コーチの瀧谷との会話の中で、彼女自身が「自分の身体を操る」という意味を含んだ「良い走りができた」という表現を多用したという。「自らの身体を操る」ことが、結果として記録になったことを実証した例である。

(2) 個人種目の「戦略と計画」

個人種目の「戦略」における「計画」には、2つの視点が考えられる。一つ目は「どのようなトレーニングを行うか」。二つ目は「そのトレーニングをいつ行うか」ということである。しかしながら、この2つの視点から構築される「計画」は演繹的な手法であり、わが国の女子の短距離競技者に適しているかどうかは不確定性が高い。そこで、まず「どのようなトレーニングを行うか」ということを、参与観察から論考する。

わが国の陸上競技界のみならず世界的な傾向として、短距離種目では、オリンピック出場者やメダリストに、ある特徴をもつ競技者が少なくない。それは、育成年代に混成競技経験者であったということである。わが国の例では400mHで活躍した為末大選手が挙げられる。また、2016年のリオデジャネイロ・オリンピックの女子200m銀メダリスト、オランダのダフネ・スキッパーズ選手（Dafne Schippers）の名は記憶に新しい。これは、オリンピックに向けた「戦略」として混成競技に注視するということではない。混成競技における多様なトレーニングが、単一種目での優位性を生むということである。いわゆるクロストレーニングである。現代においては、専門種目に応じたトレーニングプラン（計画）が構築されるという認識が一般化している。

しかし、今一度「戦略の目的」に照射すると、「自分の身体を操る」「探り出

す」ことを可能にするには、多様なトレーニングによる「戦略」との同調である。種目に特化したトレーニングプランは、結果的に「自分の身体を操る」「探り出す」こととは乖離するからである。専門化、もしくは特化したトレーニングプランは効率化が目的となり、単純な「運動の反復」へと変容する。これは、陸上競技に限ったことではなく、他のスポーツ種目においても同様であり、専門化、特化することによって「戦略の目的」から逸脱する。

次に、「そのトレーニングをいつ行うか」というトレーニングプランの構築である。一般的にはトレーニング単元といわれる長期的な視野にて、「基礎・専門・最大競技トレーニング」や、中期的な周期の概念を用いた「準備期（プレシーズン）・試合期（インシーズン）・移行期（ポストシーズン）」(Kern, 1989) にて組み立てられる。

陸上競技、特に短距離種目においては、このようなモデル化されたプランでは収まらないのが現実である。当然ながら、基本的な準備期やゲーム期のトレーニングの根幹は存在する。しかし、個人競技では個体差が顕著である。この個体差とは、身体的能力のことだけを指すのではない。心理的、社会的、文化的背景を包括した意味での個体差という理解が正しい。瀧谷のいう「テーラーメイド」とは、この個体差に応じた対応のことである。すなわち、個人種目のトレーニングプランは、競技者の日々の状態の観察をもとに構築する必要性を示唆する。

これは「戦略」としての「曖昧さ」を表すのではなく、この「曖昧さ」をも含めたトレーニングプランこそが「戦略」ということである。同様に、「戦略の目的」から逸脱せずに、即時にプランを変化させ得るコーチの必要性を指摘するものでもある。これは、ボイド（Boyd, 1995）が、OODAループ意志決定理論で提唱したように、指導者（コーチ）教育も「戦略の概念フレーム」に含まれることを示唆するものである。

4 チーム種目における「戦略」

前述のように、マラソンや長距離種目において代表チームや所属チームでの「戦術」はみられるが、最終的には個人を基盤とした「戦闘」に変わる。その中で、短距離のリレー種目（リレー）だけは、勝利がその価値を規定し、記録

表12-3 男子4×100m　オリンピックおよび世界陸上における系譜（1992～2016年）

	オリンピック		世界陸上	順位	1走	2走	3走	4走
1992	バルセロナ（スペイン）			6	青戸	鈴木	井上	杉本
		1995	イエテボリ（スウェーデン）	5	鈴木	伊東	井上	伊藤
1996	アトランタ（アメリカ）			予選敗退	土江	伊東	井上	朝原
		1997	アテネ（ギリシャ）	準決勝敗退	井上	伊東	土江	朝原
		1999	セビリア（スペイン）	出場なし				
2000	シドニー（オーストラリア）			6	小島	伊東	末續	朝原
		2001	エドモントン（カナダ）	4	松田	末續	藤本	朝原
		2003	パリ（フランス）	6	土江	宮崎	松田	朝原
2004	アテネ（ギリシャ）			4	土江	末續	高平	朝原
		2005	ヘルシンキ（フィンランド）	8	末續	高平	吉野	朝原
		2007	大阪（日本）	5	塚原	末續	高平	朝原
2008	北京（中国）			3	塚原	末續	高平	朝原
		2009	ベルリン（ドイツ）	4	江里口	塚原	高平	藤光
		2011	テグ（韓国）	予選敗退	小林	江里口	高平	齋藤
2012	ロンドン（イギリス）			4	飯塚	江里口	高平	山縣
		2013	モスクワ（ロシア）	6	桐生	藤光	高瀬	飯塚
		2015	北京（中国）	予選敗退	大瀬戸	藤光	長田	谷口
2016	リオデジャネイロ（ブラジル）			2	山縣	飯塚	桐生	ケンブリッジ

（出典　公益財団法人日本陸上競技連盟公式Webサイトより上田、瀧谷作成）

は付加価値となるため、チームとしての「戦闘」であり、チームとしての「戦術」が存在する。

　わが国のリレーは、**表12-3**の男子4×100mの系譜をみると、1992年のバルセロナ・オリンピックから2016年のリオデジャネイロ・オリンピックまでに、6回の決勝進出により2つのメダル（銀・銅）、2年に1回の世界陸上を挟み、継続的なリレーメンバーの起用という明確な「戦略」がうかがえる。

（1）男子のチーム種目における「戦略の重心」

　男子のリレーにおける着目点は「バトンの受け渡し」である。アメリカやジャマイカを含めた他の強豪国は、リレーの概念として個人種目の集合体という捉え方をしている。そのため、決勝での疲労や怪我を考慮して、予選、準決勝のメンバー配置は記録を優先する場合が多い。そして、「バトンの受け渡し」という「戦術」を軽視する傾向が強い。勝利のためには「速い者を良い状態で集め・並べる」という発想である。この概念自体の是非を問うものではない。し

かし、リレーはチームの総合力を問うものである。すなわち、各競技者の相互関係によって勝敗が決まる種目という観点では、以下に整理される。

> （「1人のスピード」×4）+（「バトンの受け渡し」×3）= 総合力

「つなぎ目」が勝敗に大きく関与する。この総合力の概念によって、日本代表は、これまでの結果を出してきた。換言すると、「各競技者の最大限のスピードのまま、バトンを繋いでゴールする」ということである。他の強豪国でみられる現象として、バトンの「受け渡しミス」や受け渡し時の「減速・停滞」、バトンを受けた後の競技者の「加速力不足」がみられる。その顕著な例はアメリカである。2008年の北京オリンピックではバトンの落下、2016年のリオデジャネイロ・オリンピックではテークオーバーゾーン外での「バトンの受け渡し」によって失格となっている。日本代表の男子リレーは「バトンの受け渡し」という、「戦闘」の技術を強化する「戦術」を「戦略の重心」に据えた結果、現在までの輝かしい成果を生み出したのである。

(2) 女子のチーム種目における「戦略の重心」

女子に視点を移すと、瀧谷はリレーの「戦略の概念」を大きく転換させた。2015年の北京世界陸上では、4×400mにて予選2組7着ではあったものの、女子リレーチームは8年振りに日本記録を更新した。その際のメンバーに100m、200mを専門とする市川華菜選手（ミズノ）を起用した。同様に、世界大会クラスではないが、わが国の最高峰を決定する2016年の日本陸上競技選手権大会の4×100mでは、400mを専門とする青山聖佳選手を起用して、大学チームながら大阪成蹊大学に日本一をもたらした。

個体の優位性が勝敗を左右する陸上競技において、リレーは特殊な種目である。同じ短距離のカテゴリーにおいても、100mと200mではカーブ走を含めて技術的に大きな差異が発生する。400mの域に入ると、無酸素運動と有酸素運動（間歇的運動も含む）による生理学的な差異が発生し、精緻に分析するならば、別の運動と捉えることが可能である。しかしながら、瀧谷は、クロストレーニングを基盤とした多様な運動を含んだトレーニングプランを、個体差に合わせて構築するため、「専門性」という既成概念は、彼にとっての既成では

なかった。これらの総合的な観点。すなわち、女子リレーの「戦略の重心」は、「自分の身体を操る」ことができる競技者へと焦点を当てたことであった。

(3) チーム種目における「戦略の概念」のパラダイムシフト

男子と女子では、世界基準に照らしたポジション（立ち位置）が異なる。男子のリレーが強豪国とは異なる「戦略の重心」に焦点を当て、20年にわたる「順次戦略（系譜）」であったのと比べて、女子の「戦略」には、男子のポジションに至る前までの「戦略」がみられる。「専門性」という既成概念を外し、「個体」そのものに「戦略の重心」を据え、「戦略の概念」のパラダイムシフトを図った。このパラダイムシフト自体が女子の「戦略」である。これらを統合すると、男子、女子両チームの「戦略」は、ポジションが異なるだけで、どちらも既成概念に疑問を投げかけ、新たな「戦略の概念」の構築（パラダイムシフト）でつながっていることが確認される。

5 女子短距離種目の「戦略の概念」のパラダイムシフト

男子短距離における「戦略の目的」は世界一であり、具体的な「戦略」の策定が可能である。一方、女子の「戦略の目的」は段階構造である。まず、アジアの覇権、その後のオリンピックの出場権、準決勝進出、そして、決勝進出である。**表12-1**と**表12-2**によって示されるように、オリンピック、世界選手権ともに近年のトラック＆フィールド種目では、誰も入賞者がいないことからも、これらの段階構造は現実的といえる。そこで、この女子の短距離種目の「戦略」を、瀧谷の概念に沿って論考したい。

(1) 女子短距離種目の「戦略の重心」

瀧谷は「戦略の重心」を以下に分析する。「トレーニング論の定石に従って競技者にトレーニングを行っても、その効果には限界が生じる」ということである。質、量ともに最高のトレーニングを行っても、最終的には個体の身体的能力差に達してしまう。現状、この遺伝子レベルの差異による身体運動への影響が、医学的に存在するのか、存在しないのか、解明されてはいない。アフリカ系（移民含む）の競技者が、多くのメダルを獲得しているのは統計学的な分

析でしかない。この競技者たちの遺伝子レベルでの研究や、その遺伝の系譜を探るのは至難の業である。ましてや、民族学的にも、人類学的にも、同一の始祖をもつといわれる中国大陸の競技者たちが成果を挙げていることは、いかに論証するのであろうか。交配の歴史やドーピング疑惑などが挙げられたことも事実ではあるが、アジア大会での活躍を分析すると、中国大陸の競技者がアジアを制し、オリンピック標準記録を突破していることは、わが国の女子短距離競技者にとっての朗報でもある。数々の国際大会に強化コーチとして参戦し、日本代表との「違い」を発見した結果、「戦略の重心」が「自分の身体を操る」ことであり、そのためには競技者の「感性の開発」が必要不可欠であることを、瀧谷は示唆する。

(2)「感性の開発」という新たな「戦略の概念」

「感性」は、言説としてマスメディアや指導者に流布している。この言説は詭弁として使用されていることも少なくない。「感性」を唱えることにより、スポーツ競技者を神格化した「ヒーロー」へと昇華させている。一方で、自らの指導力の問題を、競技者の「感性」として責任転嫁することも多々みられる。これは陸上競技だけではなく、スポーツ全般に存在するものでもある。しかし、瀧谷のいう「感性の開発」とは、わが国と世界のトップレベルの競技者たちとの比較分析から導出された「戦略の概念」である。この分析を言説や非科学的と捉えるならば、スポーツ科学者は3つの単純な質問に解を出さなければならない。

①トレーニングが最適な条件にて行われながらも、自身の最高の記録が出せない現象はなぜか。
②トレーニングの最適な状態の要件と、その科学的根拠はなにか。
③トレーニングは最適ではなかったが、自身の最高記録を更新する現象はなぜか。

これらの解を身体的な原因へと帰結するならば、スポーツ科学そのものが「閉ざされた科学」であることを明示し、その存在意義を問うこととなる。すなわち、スポーツ科学で導かれた効果的なトレーニングを提示しても、競技者自身が、そのトレーニングの意味と効果を理解していなければ、「単一運動の反復」、

もしくは「制御行為の反復」となり、個体の能力を低減させるトレーニングとなり、むしろ負の強化へと転換される。

では、「感性の開発」とはいかなることであろうか。一般的なバズワードでは、「キャパ（キャパシティ）を拡げる」と使用されているが、暗黙知（ポランニー，1966；Nonaka, Takeuchi, 1995）、フロー理論（チクセントミハイ，1996）、身体知（金子，2005, 2007; 古川ら，2005）による言及と瀧谷の概念は似ており、「競技者に内在する固有の行為の社会化」を指すものである。

科学の作法では、「条件や枠組み」を一定にして真理を追究することが定石である。一方、スポーツは多様な「条件や枠組み」が間欠的に出現する現象である。さらに「感性」とは、「条件や枠組み」では捉えきれず、可視化・数値化して比較や評価ができるものではない。しかし、スポーツの現象究明に至る実践的研究と捉え、医学の臨床研究と同様の取り組みを、「感性の開発」に行う必要があろう。

また、「感性の開発」には、他者（指導者含む）には見えない競技者自身の経験知が重要視される。これは、社会的行為において、特定の競技者として確立された環境、すなわち「閉ざされた環境」ではなく、競技者が競技者として確立されていない環境、すなわち「開かれた環境」での受容過程が重要となる。つまり、高度な競技を継続することによって、競技者の意識と思考の中心が身体的行為（身体性や身体感覚）としての競技へと傾倒し、社会から乖離した存在となる。「感性の開発」には、この状態から逸脱した環境を構築する必要があるのである。

競技と直接的には無関係と思われるが、見えない部分を重要視し、遠回りではあるが「感性の開発」を「戦略」とすることこそ、身体的差異にもとづく他の国々の「戦略」とは、次元を異にする新たな「戦略の概念」である。

(3)「戦略」を達成するための環境設定

さらに、強豪国の競技者たちとの比較から、わが国特有の構造を見出した。それは、競技者と指導者の関係構造に見られる、競技者の指導者への「依存体質」と、指導者の競技者に対する「過保護体質」であった。

競技者は、指導者が作成するトレーニングプランにもとづいて、自らのパフォーマンスの向上、維持のための手段としてトレーニングを行う。しかし、

わが国の競技者は、競技者自身の「自分の身体を操る」ことを求めるのがトレーニングの目的であるにも関わらず、指導者のトレーニングプランに沿ったトレーニングを消化することが目的となっている現象がみられる。トレーニングの目的と手段が逆転し、競技者自身による主体的行為では無くなっている現象である。競技者の「主体性の欠落」は、指導者への「依存体質」を生み出す。

　指導者に関しては、競技者の存在を「競技者自らの意志にもとづく行為主体」から、「指導者の意志にもとづく運動行為体」へと転換させていると指摘する。指導者が、常に競技者を管理・コントロールしていないと、ベストなパフォーマンスが出せないと思考する状態である。指導者は、常に競技者に対して教示し、競技者の主体的な活動の機会を減じてしまっている。これは、女子競技の指導者だけでなく、わが国の全般的な傾向でもあるという。この状態を「過保護体質」と表現し、これも競技者の「主体性の欠落」を招いていると分析する。

　これらの構造から、わが国に求められるのは「人間としての成長」、すなわち社会的行為主体である競技者の、「社会的自立」を促す環境の構築である。「人間としての成長」による「社会的自立」の環境は、わが国のフットボールや組織論において、近年注目されている。特に、小学生・中学生・高校生を対象とする育成年代において、プレーヤー自身の「主体的行為」、すなわち「主体性」を主眼においた環境構築が必要とされている。その中でも、スポーツ推薦入試やスポーツ強化策を採用していない広島県立観音高校を、2006年度の全国高校総合体育大会において優勝へと導いた、畑喜美夫氏による「ボトムアップ理論（畑，2013）」は、技術や身体的優位性にもとづく概念とは異なる実践的アプローチ（環境構築）である。

　瀧谷においても、「人間としての成長」による「社会的自立」を主眼とした指導（環境構築）により、わが国の陸上競技界では、高校年代の競技記録が自己ベスト、すなわちピークとなることが通例であったが、大学生年代において、ほぼ全員が自己記録を更新している。すなわち、「感性の開発」のためには競技者の「人間としての成長」による「社会的自立」を促す環境が必要不可欠であり、最終的な「戦略の目的」の遂行のための近道であることを、中学生、高校生、大学生、社会人（大学生で制覇）、すべての年代において4×100mリレーを制覇した歩みと実績によって証明している。

6 新たな戦略の概念にもとづく戦術の構築

それでは、瀧谷が女子強化部長に就任した2015年から、2020年の東京オリンピックまでの女子短距離部門の新たな「戦略」による「戦術」、すなわち、競技者の「感性の開発」のために必要不可欠な、「人間としての成長」による「社会的自立」の環境を構築するための具体策を紹介する。

具体策1（形式知型）
【競技者に対する戦術の実施】
　①自立した競技者を育成するためのサポートプログラム（講義・研修）
　②競技者との面談（課題の確認・目標の確認・ロードマップの共通理解）
　③競技者同士のミーティング（リーダーシップ養成）
【指導者に対する戦略の確認】
　④コーチングの目的とトレーニングの理解（専任コーチとの連携）
　⑤コーチング研修およびトレーニング状況の確認

具体策1（形式知型）は、競技者の「依存体質」と指導者の「過保護体質」からの脱却を意図した、双方向からのアプローチである。競技者の個別性を重視するため、陸上競技の特徴であるテーラーメイド型強化策を採用している。テーラーメイド型強化策により、競技者と専任コーチが主体となり、代表コーチは、コーディネーター兼「戦略」の番人の役割を担う。競技者が専任コーチへの「依存」を生起させぬよう、①、②、③の補完プログラムの実施によって「社会的自立」を促すのである。また、専任コーチが競技者に対して「過保護」な状態へと変容しないよう、④、⑤の補完プログラムによる「戦略」の確認を促し、双方向から「社会的自立」の環境を担保している。

具体策2（経験知型）
【国内個人合宿】
　①代表コーチから、時期、場所について数パターンが提案される。
　②強化策を競技者自身の意志にもとづき両コーチと協働で作成する。
　③最適なトレーニングを競技者自身の意志によって選択・決定する。
【国外大会への個人転戦or国外合宿】
　①競技者単独による国外大会への転戦or国外合宿参加を両コーチから奨励。

②代表コーチから時期、場所について数パターンが提案される。
③最適なピーキングのための参加を競技者自身の意志によって決定する。
④専任コーチ、通訳、トレーナー等の帯同をせずに自ら行動する。

～具体策１、２の目的～
1. 自らの意思を主張しながらも他者とも協働できる競技者を育成。
2. 常に多様な社会的・文化的環境に適応できる競技者の育成。
3. グローバルスタンダードを理解・活用できる競技者の育成。

　それまでの代表チームは、合宿時や遠征時におけるトレーニング、その計画に関してのみが「戦略」に沿った「戦術」として認識されていた。合宿や遠征時のトレーニング以外の行動も、「戦略」の達成のための「戦術」であると認識を改めたのが具体策２（経験知型）である。合宿や遠征の計画・手配、国際競技会の現地エントリー手続きに関して、それまでは日本陸上競技連盟スタッフや代表コーチ、通訳等が行っていたが、競技者自身もこれらに関わることとした。競技やトレーニングだけの環境を整えても、わが国の競技者の「感性の開発」は困難であるという分析から、強豪国の競技者同様、わが国の競技者を社会的存在として自立させる、すなわち、自ら「観て、感じ、予測し、判断し、行動のできる人間への成長」を促進させる環境を構築した。競技者という特殊な環境で存在させるのではなく、一般的な社会環境を構築することによって、競技者の「人間としての成長」による「社会的自立」を促す機会、すなわちすべての機会を「新たなトレーニング」として創出したのである。

7 陸上競技にみる戦略とは

　「抽象的ではあるが、スポーツの戦略を論じるには、スポーツ競技のすべてにおいて、表と裏の現象の存在があることを理解せねばならない」と瀧谷は論じる。本講でも論考したように、トレーニング論にもとづく計画と競技者の観察にもとづく計画。トレーニングの際に運動の質の重視か、運動の量を重視するのか。また、そのトレーニング自体が科学的な実証を経たものなのか、現時

点では科学的な実証は経ていないが、現実的には多くの結果を生み出している現象なのか、などが挙げられる。

これらはスポーツ競技と科学との関係性をめぐる根本的な問いでもある。科学は普遍性や再現性を求めるものであるが、競技者の遺伝的、生理的、心理的な個体差を鑑みると、この普遍性や再現性の担保が、きわめて困難なものを対象とするのがスポーツ科学である。このことを熟知する希有な実践研究者でもある瀧谷は、陸上競技における「戦略」を以下にまとめる。

「陸上競技における戦略とは、すべての事象の表と裏の現象の存在を認めたうえで、『走る・跳ぶ・投げる』喜びを追究することである」。

(上田滋夢・瀧谷賢司)

○注釈
(1) 全日本中学校陸上競技選手権大会には総合優勝がない。しかし、全国高等学校総合体育大会と同様のポイント制にて換算すると、瀧谷が指導した奈良県大和郡山市立郡山南中学校は、昭和61年度の同大会で総合優勝となる。

参考文献

* Boyd., J. R. (1995) "The Essence of Winning and Losing", presentation by J. R. Boyd, Edit by Chet Richards and Chuck Spinney.
* ミハイ・チクセントミハイ：今村浩明 訳（1996）『フロー体験　喜びの現象学』世界思想社.
* 古川康一, 植野研, 尾崎知伸　ほか（2005）「身体知研究の潮流　─身体知の解明に向けて」『人工知能学会学会誌』20（2）：117-128.
* ミシェル・フーコー：中村雄二郎 訳（2006）『知の考古学』河出書房出版社.
* 畑喜美夫（2013）『子どもが自ら考えて行動する力を引き出す 魔法のサッカーコーチング ボトムアップ理論で自立心を養う』カンゼン.
* 金子明友（2005）『身体知の形成（上・下）』明和出版.
* 金子明友（2007）『身体知の構造　─構造分析論講義Ⅰ』明和出版.
* Kern Jan（1989）"Taktik im Sport", Verlag Karl Hofman
  https://fasttransients.files.wordpress.com/2010/03/essence_of_winning_losing.pdf（参照 2016年12月2日）
* 日本陸上競技連盟公式HP.「大会情報一覧」
  http://www.jaaf.or.jp/taikai/1381/（参照 2016年12月2日）
* クルト・マイネル：金子明友 訳.（1981）『マイネル・スポーツ運動学』大修館書店.
* Ikujiro Nonaka , Hirotaka Takeuchi（1995）"The Knowledge-Creating Company" Oxford University Press.
* マイケル・ポランニー：高橋勇夫 訳.（2003）『暗黙知の次元』筑摩書房（ちくま学芸文庫）

第13講

柔道のスポーツ化とその戦略

　国際柔道連盟の規約第1条に「嘉納治五郎により創始されたものを柔道と認める」という文章があるように、明治15年に嘉納が創始した講道館柔道をもって柔道は総称される。柔道は、今や、わが国古来の武技・武術の流れを継承する自国の運動文化という枠にとどまらず、世界199カ国（2007年現在）が国際柔道連盟（IJF）に加盟する唯一の日本発祥のグローバルスポーツとして発展している。武士の戦技として生まれ、流派や流儀というローカルスタンダードにとどまっていた武術は、嘉納治五郎の手で近代化されることによって講道館柔道というナショナルスタンダードとなり、さらに、世界的な競技スポーツ「JUDO」としてグローバルスタンダードへと変貌した[1]。
　本講では、この柔道の発展過程の中に、わが国のスポーツ戦略のテンプレートを考察するとともに、スポーツを取り巻く社会的文脈と戦略との関係について考える。

1 講道館柔道以前の武術

（1）戦闘技術としての武術

　嘉納治五郎の創始した講道館柔道は、自身が修行した柔術を中心にその他、多くの武術・格闘技を併せて研究する中で、近代にふさわしい武術の新たな形を創案し世に提起したものである。この柔道の源流となった柔術は、戦国の世を経て江戸時代に体系づけられた素手を主体とする武術（永木、2008）であり、剣術や弓術などの武器術とともに武士の戦闘技術として発達した。
　しかし、徳川幕府が成立し、長く続いた戦乱の世が治まるとともに、形而上の問題は別として、武術は少なくとも戦闘技術として実利実戦の用をなす機会を失ってしまう。柔術の場合、殿中など剣をもたない時の護身術や、敵を生かして捕らえる必要がある捕縛術として実利実戦的な意味は担保される余地もあったが、おおもとの武術自体が論理的に考えるならば「無用の長物」と化す必然性があった。しかし武術は、江戸時代を通じて「無用の長物」として遺棄

されることはなかったのである。

(2) 戦技から修養へ

　日本の武術の特徴は、当初は純粋に闘争の術であったものが、時代を経るとともにある種の道徳的規範や哲学的思想を含んだ人格陶冶の道へと昇華していった点にある。寒川（2014）は、この江戸期に成立した武術を、純粋に戦闘技術として存在したそれまでの武術と区別して「心法武術」と呼び、「日本では、技の問題を心の問題と見る方法が採用」され、「いかなる危機状況に置かれようとも、己が持つ技をみごとに敵を殺す一点に巧みに発現させる"心"の養成こそ、生き残りを担保する」と捉えられ、「敵をみごとに殺す技術の習得と発現に、禅仏教や道教の心の修養を導入したところに成立した」と述べている。

　江戸時代、本来の意味で、戦技として実戦の用をなさなくなった武術は、儒教あるいは仏教や道教といった当時の最先端科学をその理論体系に取り入れ、「修行」と「心」を不可分のものとすることによって、殺傷技術の錬磨を人格形成の手段として置き換えることを可能にした。その結果、武術は、平和な時代においても本来の戦闘技術というアイデンティティを温存したまま、武士の生き方・価値観・道徳を涵養するための教養として存続発展するという離れ業をやってのけたのである。その後に続く幕末の動乱時に、武術が実戦において実利実戦性をいともたやすく取り戻すことができたのは、戦闘技術としての本来のアイデンティティを失っていなかったという証左であろう。

　この日本武術の変容は、戦闘技術という同じ起源をもつヨーロッパのレスリングやボクシングが、娯楽や遊びという新たなアイデンティティを開拓し競技や興行として発展したことに対して、きわめて特徴的なやり方であったといえる。しかし、日本の武術に、レスリングやボクシングのような競技や興行として生き残るという選択肢が閉ざされていたわけではない。同じわが国の格闘技である「すもう」は、江戸期に勧進相撲[2]として庶民の人気を博し現在の大相撲へと続いている。また、明治初めには榊原鍵吉らが中心となった撃剣興行[3]が開催され、戦後には木村政彦らが活躍したプロ柔道[4]という試みも行われている。

　にもかかわらず、日本の武術がこの方法を主体的に選択し発展させることはなかった。むしろ、武術は武術のままに、儒教・仏教・道教など当時の最新科学を巧みに取り入れ、しかも、それらに呑み込まれることもなく、戦闘技術を

担保するための理論体系として消化することによって生き残りを図ったのである。

2 嘉納治五郎の柔道普及戦略

(1) 武術が迎えた危機

　柔術や剣術などの武術は、闘争のための技術の錬磨を人格形成の手段に読み換えることによって、合戦のなくなった江戸の平和な時代を見事に生き抜いた。そのために、武術がとった選択は、あろうことか、当時の最先端の科学であり殺生を禁忌とする儒教・仏教・道教を取り込み、戦技を担保したまま人を活かす術へと変貌させるという画期的な戦略であった。

　しかし、その後、武術は再び致命的な存在の危機を迎えることになる。明治維新である。それまで、武術の担い手は、職業兵士としての武士であった。例外はあるにせよ[5]、間違いなく武術は武士階級という存立基盤のうえに成り立つ文化であった。しかし、明治維新によって武士階級は消滅し、それどころか、明治新政府によって、武士は天皇の尊厳を侵し続けた存在として断罪される対象となったのである。その結果、武術はその担い手を失うという新たな危機を迎えた。現代風にいえば、中核となるステイクホルダーを喪失したわけである。

(2) 嘉納治五郎によるイノベーション

　まさに、このような時期に登場したのが、講道館柔道の創始者・嘉納治五郎である。嘉納は、天神真楊流と起倒流という二つの柔術流派を深く学ぶとともに、その他の古流武術や欧米の格闘技をも比較検討したうえで、「近代」という視点を取り入れ、画期的なイノベーションを展開していく。

　寒川（2014）は、他の武道種目に比べ柔道の特異な点として、嘉納治五郎という特定個人により創造され、その体系が近代の武道概念の形成に先導的刺激を与え他の武道種目の近代化を導いたこと、そして武道として最初に国際スポーツ化することにより、アジアの武術の国際化を導くモデルとなったことなどを挙げるとともに、これらの足跡を残すことになった原点を、嘉納が明治期の武術が前時代から疑うことなく継承した文化に批判の目を向けたことに求めている。

　嘉納は、具体的には、闘争の技を合戦という前近代的なものではなく、近代

スポーツにおける競技という側面を取り入れることによって担保しつつ、同時に、人格陶冶の道を近代教育という側面に位置づけることによって矛盾なく併存させたのである。嘉納の合理性は、柔道普及のための戦術として、制度やシステム、教授法など柔術にみられた旧来の枠組みを解放する仕組みを創り出しただけではない。そのイノベーションを支える理論的基盤を「精力善用・自他共栄」というキーワードを用いて整理し直すという、より戦略的な視点をもって改革を行った点にみとることができる。

(3)「柔の理」から「精力善用・自他共栄」への発展

　わが国の柔術には戦術や動きを規定する「柔」という伝統的な原理がある。柔術という呼称は、この概念そのものをテクニックの象徴として冠したものである。これは、本来、中国の「老子」や「易伝」、「三略」などにみられる思想であったが、わが国では一般に「柔よく剛を制す」動きや行動として可視化される概念となっている。有山ら（2015）はこの「柔よく剛を制す」動きを、単に「小さい者が大きい者に勝つこと」ではなく、「充実した力同士を衝突させないように、臨機応変自在に変化すること」と解釈し、その特有の動きのベクトルに日本人の美意識を含んだ伝統性を見出している。「柔道は一言をもって言えば、『柔の理』にもとづいて心身を鍛練する方法である（嘉納，1911）」と自身が評したように、柔道もこの「柔の理」を技術の根本原理として採用した。しかし、嘉納はそれをそのまま古流武術から継承するのではなく、近代合理主義的な視点をもって大胆な再編を試みたのである。武術を武士の教養から国民の教養へと転換させるには、その根本原理である「柔」を、学校教育およびスポーツとして成立するように近代という視点で切り分ける作業が必要であった。

　まず、嘉納は、武術における必勝の原則『柔の理』を、「心身の力を最も有効に使用すること（嘉納，1915）」と、より発展的に解釈した。具体的には、柔道を「相手のバランスを崩すことで相手の力を減じるという身体技法（樋口，2005）」として物理学や力学の世界で論じたのであり、前時代においては形而上の問題であった「柔」を、彼は形而下の問題として解説したのである。嘉納は、これらを『柔の理』に変えて『精力最善活用（略して精力善用）』という言葉で表現している。

さらに、嘉納（1937）は「衝突すれば互いの損失であるが、譲り合えば互いの利益になる。集団の各員が相助相譲すれば、集団は融和協調して、あたかも一人のごとく活動することが出来、したがって集団はあたかも個人のごとく精力を最善に活用することが出来る」と述べ、この『精力善用』は、人事万般に及ぶ普遍的な課題解決の原則として社会生活に応用できると主張する。つまり、嘉納は各個人が『精力善用』を身に付け、柔道の技のように「無駄な力を衝突させないように柔軟な対応を心がけることでよりよい社会が実現する」と主張し、これを『自他共栄』という言葉で表わした。友添（2011）はこれを「個人原理としての精力善用が各自においてなされるとき、国家や社会にとっての普遍的原理である自他共栄が完成されるという嘉納の哲学」と表現している。

（4）柔の戦略家・嘉納治五郎

　こうした理論武装を整える一方で、嘉納はこれまで以心伝心や口伝に頼っていた教授法を、スポーツの科学的知見を取り入れた合理的指導体系として整備し、「柔道を通して技や身体を錬磨する過程で、国家を支える人格形成も達成できる」という便法とセットにすることによって、柔道と学校教育を結びつけることに成功した。これは、それまで、軍事や警察に頼っていた武道家の生活の糧を、学校体育という新たな場に開拓することともなった。

　さらに、嘉納はそれまでの家元制度を廃して段級制度を導入することにより、拡大する講道館柔道の組織的基盤の安定を達成し（藤堂, 2007）、講道館を財団法人化することに成功する。また、全日本柔道選士権大会など様々なスポーツイベントの開催など、メディアを利用した「見るスポーツ・柔道」という新たな形を提案し、段級制度とともに経済基盤の安定につながる仕組みをもつくりあげた。それは、近代合理主義の力によって、武士階級という限られた階層のものとして高みにあった武術を、国民全般の教養として私たち庶民の世界に引き寄せることに成功したことを意味している。ここに、柔術の新たなステイクホルダーを、武士という限定された階層から日本国民全体へと解放する理論や制度・システムが整ったのである。

　嘉納がとった柔道の普及・発展のための策は、いずれも画期的なイノベーションを含んだ戦術であった。嘉納が展開したイノベーションは、海外から受けた近代化という波を臨機応変に取り込み、主体的に自らのアイデンティティに組

み込むことによって武術の劇的な変革を断行したという点に集約される。
　寒川がいうように、これらの改革が嘉納という個人によってなされたことは驚嘆に値する。しかし、嘉納が柔術を柔道へ変貌させた図式と、武術が戦技から教養へと変容した図式は、それが中国由来のものであるか、欧米由来のものであるかという違いはあるにせよ、「外部からの斬新で強力な文化的圧力を主体的に自らのアイデンティティに組み込んでイノベーションを図る」という点でその戦略的な思考様式は一致する。そしてそれこそが、嘉納が近代武道として提唱した『精力善用』『自他共栄』、すなわち日本人が「柔よく剛を制す」として感じるその図式をまさに体現したものであったことに、私たちは気づくべきであろう。まさしく、嘉納は日本の武術家であり「柔の戦略家」であった。

3　戦後柔道の復活とスポーツ化

(1)　固有の民族文化としての隆盛

　ここまで、嘉納治五郎の柔道の普及戦略をみてきたが、嘉納の活動には矛盾する二つのベクトルが内包されていた。井上（2004）は、嘉納治五郎の活動を、「講道館柔道の合理性や科学性を説いて、旧来の柔術との相違、近代社会への適合性を強調するとともに、他方では、柔道はあくまでも日本古来の武術・武芸の伝統に根ざすものであると主張することを忘れなかった」と評している。すなわち、柔道は「新しい時代への適合性（伝統との非連続性）と古い伝統のつながり（連続性）とをともに主張しうる」ものであり、「近代社会にふさわしいマーシャル・アーツである」と同時に、近代化に対して「変わらない日本人の民族的・文化的アイデンティティを象徴する活動」であると主張したのである。薮（2011）は、これを「嘉納は、柔術に国民教育、とりわけ近代体育の装いを纏わせて柔道へと再構成しながら、同時にその新しい文化に諸外国との対比で強調される日本古来の精神や気風を示す、シンボリックな意味を付加すべく試みた」と述べている。
　しかし、残念なことに、この柔道に託された「日本古来の精神や気風を示すシンボリックな意味」が暴走をする。他の武道もそうであったように、柔道は日清・日露戦争から第二次世界大戦へと続く国粋主義、軍国主義という文化的圧力に絡め取られ、戦争への国民総動員のためのイデオロギー装置の一つと化

してしまうのである。きわめて不幸なことではあるが、ここにも「外部から斬新で強力な文化的圧力を、主体的に自らのアイデンティティに組み込んでイノベーションを図る」というパターンが、負の側面として再現された。柔道を含む武道は、ファシズムという新たなかつ危険な思想と結びつき、その結果、皮肉なことに伝統的日本精神を具現する固有の民族文化として隆盛を迎えた。そして、その具体的な発露の場として学校体育が効果的に活用されたのである。

(2) 柔道の復活と競技化への圧力

　幸か不幸か、この武道の隆盛は長続きしなかった。1945年の敗戦により、GHQ（連合国最高司令官総司令部）は、民主化政策の一環として、学校武道を全面禁止し、社会体育においては「武道」という総称までも禁じたのである。こうして、再び、柔道（もちろん、武道全般）は存亡の危機を迎えた。

　ここで、柔道の危機を救ったのは、嘉納が柔道に託したもう一方の趣意である「近代化への適合性の主張」であった。GHQに対して、嘉納の創始した柔道は「すでにその本質は体育的・スポーツ的に定義されていたのであって、いわゆる軍国主義的色彩は戦時中に付着された」というレトリックが持ちかけられたのである（井上, 2004）。すなわち、柔道は、本来民主的なスポーツであり、民主主義社会の発展に寄与する体育として提案されていたというのである。

　柔道にとって幸いであったのは、戦前より国際化が図られ、GHQ関係者の中にも相当数の柔道経験者や理解者がいたことである。講道館は解散させられることもなく、その活動に大きな制限が加えられることもなかった。そしてGHQに対して「柔道を通した諸外国との親善は日本の再建にとって重要な意味をもつ」というアピールが繰り返された。こうして、柔道はあくまでも民主的スポーツという位置づけを主張することにより、1950年、他の武道種目に先駆けて新制中学校の教材として許可されることとなった。

　永木（2008）は、この学校体育への復活を重視し、「戦前において、教育的価値を重視する柔道が最も目指したのは『公』である『学校』に正課として位置づくこと」にあり、「柔道専門家の多くが学校柔道の指導に当たっていたように、学校柔道こそが柔道普及の『生命線』であった」とし、「そのような歴史的経緯と実情から、戦後における学校柔道の復活は柔道界の最優先課題であったのであり、また、復活後も学校柔道の在り方は、柔道全体の在り方を規

定していく影響力をもった」と述べている。さらに永木は、このとき用いられた「スポーツという概念が、競技とほぼイコールを意味していたこと」に留意が必要であると述べ、そこにはGHQによる「武道は純粋な『競技』として行われるべき」で「その復活のためにはより『明確な競技化』が必要条件である」という強力な方向づけがあったと指摘している。

　嘉納の目指した柔道の普及は、学校がその展開の場であり、より現実的に学校教員は柔道家の飯の種であった。そのため、学校柔道の復活が「競技」という形式をとるということは、今後の柔道の発展を「競技」に託すということに、柔道界の総意として同意署名したことを意味していた。嘉納が展開した「近代化への適合性の主張」を「スポーツ」という概念に付託することによって、柔道は、民主主義という価値観を体現する「競技」として再生したのである。

(3) ザ・日本という普及戦略

　柔道の「競技」化については、意外に思われるかもしれないが、創始者である嘉納が必ずしも肯定的ではなかったという事実もあり[3]、あくまでもそれは復活のための一時的な便法と主張する柔道家も当時は多くいた。しかし、それらの声は、国民の競技スポーツ人気の中に次第に埋没していく。この流れは、1956年の第1回世界柔道選手権、そして1964年の東京オリンピックを経て決定的となる。柔道の「競技化」は、平和の祭典・民主主義の象徴であるオリンピックを頂点にした競技会における柔道選手の活躍を通じて、加速度的に進められていく。そして、さらに重要なことは、このオリンピックでの日本人の活躍が、敗戦で物心ともに荒廃した日本の世界の舞台への復活と、国民意識の上でリンクしていた点にある。

　松本（1956）は、当時の国民の思いを、「日本柔道家が明治・大正・昭和の三代にわたって海外にとどろかせた武勇伝は、そのまま大衆の中に生きて」おり「日本人は雲つく大男をわが柔道家がたたきつける場面を今も柔道から連想しているのである」と語っている。また、「柔道は純日本製の近代スポーツ」であって「わが国で行われているスポーツの大半は輸入品であるが、純国産の柔道は逆に海外に輸出されて万丈の気を吐いている」、「今日の日本国民の願いが、世界の平和、文化に貢献することにあるを思うとき、今後ますます柔道を通じて世界に寄与したいものである。」と誇らしげに記している。

当時の国民の願いは、一刻も早い国際社会への日本の復帰であった。その切ない願いを精神的に満たすことが出来る数少ない文化装置としての役割を、柔道は主体的に演じた。柔道は、ある意味「ザ・日本」であった。これは、やや穿（うが）った見方をすれば、GHQに仕掛けた「民主的スポーツである柔道を通じた日本文化の発信」というレトリックを利用し、柔道の普及を日本人の自己肯定感を取り戻す作業に巧みにすり替えたといえよう。そしてそれは、柔道に学校体育という強固な場を確保し、世界に柔道を普及させる場としてオリンピックを頂点とする競技会という新たな場を開拓するという結果を生んだ。

　この柔道が描いた戦略は、少なくとも普及という点では大成功を収めたといえよう。敗戦を契機とした存続の危機を、柔道は、GHQによる競技化という外圧を活用して見事に乗り切り、さらに、国民の復興にむけた情念をエネルギーとして取り込むことによって競技化へのムーブメントを推進した。今や、柔道は世界のJUDOとなった。やはり、柔道は、「外部から斬新で強力な文化的圧力を、主体的に自らのアイデンティティに組み込んでイノベーションを図る」ことによって、ファシズムの時代を生き抜き、そして民主主義の時代に世界のJUDOと花開いたのである。柔道は変わることなく「柔」であった。

4 資本主義の停滞と金メダルの呪縛

（1）柔道のグローバル化の陰

　柔道は、民主化を意味する競技化という圧力を活用して復活を果たした延長上に、敗戦国日本が世界に復帰する過程に必要とした国民的な自己効力感の増幅機能をデフォルトとすることによって、メイドインジャパンの世界的スポーツという盤石の地位を確保するに至る。しかし皮肉なことに、それは、柔道が競技スポーツの枠組みに絡め取られることをも意味していた。グローバル化の波の中でスポーツは予想を超える勢いで肥大化し、やがて、柔道と競技スポーツの相対的な力関係は逆転していく。

　これについては、第二次大戦後、世界の民主主義が自由競争を基本とする資本主義経済と密接に関わって発展したという歴史的な流れに注意を払う必要がある。戦後、日本の復興や発展はこの両者が密接に関わる関数として進められ、わが国の競技スポーツもその例外ではない。柔道の競技化は、柔道が自由競争

を旨とする資本主義経済の論理に絡め取られていく過程でもあった。

(2) 金メダルの呪縛

佐伯（2010）は、資本主義を「人間の欲望を無限に解放し、私的な競争によって絶えず新たな商品を欲望の前に提供することで、資本を無限に拡張しようとする運動」と定義し、利潤は常に「先端部分」で生まれると指摘している。資本主義にとっては、新商品、最先端技術、最安値が最大価値であり、次点以下の商品価値は大きく減退する。競技スポーツにとって、最先端はオリンピックの「金メダル」である。柔道は、競技としての発展を選択した瞬間からそのレゾンデートルを、「金メダル」の獲得という成果（プロダクト）主義に委ねてしまった。柔道は、唯一のメイドインジャパンの競技として、「世界の先頭に立ち続ける」という呪縛を自らにかけてしまったのである。「金メダルの呪縛」である。そして、「世界の先頭に立つ」ことは、まさに戦後日本の資本主義経済の悲願でもあった。エコノミックアニマルといわれ、社畜といわれ、家庭を顧みず残業し、休日出勤しながら一流国日本を夢みる国民にとって、「ザ・日本」を背負った柔道選手が競技スポーツというグローバルな世界で活躍する姿は、経済発展による世界の一流国民を投影したホログラムそのものであった。

(3) 資本主義の停滞と柔道の衰退

佐伯は、わが国の経済成長の背景に、アメリカの政治学者フランシス・フクヤマが「気概（テュモス）」と呼んだ、後発意識をもった国民が先進国へのキャッチアップを目指す際にもつ「承認」や「優越」に向かう心的エネルギーが存在することを指摘している。柔道はまさにこの「承認」や「優越」への欲求を満たす装置であり、オリンピックや世界大会は「気概（テュモス）」を疑似的に発揮する場として認識された。こうして、柔道は、わが国の資本主義経済の発展とベクトルを同じくする文化活動となり、ひいては、資本主義社会をリードする人材の育成システムを主体的に演じた。それは柔道に多くのファンとステイクホルダーを獲得せしめたが、半面、「金メダルの呪縛」を、トップアスリートから運動部活動や道場・少年団などの社会体育といったレベルにまで浸透させることにもつながった。それは、いわゆる「勝利至上主義」と呼ばれる成果主義であり、柔道は、大人から子どもに至るまで、「最先端」すなわち「勝つ」

ことによってのみ意味づけられる活動となってしまったのである。

　佐伯がこのような重要な指摘をしている。経済学者シュンペーターの「資本主義はその成功ゆえに没落する」というテーゼを引き取りながら、資本主義は、人々の「新奇なもの」への強い関心や欲望の解放に依存しており、それゆえに資本主義が発展し続け、「新奇なもの」が常態化してしまうと逆にそれらへの興味は失われ、同時に、「新奇なもの」すなわち最先端に位置しないものには価値すら認められなくなるというのである。資本主義は「成功するがゆえに没落する」という矛盾をはらみ、日本も含め、爛熟した先進国の資本主義はすでにその衰退の段階にあると指摘する。確かに、私たちが最先端の「4Kテレビ」へ向ける所有欲と、戦後間もない世代が「白黒テレビ」へ向けた所有欲は比較にならない。世界の一流国へのキャッチアップを果たした私たちには、「新奇なもの」への興味の減退が見て取れる。そして、商売における勝ち組は最新や最安値を提供できる企業のみとなり、2番以下との格差は広がるばかりである。

　爛熟期を迎えた日本の資本主義と同調するように、柔道にも衰退の予兆がみえる。資本主義経済とベクトルを同じくした柔道は、まさに、国際スポーツとして発展したがゆえに「金メダル」の獲得が困難になった。そして、「金メダル」獲得のためのコストは上昇し、国民的な期待値は低下する一方である。魅力的なスポーツが次から次へと提供されるとともに、人気は他のスポーツに埋もれがちになり、重大事故の多発もからんで競技人口の減少が問題となりつつある。内田（2013）が著書の中で中高生の主要な運動部のなかで柔道部員の減少率が最も大きいことを明らかにし、西村（2014）が全柔連理事会の報告を元に登録人口の大幅な減少を指摘している（**表 13-1**）。柔道も「成功ゆえに没落」

表 13-1　全日本柔道連盟登録人口の推移（西村, 2014）

	総数	小学生	中学生	高校生	大学 / 社会人
1993 年	249,897	105,299	（合算）	72,333	11,594
1998 年	195,114	35,717	50,509	42,640	11,137
2003 年	204,186	48,379	51,277	38,566	12,799
2008 年	193,331	47,270	45,593	31,609	15,660
2012 年	175,540	38,863	39,816	27,291	15,521
2013 年	169,000（詳細、内訳未整理：全柔連事務局）				

単位：人

し始めたのである。

（4）プロダクトからプロセスへのパラダイムシフト

　佐伯は、経済学者ケインズやベルの指摘を引用しながら、さらにこのような重要な指摘をしている。「モノ」への欲望が減退し始めた豊かな社会では、人々は「モノ」の獲得よりも「美的で文化的な生活」を望むようになる、というのである。佐伯はこのことを『『人とモノのゲーム』が終わり『人と人とのゲーム』が始まった」と象徴的に表現している。アップル社のスティーブ・ジョブズは自社の製品にこう要求した…「3回以上もボタンを押させるな（桑原，2011）」…ジョブズが提供したものは、優れたモノ（コンピューター）ではなかった。優れたモノを通じた快適な生活であった。筆者は、ある中学校技術科教員の印象的な発言を耳にしたことがある。

　　「昔は、よりよいモノのつくり方を教えるのが技術科でした。しかし、今はモノを通して快適な生活のつくり方を教えるのが技術科なのです。」

　スポーツにおいても、暴言暴力に耐えながら「メダル」という最高の「プロダクト」を獲得することに価値を抱いた時代が確かにあった。しかし、今、競うことを通じて充実感を味わい、人生や日常の「プロセス」を豊かにすることに価値をおく接し方が確実に増えつつある。昨今のマラソンブームはその最たるものであろう。体育であれだけ嫌われる持久走に、なぜ現代人は夢中になるのか。スポーツにおいても「人と人とのゲーム」が確かに始まったのである。時代は確実に「プロダクト」重視から「プロセス」重視にパラダイムシフトしつつある。スポーツにおける「プロダクトの時代」の終焉、「プロセスの時代」の幕開けである。

　にもかかわらず、「金メダルの呪縛」はオリンピックのたびに蘇り、今も柔道を縛り続けている。「陸上の〇〇さんは銅メダルで日本のヒロインですが、僕は銀メダルで国賊ですよ」…このようなオリンピック柔道選手のつぶやきを筆者は知っている。「金メダルの呪縛」が解けない柔道は、勝利至上主義にもとづく体罰、パワハラ、セクハラ、重大事故の多発など、少年からトップアスリートまで未だ「人とモノのゲーム」＝「プロダクトの時代」を生き続けている。

　ドイツ在住のジャーナリストである高松（2014）が柔道雑誌に、このよう

な述懐を寄せている。

「日本に帰国し柔道場を訪ねると、そこにいた大人は全員先生でした。」

高松は、ドイツのクラブでは大人たちも柔道を楽しんでいるのに対し、日本では勝つためのコーチはいても、楽しむプレーヤーが誰ひとりいないことに驚嘆したというのである[7]。わが国の柔道には、プロダクトを求めるアスリートとコーチはいても、プロセスを楽しもうとするプレーヤーは稀少である。

坂井（2012）が「日本柔道はどこへ」と題した文を寄稿している。そこでは、フランスの「競技者」育成システムを引き合いに出しながら、日本柔道の「競技者」人口の拡大と底上げが提案されている。その意見は、おそらく多数の柔道家たちの支持を得られるもので、現在の柔道界全体の課題意識を代弁するものであろう。

しかし、筆者はあえてこの柔道界の課題意識に異論を唱えたい。今、柔道に必要なものは「金メダルの呪縛」からの解放であり、成果主義の鎖からの脱出である。それは「金メダル」を目指す必要性を否定するものではない。競技スポーツの力強い潮流の中、「競技者」の育成と底上げを放棄することは不可能である。しかし、今や時代は、柔道を通した日々のプロセスを享受する「愛好者」をいかに増やすかを柔道に問いかけている。端的にいえば、それは競技人口の裾野と表現される少年の問題ではなく、競技を離れた中高年の「愛好者」の問題である。現在、中高年で柔道に関わる余地は、コーチとなるか、高齢になっても「勝てる」猛者にしか開かれていない。アスリートを終えた者、コーチへの意欲や適性がない者は柔道を享受できない。楽しむという発想自体も封印されている。これまで、唯一このような層を惹きつけてきた「形」の修練でさえ、今や競技会形式になった[8]。

（5）柔道復活に向けて

ここで、ささやかな提言を試みたい。このことに関して参考になる事例が、同じ武道である剣道の「昇段」というシステムにみられる。私たちは、そこに、競技スポーツとは異なる文脈が存在することに気づくだろう。剣道の昇段は、「競う」ことに価値基準をもたない。「究める」という姿勢が貫かれている。昇段の規準は競技としての勝敗にはない。剣の理法、位、気…このようないわば

勝敗や単なるスキルを超えた武術的要素にあり、修行者は日々その高みを追求している。「剣道時代」編集部がまとめた「剣道昇段審査合格の秘密 －八段合格者88人の体験記に学ぶ－」には、八段という現代剣道の最高の境地にたどりつこうと、日々の生活を剣の道と一体化させて練磨する人々の物語が綴られている。剣道修行者は八段を目指す日々の「プロセス」を生きている。「技」を通して向き合うものは、相手ではなく自己であり、その究極の境地にはゴールがない。修行者には、相手に勝つという相対的な楽しみではなく、己れを高めるという、各々の技術レベルや体力にも左右されない絶対的な楽しみが永遠に提供される。ゆえに剣道は、技術レベルの高低や年齢に関係なく、「愛好的に実践する」ことができるのである。

　しかし、ここで冷静に考えてみよう。本来、「究める」という修養主義的な姿勢は、すでに武術が江戸期に完成させた「術」への向き合い方であった。井上（2004）は、「武道はもともと『和魂洋才』型の文化として形成」されたとし、戦前は「和魂」の側に、戦後は逆に「洋才」の側に傾いたが、今後の武道の課題が「『和魂』と『洋才』のバランスを現代にふさわしい形で回復していくこと」にあると指摘している。この指摘を是とし、今後の柔道の発展に生かそうとするならば、ここに示した愚見についても一考の余地ありと考える。

5　柔道にみるスポーツ戦略とは

(1) 日本人のもつ柔軟性

　現在、柔道の国際大会においては、青色の柔道着が採用されている。それは、1997年パリで行われた国際柔道連盟総会における議決によるものであるが、当時、白に精神性を求める日本では大反対が巻き起こった。しかし、現在の柔道はどうであろうか。オリンピックに代表されるグローバルな舞台では青を違和感なく受容する反面、全日本選手権に象徴されるローカルな舞台では白を貫き通すというダブルスタンダードをためらいもなく存続させている。それどころか、わが国の柔道家たちには、国際大会で使用する青色柔道着に憧れる様子まで見て取れる。

　これを柔道のスポーツ化として糾弾する声も多いが、筆者には、この悪くいえば場当たり的、良くいえば臨機応変で柔軟な対処に、外部からの圧力を巧み

に吸収するしたたかな「柔」的思考を垣間みる。それは、漢字を平仮名に、クリスマスやバレンタインを日本式イベントに変えてしまう日本人の文化的態度に共通するものであろう。

（2）戦略をもたないという戦略

　ここで、これまで述べてきた柔道の普及戦略を振り返りたい。
①戦技であった武術が、平和な江戸時代に、最先端科学であった仏教や道教、儒教を取り入れ武士の教養と変貌したこと。
②武士階級が消滅した明治時代、嘉納治五郎がスポーツや教育といった近代的価値観を取り入れ、武士の柔術を国民の柔道に再編したこと。
③日清・日露から太平洋戦争へと続く時代に、ファシズムという危険な思想と結びつき、日本精神を具現化する民族文化として隆盛を迎えたこと。
④戦後、民主主義や資本主義を利用しつつ、敗戦国日本の国民的期待を取り込みながらグローバルスポーツへと発展したこと。
⑤青色柔道着という外国からの圧力を、ダブルスタンダードを用いながら柔軟に整理し、制度のなかに呑みこんでしまったこと。
⑥筆者が、時代のパラダイム転換に対応し、「極（究）める」という古来の武術的性格を活かした人気復活策を提案したこと。

　これらの策にはすべて、「外部から斬新で強力な文化的な圧力を、主体的に自らのアイデンティティに組み込みながらイノベーションを図る」という「柔」的思考が通奏低音のように流れていることが看取できる。
　しかし一方で、これらの対応が、長期的展望や総合的な視野をもった計画として組み立てられたものではないことにも、私たちは気付かなければならない。戦略が、特定の目標を達成するための長期的視野と複合的思考をもって、力や資源を総合的に運用するための計画であるならば、これらの変革自体は戦略と呼べるほどの積極的で主体的な計画ではなく、各々に共通した一貫性も見当たらない。むしろここで注視すべきことは、これらの策としての「計画性」や「一貫性」ではなく、常に強い外圧を受けてから臨機応変に変化するという「変化のパターン」であろう。誤解を恐れずいうならば、柔道にみる戦略は「計画」ではない。あくまでも、それぞれの時代の外的な文化圧力に対する「柔」とい

う「変化の仕方」にその本質がある。

　政治学者の丸山眞男は、「日本の思想はある種の思考・発想パターンがあるゆえに、めまぐるしく変わる」と指摘する（丸山，1984）。丸山は、「一般的な精神状態として、私たちはたえず外を向いてきょろきょろして新しいものを外なる世界に求め」ながら、「そういうきょろきょろして新しいものを外なる世界に求める自分自身は一向に変わらない」という。そして、「まさに変化する変化の仕方」に執拗に繰り返される音型があり、「よその世界に対応する変り身の早さ自体が伝統化している」と喝破し、これを日本文化の「執拗低音」と表現した。

　さらに、内田（2009）は、この丸山の指摘を引用しながら日本文化の特徴を「主義主張、利害の異なる他者と遭遇したとき日本人はとりあえず『渾然たる一如一体』のアモルファスな、どろどろしたアマルガム」をつくり、「そこに圭角のあるもの、尖ったものをおさめてしまおうとする」と論じている。加藤周一（1976）が、日本人の精神構造に対する仏教の影響について「仏教が日本に入って来て、変わったのは日本人ではなく仏教であった」と指摘したのは、まさにその端的な例であろう。

　これに関連して、明治の文豪小泉八雲（ラフカディオ・ハーン）が著書『東の国から』において、「柔術」という項を設け興味深い指摘をしている。

> 「敵の攻撃する力をみちびき、利用して、そうして敵自身の力をかりて、敵をたおし、敵自身のいきおいをかりて、敵を征服する、—いったい、こんな奇妙な教えを編みだしたものが、いままで西洋人のうちに、ひとりでもあっただろうか？」

　まさに、日本人の独特の心性に驚嘆しているのである。

　私たち日本人にとって、「柔」という思考パターンは空気のように当たり前であり意識化されることはない。しかし、柔道が世界199カ国に普及し、日本発のグローバルスポーツとして多くの人を魅了したその根源は、あえて長期的・主体的計画を描かずに、外部からの圧力の取り込み方にもっぱら主体性を発揮するという、欧米人にとってはあまりにも意外な思考…極言すれば、「戦略をもたないという戦略」という逆説的思考にあったのではないだろうか。

(3) スポーツ戦略とは

　山本七平は、その著書『空気の研究』の中で、「日本人が集団で何かを決定するとき、その決定にもっとも強く関与するのは、提案の論理性でも基礎付けの明証性でもなく、その場の『空気』である」と看破した（山本，1983）。私たちが一般に戦略という語を用いる時、それは経験の蓄積から生まれる予測をもとに力や資産を主体的に運用しようとする個人や集団の思惑を込めた計画を想像する。しかし、スポーツの戦略を考える場合、それを包含する社会的文脈が戦略をコントロールする暗黙の力として働くということを見逃してはならない。

　佐藤・山田（2004）は、制度に含まれる認知的側面を重視する「新制度派組織理論」[9]を引用しながら、「組織あるいはその構成員が置かれている社会的文脈は、共通の了解事項や認識の在り方を左右する場としての性格を持っている」と指摘する。すなわち、「ある社会関係のネットワークに組み込まれている人々は、必然的にその社会的文脈に特有の文化の枠組みというレンズを通して物事を見たり感じたりする」というのである。

　これまで、柔道がスポーツ化され発展してきた経過をスポーツ戦略という観点から俯瞰してきたが、そこには、特定の目標を達成するための主体的な計画という意図的な営みを超え、「柔」という言葉に象徴される日本人の暗黙の了解が脈々と流れていた。しかし、柔道も他の欧米型スポーツと同様に運動文化の一形態に過ぎないとするならば、わが国の「柔」にみられたように、他のスポーツにおいてもそれぞれの国や地域において醸成された認識の在り方が、スポーツ戦略を暗黙のうちにコントロールしている可能性は否定できない。戦略というものを考えようとする時、単に個人や集団の意図的な計画という枠組みには収まらない、それらを取り巻く制度や文化などの社会的文脈に含まれた認知的側面についても十分に考慮する必要があろう。

（有山篤利）

○注釈

(1) 真田（2014）は、ローカルな武術であった柔術が、嘉納によってナショナルスタンダードを経て、グローバルスタンダードへと発展したことの論証として、国際柔道連盟の規約の前文に、柔道創

設者嘉納治五郎の事績が詳述されていることを挙げている。
(2) 相撲は、古来、宮中の神事として存在した（節会相撲）が、鎌倉から室町にかけて寺社の造営や修復に要する費用を捻出するために興行として開催されるようになった。これを勧進相撲という。江戸時代に入ると勧進は名目だけとなり、庶民の娯楽として職業力士による興行として人気を博し、その系譜は現在の大相撲に続いている。
(3) 直心影流の榊原鍵吉が、明治6年、武士の困窮を救うために浅草において「官許撃剣会」と称して開催した剣術興行を初めとする。入場料を取って一流の剣客の技をみせるとともに、一般客の飛び入り参加も許すなどして一大ブームを巻き起こした。江戸の剣術を明治に橋渡しをする重要な働きをしたが、客に媚びた奇抜な演出も現れるなど武士の誇りと権威を見せ物にし、その本質を歪めた側面もある（田中, 2003）。
(4) 1950年3月に結成された「国際柔道協会」による柔道の試合を中心とした興行と、境界への参加者のプロ柔道家としての諸活動である（塩見, 2008）。柔道家・牛島辰熊らが、生活に困窮していた柔道家に生活の道を与えることを目的に呼びかけ、その弟子であった木村政彦らが中心となって活動したが、経営的な失敗もあり、年内に8回程度開催されたのみで終焉を迎えた。
(5) 松田（1978）は、わが国最古の柔術といわれる竹内流が「武士のみに限らず、教えを求める者に対しては、一般平民から農民に至るまで差別なく武芸を伝授してきた」ことや「山深いこの地方の農民たちにとって、竹内流の武芸を学ぶことは唯一の娯楽であり、体育であり、あるいは護身術であり、処世の道でもあった」と指摘している。
(6) 永木（2014）は、「『嘉納は柔道をスポーツ化した』というのが定説であったが、それは正確ないい方ではなく、『嘉納は柔道を普及させるために、一部を競技化した（にすぎない）』というのが本当のところといえるのではないか」と述べ、嘉納が格闘技としての実用性即ち武術性を求めるとともに、民族文化としての柔道を追求しており、競技ルールに限定されたスポーツとは距離を保とうとしていたことを指摘している。事実、嘉納は、勝利至上主義に陥り寝技偏重となった学生柔道の競技会（高専柔道）には終始批判的であった。
(7) 高松は、ドイツのスポーツクラブにおいて柔道を楽しむ同好の士を、親しみを込めて「ホビー柔道家」と呼び、その人間関係のベースは先生・弟子ではなく「柔道の仲間」であると指摘する。
(8) 形の競技化は、1997年に講道館および全柔連が「全日本柔道形競技大会」を開催したことにより始まった。その後、国際大会への機運の高まりとともに、第1回講道館柔道「形」国際大会が講道館で行われ、2009年には、国際柔道連盟により第1回世界柔道形選手権大会がマルタにおいて開催された。
(9) マイヤー＆ローワンの論文「制度化された組織−神話と儀礼としての公式構造−」によって提唱された組織論である。官僚制的組織を典型とする公式組織は、なぜ近代と呼ばれる時代になって主流の組織形態になっていったのか」という課題意識に端を発しており、「社会的な規範が信仰に近い形で社会全体あるいは特定の集団に信奉され、それが組織構造や組織過程あるいは組織の構成員の認識や行動に影響を与えている事実そのもの」を研究対象とする（佐藤・山田, 2004）。

参考文献

* 有山篤利・山下秋二（2015）「教科体育における柔道の学習内容とその学びの構造に関する検討」『体育科教育学研究』31（1）：pp.1-16.
* 樋口聡（2005）『身体教育の思想』頸草書房.
* 井上俊（2004）『武道の誕生』吉川弘文館.
* 嘉納治五郎（1911）「師範および中等教育と柔道」『嘉納治五郎体系第3巻』講道館.

* 嘉納治五郎（1915）「柔道概説」（柔道第3巻3号）『嘉納治五郎体系第3巻』講道館.
* 嘉納治五郎（1937）「柔道の根本義に就いて」（柔道第8巻11号）『嘉納治五郎体系第1巻』講道館.
* 加藤周一（1976）『日本人とは何か』講談社（講談社学術文庫）.
* 剣道時代編集部（2011）『剣道昇段審査合格の秘密 －八段合格者88人の体験記に学ぶ－』体育とスポーツ出版社.
* 小泉八雲：平井呈一 訳（1975）『東の国から・心』恒文社.
* 桑原晃弥（2011）『スティーブ・ジョブズ全発言』PHP研究所, pp.28-29.
* 松田隆智（1978）『秘伝日本柔術』新人物往来社.
* 松本芳三（1956）「世界柔道の花開く」『中等教育資料』5（7）. 文部省: pp.6-8.
* 丸山眞男（1984）「原型・古層・執拗低音」武田清子 編『日本文化のかくれた形』岩波書店（岩波文庫）.
* 永木耕介（2008）『嘉納柔道思想の継承と変容』風間書房.
* 永木耕介（2014）「柔道とスポーツの相克」菊幸一 編『現代スポーツは嘉納治五郎から何を学ぶのか』ミネルヴァ書房, pp.155-190.
* 西村光史（2014）『日本柔道界の実態とその再興試案』SiB access.
* 佐伯啓思（2010）『日本という「価値」』NTT出版, pp.85-115.
* 坂井一成（2011）「日本柔道はどこへ」nippon.com コラム.
http://www.nippon.com/ja/column/g00024/（参照 2017年01月19日）
* 真田久（2014）「嘉納治五郎の考えた国民体育」菊幸一 編『現代スポーツは嘉納治五郎から何を学ぶのか』ミネルヴァ書房, pp.83-106.
* 佐藤郁哉・山田真茂留（2004）『制度と文化 －組織を動かす見えない力－』日本経済新聞社, pp.196-201.
* 塩見俊一（2008）「戦後初期日本におけるプロレスの生成に関する一考察 －1950年代おけるプロ柔道の展開に着目してー」『立命館産業社会論集』43（4）, pp.111-131.
* 寒川恒夫（2014）『日本武道と東洋思想』平凡社.
* 高松平蔵（2014）「柔道初心者が行く欧州のJUDO」『近代柔道』36（12）: 70.
* 田中守（2003）「剣道の歴史（近・現代）」入江康平 編『武道文化の探求』不昧堂出版.
* 友添秀則（2011）「嘉納治五郎の「柔道」概念に関する考察」『日本体育協会創生期における体育・スポーツと今日的課題 －嘉納治五郎の成果と今日的課題－』（平成22年度日本体育協会スポーツ医・科学研究報告Ⅲ）
* 藤堂良明（2007）『柔道の歴史と文化』不昧堂出版.
* 内田樹（2009）『日本辺境論』新潮社.
* 内田良（2013）『柔道事故』河出書房新社, pp.89-97.
* 薮耕太郎（2011）「柔術の起源論を巡る言説上の相克」有賀郁敏・山下高行 編『現代スポーツ論の射程』文理閣, pp.116-137.
* 山本七平（1983）『空気の研究』文藝春秋（文春文庫）.

第14講
リクルーティングの戦略

　筆者がコーチ兼スカウトとして所属する流通経済大学サッカー部は2014年度に全国大会2冠（夏の総理大臣杯、冬の全日本大学選手権）を果たし、また、これまでに70名以上の国内外プロフットボール選手を輩出している。このような成績を収め、数多くのプロ選手を輩出できているのは、日頃からの指導はもちろんであるが、選手獲得のためのリクルーティングの成果も大きいと考えている。

　本講では、チームの活躍が認められ、日本の大学フットボール界において強豪校として認識されるまでの力をつけた流通経済大学サッカー部でのリクルーティングの戦略を事例として紹介する。

1 所属する大学フットボール部の概要

　1965年に創部された流通経済大学サッカー部は2015年度に50周年を迎えた。サッカー部が本格的に競技力を強化し始めたのは1998年に現監督である中野雄二監督が就任してからである。中野監督が就任した1年目に関東大学リーグ2部へ昇格を果たした。しかし、翌年に都県リーグに降格したのだが、翌2001年には再び関東大学リーグ2部に昇格し、2003年に2部で優勝、1部昇格を決めた。翌2004年は昇格して1年目にもかかわらず優勝争いを演じ、準優勝という成績を収めた。その後、2015年現在まで1部リーグに所属し続け、その間に1部リーグ優勝3回、夏の日本一を決める総理大臣杯優勝3回、冬の日本一を決める全日本大学選手権優勝1回という成績を収め、2014年は総理大臣杯連覇、全日本大学選手権初優勝、2冠を達成し、日本の大学フットボール界において強豪校として認識されるまでになった。

2 大学フットボール部におけるリクルーティング

「リクルーティング」という言葉だが、大辞泉では「人材の募集や補充をすること」と示されているが、ここでは活動する組織は大学であるため、「高校生を勧誘して、進学してもらうこと」とする。全国の大学フットボール部の多くは、人材の募集を専門とするスカウトを置いていない。近年は、専属のスカウトを置いている大学も増えているが、通常は、大学の監督が勧誘（スカウト）を兼ねている。

フットボール世界最高峰のチームであるFCバルセロナの育成組織「カンテラ」における育成法を語った著書において、次のように述べられている

> 「スカウトは、ピッチ上で黄金の種を発見する。しかし、彼らにはさまざまな意見があり、総合的な側面が欠けていることがある。彼らは、発見した才能を比較することができないのだ。実際の選手たちと生活をともにしていないからである。そのため、別の視点が必要とされ、その部分はチームのコーチが貢献することができる。」（ペラルナウ, 2012）

この意見には同感である。筆者は3年間高校生を指導していたが、その経験を生かし、実際に公式戦や練習を観戦して選手の特徴を把握し、選手の指導者に選手に対する評価を確認する。そして現在、私たちのチームに所属している大学生と比較しスカウトするかどうかを判断、決断をしていくのである。ただし、スカウトは他大学や、時にはJリーグチームとの競合となる場合が多く、選手にとって自分のチームが魅力的である必要があり、その環境の優劣が選手勧誘の成否の分かれ目となる。

以下に、リクルーティング戦略と、流通経済大学サッカー部における私たちの取り組みや考えを紹介する。

3 リクルーティングの実際

(1) リクルーティング戦略に求められる2つの視点

リクルーティング戦略には2つの視点がある。1つは、どのように選手をみて、どのような選手を勧誘するのかという視点である。いろいろな見方がある

のだが、私の見方・考え方は次のとおりである。

「サッカーのプレーの良し悪しは見る人がみれば、たいてい誰でも似通ったものになります。良い選手は誰が見ても良い選手ですからね。選抜に入っている選手などは皆チェックしますし。僕はハーフタイムに仲間に声をかけて励ましていたり、その選手を中心に自然と輪ができていたり、監督とコミュニケーション取ろうとしているか、といったところを見ています。」
(秋元, 2012)

フットボールはチームスポーツであり、チームのために行動できるかが重要なポイントになる。

もう1つは、選手に進学してもらいたい本学の組織、考え方、志などを人材獲得の戦略の材料とする視点である。人を惹きつけるものがなければ、良質な人材は集まらない。

ここでは、後者の視点を紹介する。組織を整備し、どのような考え方をもった集団なのか、志は何なのか、取り組みは何をしているのか、この組織でどのように成長を促す手助けになるのか、様々な取り組みを紹介してリクルーティングの戦略としたい。

(2) フットボールによる人間教育という「志」

最も重要なのは志であり、私たちは一番大切にしている。私たちの大学は伝統校でもなければ首都圏から離れた茨城県にある中堅規模の大学である。そのため、知名度は全国区でもない。それならば「フットボールでどうしたいのか？」が大切になる。例えば「少子化を迎え、大学に学生を集める広告としたいのか？」「全国強豪チームにしたいのか？」「プロを育てたいのか？」……ということである。その答えは多様にあるのだが、私たちは、人間教育、人間形成、つまりフットボールを通じて人を育てることを目標としている。

大学は最高教育機関であり、社会に出る一歩手前である。もちろん、フットボールのプロ選手も一人の社会人であるが、プロ選手として活躍できるのは限られた時間であり、プロ選手を引退してからの方が長い人生が待っている。そのため、高校生や保護者には「私たちの大学はプロ養成所ではありません。全寮制で集団行動することで社会性を身に付け、次のステップに向けて人間形成

をさせる教育をします。」と話をしている。

　もちろん、フットボールでは日本の頂点を目指す。それは、高い目標をもち同じ志をもった同志で切磋琢磨するためである。人間関係がうまくいかないこと、レギュラーになれなくて試合に出られない時期を過ごす時でも、寮で毎日顔を合わせて食事をしなくてはならない。チームは、まさに家族と同じである。日本一愛される集団を目指して活動している大学クラブである。試合を観た人が勝とうが負けようが「流通経済大学の試合はすごい」「流通経済大学は強いね」「流通経済大学の試合にもう一回応援に行きたい」と思うような試合を常にしたいと考えている。

　流通経済大学では、フットボールが上手いということだけでは通用しない。学生が授業をさぼったり寝坊して遅刻したりした際には、プレーの実力に関係なく、その選手をレギュラーから外す。プロのフットボール選手になれる可能性は非常に小さく、2015年現在、部員は238名いるが、その中でもプロになれるのは数名しかいない。プロ輩出数が最も多かった年でも13名であった。先にも述べたがプロになったからといって、一生プロ選手でいられる訳ではないため、学生にはフットボール以外のこともしっかり学ぶことが重要であり、そのように指導している。このような教育の場が大学に求められていることであり、保護者に説得するうえでの重要なポイントとなる。そのため、勧誘する自分の大学がどのような志で教育をしているのか、どういった志をもって指導にあたるのかを明確にし、伝えることが重要である。私たちは、学生にはフットボールだけに集中させる環境は与えず、学生時代の様々な経験を通して育まれるであろう人間形成にも力をいれている。学生にはボランティア活動にも積極的に参加させている。例えば、年に4回は献血もさせ、2014年に茨城県で雪が積もった際にはサッカー部の練習を1週間休止し、地域の雪かきを行った。

　そうすると、地域の方々から温かいお言葉をいただいたり、地元の小学生たちからは感謝の意が込められた作文も贈られたりした。このような経験を通して、社会に貢献する意味を考えられ、自主的に行動できる学生となることを期待している。

(3) 付属校の存在

　本学には、唯一の付属高校として流通経済大学付属柏高等学校がある。付属

高校がサッカー部を強化し始めたのは大学が強化を始めた後である。現監督の本田裕一郎先生は習志野高校を退職後、2001年の4月に付属高校のサッカー部の監督に就任した。本田先生はその頃のことを次のように話している。

「赴任した当時は県大会にも出場できないレベルでした。肝心な人材集めからですが、習志野高校に入る予定だった1年生3人を含む15人をこちらに連れてくることになりました。習志野高校を辞めることになったとき、多くの選手がついて来たいと思ってくれたようでした。が、新3年生はすでに新人戦などを消化し、関東大会に向かう時期でした。新2年生も来たら、半年間公式戦に出られなくなってしまいます。というのも、日本サッカー協会の規約では、同じ2種でも高校からユースに新年度から登録変更する場合はすぐ出場可能になるのですが、高校から高校に転校する場合は、6カ月間の出場禁止が課せられてしまうのです。このルールには問題があるし、撤廃したほうがいいと考えますが、この時点ではどうしようもなかったのです。そんな状況にも関わらず、ついていきたいと言った新2年生が12人もいました。」（本田裕一郎, 2009）

本田監督が習志野高校から多くの選手を引き連れて流経へという批判めいた記事が地元メディアに出たが、まったく気にしなかったと語っている。そこから付属高校の快進撃が始まった。高校総体は2014年に負けるまで12年連続出場し、2007年3位、2008年に全国優勝、年末の高校選手権では2007年度全国優勝、2014年度にはベスト4という成績を残し、Jリーグの下部組織も参加する高円宮杯プレミアリーグで2007年度、2013年度全国優勝という輝かしい実績がある。結果も素晴らしいが、プロ選手も多く輩出させている。「なぜ、付属高校は何度も日本一を達成できるのか？」「なぜ、何人もプロ選手を育成できるのか？」と考えたことがあるが、それは本田先生のある一言にヒントがあった。それは「アマチュアの指導者には、3つの大きな仕事があると思います。1つめは、いい選手を集めること。2つめは、いいトレーニング環境を作り、いい指導をすること。3つめは、選手を送り出すこと」であるという言葉であった。高校の先生は多忙である。平日は授業があり、放課後は部活の指導があり、土曜、日曜は公式戦、練習試合もある。そのように多忙な先生が選手獲得を重要な仕事と認識しており、専属のスカウトを置いている。自ら獲得に

も動くが、スカウトを担当する指導者がいる。現在、プロのアカデミーでも下部組織へのスカウト活動を強化しているクラブは少なくないが、その先駆けは流通経済大学付属柏高校である。そして、付属高校所属選手の主な進学先が本学となっている。2015年の進学は20人を超えた。本学がリクルーティングの戦略で一番先に考えるのは、この付属高校のことである。本学と付属高校の連携は、多くの練習試合（高校生と大学生が試合）、5月に行っている中野監督の付属高校サッカー部への練習会、親への説明会、関東大学リーグ観戦など行っている。これだけ強い高校から多くの選手が進学して十分じゃないかという話があるが、そこには刺激が必要であり3年間同じメンバーでは、慣れ合いになり、人間の幅も成長もない。新しいメンバー、仲間、そしてライバルに出会い、新たな価値観が生まれ、人間としての成長につながると考えている。そのため、付属高校のメンバーを一番の優先順位としてスカウトしている。

（4）施設の充実

　選手のスカウトには、施設面を充実させることが魅力のひとつとなる。本学サッカー部の売りは何かというと、充実した施設である。今では関東大学リーグ1部に所属する大学はすべて人工芝のグラウンドを所有しているが、いち早く導入したのは本学であり、現在は3面のサッカー専用人工芝グラウンドを所有している。

　他大学との違いをはっきり出すことは非常に大切で、何でもいち早く取り組み、始めることが重要である。人工芝を所有することはインパクトが大きく、地方の無名大学の本気度をみせる出来事であった。2面の人工芝のフットボールフィールドにはクラブハウスも設置されており、更衣室は2室あり、シャワーを完備し、2階にはスタッフ部屋、監督室、応接室、ミーティング室も備えてあり、とても充実している。その他にトレーニング用に砂場も設置し、その砂場はビーチサッカーができるサイズであり、ゴールキーパーのトレーニングにも役立っている。「ゴールピッチ」というドイツサッカー協会が推奨する壁で囲まれたフットサルコートも設置している。大学内にはトレーニングルーム、プールがあり、コンディショニングやトレーニングに活用でき、筋力測定機設置してある。

(5) スタッフの数と質

　本学サッカー部では常に10名近いコーチングスタッフがいる。多くのスタッフを置く理由は複数ある。
　この流通経済大学の在り方を1つ成功例にして、フットボール指導者という職業を確立させたいというねらいがある。日本のスポーツ界にはアマチュアイズムやボランティアに美学を感じている人も多く、大学フットボールの指導者のプロ化には賛否両論がある。アマチュアもボランティアも自分自身の生活基盤を安定させなければ、より良い活動はできない。スポーツに対する価値観を国民全体がもっと高めないと日本のスポーツ界は変わっていかない。そんな想いも、スタッフを多く配置する理由でもある。
　また、単純に200名以上の部員がいて2名程度の指導者ではトップチームしか指導できない。時間をずらして1人の指導者が複数チームを観る場合でも練習試合や公式戦の数など弊害がでてくる。また、複数の指導者の眼があれば才能や頑張りなど見落とすこともなく、多くの選手にチャンスが生まれてくるだろう。誰でもそうだろうが、人に認めてもらいたい、指導者に相談にのってもらいたいなどもある。たくさんの指導者の意見を聞き、自分の成長につなげることもできる。こういったことから多くのスタッフを所属させていることもリクルーティングではきわめて重要な要素になると考えている。
　さらに、テクニカルのスタッフばかりではなく、メディカルスタッフにフィジカルスタッフの充実も特徴の1つである。理学療法士が2名おり、1名は近隣の病院のスタッフと兼務してリハビリを担当している。もう1名は他大学勤務しながら週に2回、JFLチーム中心にサポート、アドバイスしている。保護者は怪我、病気の際の対応に気にかけることが多いため、「怪我をしたらどこの病院で誰がリハビリのアドバイスをしてくれるのか」といった不安がないようにしている。受傷後のサポート体制はもちろんだが、本学サッカー部で特に力を入れているのは怪我をしない身体作りである。そのフィジカルにおいては、大学の教員で日本サッカー協会のフィジカルプロジェクトメンバーである教員が学生トレーナーを育てながら最先端の知識で選手のフィジカルトレーニングに関わっている。こうしたコーチングスタッフ、メディカルスタッフ、フィジカルスタッフの充実もリクルーティングの際には重要なポイントであり、環境整備が必要である。

(6) セレクションをおこなう意義

　本学ではセレクションを実施している。他の多くの大学でもセレクションを実施し、中には全国でベスト8以上、国体選手、アンダーカテゴリーでの代表選出などが条件にあるところさえある。しかし、本学は高校、ユース年代のチーム成績や実績は重要視していない。これらの条件は非常に大切だが、本学では高校、ユース時代の成績や実績よりも、監督の推薦と学業（評定平均）、そして4年間どんなにつらくてもサッカー部を辞めないという本人の意志の3点を最も重視している。

　監督の推薦には、3年間指導した指導者の言葉を信じてさらに大学の4年間で才能を伸ばしていこうとする意図がある。例えば「フィジカルは強くなったがまだ体の使い方が悪く今、学んでいる途中です。」「好きな攻撃的なプレーはいいが、守備に課題があります。」「プレーのレベルは高いですが、まだまだ人間的な成長が必要です。」といった様々なコメントをいただき、指導者とのコミュニケーションを大切にし、高校、ユース年代の情報も指導に生かしていく方針である。2015年の6月のセレクションでは全国から56名の参加があったが、本学のサッカー部監督からは「プロの養成所ではありません。フットボールを通じて人間成長する場である。プロになりたいから本学を選ぶというならもう一度考えなおした方がよい。」という言葉がセレクション参加者に贈られた。これは、サッカー部に入部するためのセレクションとしてはとても厳しい言葉である。その裏にはプロに進むのはほんのひと握りの厳しい世界で、たとえプロになれても一生プロでいられるわけではない。その後の人生の方がはるかに長いため、大学4年間で何を学び、何を身に付けるのかが重要である。人間として成長するために本学に飛び込んでほしいというメッセージが込められている。また6月にセレクションを開催することにもねらいがある。これは通常より早い時期におこなう本学を第1志望と考えてくれているかどうかである。私たちは、本学で学びたい、本学サッカー部の指導を受けたい学生を多く受け入れたいと思っている。

(7) 試合経験の確保

　18歳でプロの世界に飛び込んだ選手がいる中、そうした選手に大学4年間で追いつき、追い越すために何をしなければならないかを考えた。現在Jリー

グではサテライトリーグ（２軍の試合）が廃止され、若い世代の公式試合が圧倒的に少ないことが問題視されている。また、直接的な原因ではないかもしれないが、アンダー世代の世界大会への出場は困難でアジアの壁を突破できなくなっている現実がある。高校、ユース年代で毎週試合が開催され出場できたのに、プロになった時からほとんど試合がなくなる環境は伸び盛りの選手たちには厳しいものである。

　そこで、本学では試合出場機会と国際大会の経験という課題に真剣に取り組んでいる。出場機会に関しては多くのリーグに所属している。2015年の時点状況を例に挙げる。

　１つめは、関東大学リーグである。89回を数える伝統あるリーグ戦の１部に参戦している。こちらは12チームで前期、後期で争われるリーグ戦で年間22試合の公式戦が確保される。その他「アミノバイタル」カップ（関東大学サッカートーナメント大会兼総理大臣杯全日本大学トーナメント関東予選、天皇杯予選、全日本大学サッカー選手権がある。

　２つめは、ジャパンフットボールリーグ（JFL）である。16チームでファーストステージ、セカンドステージと合わせて30試合の公式戦がある。

　３つめは、関東社会人サッカーリーグ（KSL）の１部である。10チームの前期、後期の18試合の公式戦がある。

　４つめは、インディペンデンスリーグ（Iリーグ）である。関東大学リーグに登録されていない選手で構成されたチームで５ブロックに分け総当たりのリーグ戦を行う。１ブロック16チームに分かれているので15試合の公式戦がある。このIリーグに３チーム参加している。このように６つのチームが公式戦に参加できる環境を整え、多くの選手が試合経験を積めるように組織、運営をしている。すべてのチームに指導者が１名ないし２名所属している。

(8) 国際試合の経験

　本学では、国内だけではなく国際試合への参加や合宿を行うことで、学生への意識づけ、高い志をもつための指導を行っている。国際試合の経験では過去５つの国際大会に出場している。2007・2008年にはイタリアのアンジェロドッセーナ国際ユース大会、2012・2013年にはドイツYOKOHAMA　CUP、2015年にはアメリカのダラスカップに参加している。これらは、いずれも

U-19（19歳以下）の国際大会である。10代にアウェーの地での国際試合経験は、今後のサッカー人生を左右する出来事になる。卒業生の金久保順選手（現ベガルタ仙台）は、イタリアのアンジェロ・ドッセーナ国際ユース大会でACミラン（イタリア）のユースと対戦した際、次のように述べている。

「あれは人生で初めて受けた衝撃ですね。坊主で左利きで背もでかい選手ですが、トップ下で異常にうまかった。結局、その選手が大会のMVPも取りました。その後、すぐにトップチームにあがったと思うのだけど、ミランにはカカがいたので出場機会がなくて、どこかのクラブに移籍していったと思います。もう名前も覚えていない選手ですが、あれは衝撃でした。コーチからもあそこからお前は変わったと言われたほどです。」（金久保, 2004）

このような国際経験が、選手の成長を促したよい例である。

（9）大会開催を通した支える側としての経験

本学では、毎年9月にアディダスカップと題して高校生のフットボールの大会を開催している。多い時では全国各地から強豪の16チームが集まる。9月は各地域の高校選手権の始まる時期で最終調整を兼ねて試合を開催する。この大会を主催する側から考えると最終調整の場だけではなく、まだ進路が決まっていない高校生の発掘、来年以降の選手の調査に役立っている。夏の強化の時期が終わり、高校生はもう一回り大きく成長し、自信をもつ時期であり、高校選手権前に意識の高い高校生が切磋琢磨する場を提供することは大学としてもとても意義があるものだと考えている。もちろん、引率する監督の先生との情報交換もとても重要になってくる。そして、大学の施設や環境などを高校生、指導者にみてもらう絶好の機会ともなる。県予選を勝ち上がり、全国大会に出場を決めると指導者の方からは「あの流通経済大学の大会で調子が上がりました。」「高校生の意識が変わり、流通経済大学に進学してサッカーを続けたという選手が増えた。」「あの時期で自信が確信に変わりました。」などとても高い評価を頂き、「また来年も声かけてください。」といった言葉をいただいた。

また、この大会では運営や審判を流通経済大学のサッカー部が担当している。そこには、私たちはフットボール選手を育成することに主眼を置いており、単

なるプロ養成所ではないという理由がある。大会運営を通じて、大会に招きおもてなしする心を学び、大会の価値を上げ、社会で通用する人材を育てる機会としてあてている。そのことも参加してくださる指導者の方々に理解を求め、評価をいただいている点であろう。

（10）データベースの利活用

　フットボールは日々進化している。10年、20年前から相当スピードが上がっている。それは単に足が速いというスピードだけではなく、「考えるスピード」「判断のスピード」「パススピード」「展開のスピード」「ポジション取りのスピード」などがある。2010年のワールドカップではフットボールの分析ソフトを使用し、1試合当たりのチーム走行距離や選手の最高速度がすぐに解析される仕組みがでてきた。またシュート数、パスを受けた本数（どの選手から何本パスを受けた）やインターセプトの数、タックルの数、ボールを奪った数が解析される。そういった数値における標準偏差があまりない選手は活躍度合いが高いように思う。つまり、勝っていようが負けていようが、自分のプレーをしてチームに貢献できている選手はどんな形であろうと評価に値するということである。そのような視点や観点でデータを積み上げていければ、他の選手との比較もできるし、指導者が欲しいと思う選手とデータが一致する可能性はある。前に述べたスピードを判断やポジション取りのスピードをデータ化するのは難しいが、身体能力のスピードをデータ化するのは容易にできる。その情報を積み上げて、プロになった選手のスピードを分析したり、1年、2年とトレーニングを行い経年変化があり、能力を伸ばす選手の特徴を把握して伸びしろがあることを予測したりしてリクルーティングに生かせないかを模索している。流通経済大学サッカー部では6年前からシーズン前、シーズン中、シーズンオフの年3回統一した体力測定を行い、選手を統一基準で評価して一覧に起こしそのチーム、その選手を「見える化」してわかりやすくしている。このようなデータベースをトレーニングメニュー作成や個人の身体改善、コンディショニングだけに活用しているのではなく、チームの特徴を解析し、チームをより強くするために、どのような選手が必要なのかを解析するのに活用している。

4 リクルーティングにみる戦略とは

　ここまで述べてきたことから分かるように、筆者のリクルーティングの基本はコミュニケーションである。選手を獲得するためのコミュニケーションだけではなく、この講で述べたすべてにおいてコミュニケーションが必要である。施設や学生の受け入れにおいては大学の理事長はじめ多くの方々に理解を求め、何のためにどのように活用していくのか示していくことが大事である。アメリカ遠征や国際大会への参加についても選手の保護者に説明し、遠征や大会のコーディネーターに目的から場所、時期、大会を準備し選考している。高校生の大会では、指導者に賛同していただき、より意識の高い向上心の高いチームに参加を募り、大会のレベルを上げ、強化の時期を設定している。近年のリクルーティングの活動日を挙げると、各県新人戦（1月）3日間、各県インターハイ予選（6月）7日間、九州大会（6月）4日間、プレミアリーグ（4月から7月）7日間、プリンスリーグ（7月）2日間、国際大会（7月）3日間、クラブユース選手権（7月）7日間、インターハイ（8月）6日間、各県選手権予選（9月から10月）12日間、フェスティバル（10月）3日間、高校選手権（1月）5日間、各高校、クラブ訪問9日間である。合計68日間のリクルーティング活動日であった。この68日の活動日に、本講で述べた大学の取り組みを指導者、選手、保護者に説明しコミュニケーションをとっている。

　戦略とは、未来への投資であると考える。組織が理想とする未来に向かって志を含め取り組みを整理し、必要なものを揃えていくことである。

（大平正軌）

引用・参考文献

＊秋元大輔（2012）『なぜ流通経済大学サッカー部はプロ選手を輩出し続けるのか？』東邦出版．
＊本田裕一郎（2009）『高校サッカー勝利学　－"自立心"を高める選手育成法－』カンゼン．
＊マルティ・ペラルナウ：浜田満 訳．（2012）『FCバルセロナの人材獲得術と育成メソッドのすべて　－チャビのクローンを生み出すことは可能なのか－』カンゼン．
＊金久保順（2004）プラスα　ピックアッププレイヤー　vol.10（インタビュー）．川崎フロンターレ・オフィシャルサイト
　http://www.frontale.co.jp/f_spot/pickup/2014/10.html（参照　2017年2月13日）

第15講
トレーニングという戦略

本講では、戦略的なチーム作りに向けた戦略として「コンセプト」の重要性を論じる。なぜなら、それ抜きにはチーム作りの方向性や選手選考、具体的トレーニングも定まらないからである。ここではフットボールを事例に監督個人や国レベルでのコンセプトの問題・課題を考察し、トレーニングという戦略の重要性を理解する。

1 チーム作り：監督と戦略　〜コンセプトとトレーニングの関係から〜

（1）監督ルイス・アラゴネスの戦略とスタイルの構築
①スペインにおける代表監督選定の歴史とルイス・アラゴネスの登場

　フットボール界では「無敵艦隊」と称されるスペイン。しかし、かつて国際大会では常に優勝候補に挙げられながらも力を発揮できなかった。8強以上の実績を挙げていた（日本代表とは比べ物にならない）とはいえ、勝ちきれなかった要因はなんだろうか。それは、スペイン特有の社会的・文化的事情からチームがまとまりにくいということもあるが、戦略計画を優先せず、監督個人の考え・采配にすべてを委ねてきたことが起因していたのかもしれない。1992年以降代表監督に就いたクレメンテ、2002年日韓W杯を率いたカマーチョ、その後任のイニャキ・サエスも[1]、チーム作りは監督個人の裁量にとどまり、戦略的であるとは言い難く、監督選定には一貫性を欠いていたように思われる。

　このような潮目が変わったのは、04-05年バルセロナの復活に符合するように、ルイス・アラゴネスがスペイン代表監督に就任してからであろう。彼は「バルセロナのようにプレーしたい」と語ったとされ[2]、画期的なスタイルでフットボール界を席巻することになった。

　この活躍には、若手の強化策も土台となっていた。UEFA U-18（1992年〜2001年）、同U-19（02年以降）、1999年FIFA U-20ナイジェリア大会、2000

年シドニー五輪などで結果を出していた⁽³⁾。国の強化策の基礎の上に、指揮官となったアラゴネスが2004年以降のバルセロナ復活の機運をとらえ、シャビを中心選手に据え、狭いスペースでプレーできるメンバーを大胆に起用しEURO制覇を達成した⁽⁴⁾。

②現代フットボールの質的飛躍を成し遂げたスペイン代表とそのスタイル

近年のフットボールの国代表の大会では、それまで守備的傾向を強めたチームや、攻撃的といっても、不確定要素の強い速い流れの渦のなかに巻き込んでいくスタイルを築き勝利をもぎ取ってきたチームスタイルが成功を収めてきた。しかし、スペインは明らかに違っていた。EURO 2008でそれらを凌駕し、攻撃に基軸を置いたチームが成功をもたらしたのである。ボール保持＝「ポゼッションスタイル」が優位に立つために、ボールプログレッシング（ボールを前進させる人とボールの動態）において相手守備組織の内側（インナーゾーン）を突きながら中央や両サイドを切り崩す。そのために極度に制御されたビルドアップから相手守備を崩して突破する点で優れており、1970年頃のプレッシングスタイルの登場を起点とした現代フットボールの流れを質的に飛躍させた点で偉業といえるだろう⁽⁵⁾。

その後、スペイン代表監督はデル・ボスケに引き継がれ、このスタイルも継承された。2010年W杯南アフリカ大会でも優勝し、EURO 2012ポーランド・ウクライナ大会でも優勝するなど、国際大会3連覇という快挙につながった。そして、08-09シーズンにバルセロナの監督に就任したグラディオラがその戦術的方向性を深化させ、「攻⇔守一体型」の戦術スタイルを実現していった。デル・ボスケが代表チームのバルサ化を強めていったことは両大会のスペイン代表のボールプログレッシングと守備両面からうかがうことができる。攻撃的といっても、**表15-1**のように、1試合平均得点は2回の大会で、大会平均を下回っていたが、決勝トーナメントでは3大会とも無失点であった。制御された攻撃は、試合運びの制御をもたらし、守備面の安定度の向上をももたらしたのである。

③トレーニングのベースとしてのコンセプトの落とし込み

スペインサッカーの戦略計画、アラゴネスの現場指揮・トレーニングの企図に関しては、推察の域を出ないが、映像分析から、「インナーゾーン＝ビルドアップ」スタイルを推し進めるために「三角形の重心」へのポジショニングのカラ

表 15-1 スペイン代表 2008 〜 2012 W 杯・EURO の結果 [6]

大会名	結果	得失点	大会平均得点	スペイン代表
2008 EURO	優勝 GR：2勝1分	得点：12　失点：3 決勝T：無失点	1.48 点	2.0 点
2010 W 杯	優勝 GR：2勝1敗	得点：8　失点：2 決勝T 無失点	2.26 点	1.14 点
2012 EURO	優勝 GR：1勝2分	得点：12　失点：1 決勝T 無失点	2.45 点	2.0 点

（出典　須佐徹太郎.2016.「サッカー戦術史研究における分析視角の検討」『2015年度阪南大学産業経済研究所年報』Vol.45, p.15. を改変）

クリをそのスタイルの中心に据えたことが成功へつながったと想像できる[7]。相手守備陣が作る三角形の重心に走り込み、一見1対3の数的不利に追い込まれるかのように見えるが、「1アクション・3リアクション」[8]によって、逆に1人の攻撃者が3人の守備者を引き付けることで優位に立ち、まわりの選手が別の三角形の重心に次々に動いて突破を企図する原理をボールプログレッシングの基本コンセプトに据えたのであろう（p.231を参照）。アラゴネスが小柄な選手をチームに招集したのも、三角形の重心＝ど真ん中に入る訳だから回転半径の小さい、素早い反転力とボールスキルをもち、かつ判断力に優れる選手を求めたからではないだろうか[9]。スペイン代表やバルセロナはショートパスをつなぎ、複数のパスコースを確保しオフ・ザ・ボールにおける選手の動きによってゴールへの道筋を作るプレースタイル「ティキ・タカ」[10]と表現されるが、正確に意を汲んでいない。選手が三角形の重心にポジションをとることで、選手間の距離が緊密化し、陣形も角度的に「良い感じ」になる。ロングボールや無謀な速攻を避け、つまり攻撃機能増進によるゲームの不安定化をコントロールし、その制御的側面を限りなく高めた方式を浸透させ、選手に落とし込んだと推察されるコンセプトにその戦略的発想をうかがい知ることができる。

（2）ドイツサッカー連盟と戦略的チーム作り
①ボール保持率にみるドイツサッカー連盟の戦略：1人当たりのボール保持時間「1.1秒」
　2014年FIFA W杯ブラジル大会準決勝でホスト国ブラジルは、優勝したドイツに1対7の歴史的惨敗を喫した。その時のボール保持率はFIFAの公式スタッツによると、ブラジル52％に対しドイツ48％というように大敗したブラ

ジルがドイツを上回っている。しかし、ボールコンタクト数（BK）[11]の比率からボール保持率を算出しているドイツのデータ分析会社のデータではドイツ52％、ブラジル48％と逆転現象がみられた[12]。

　ドイツが5点を奪った前半10分からの20分間に象徴されるように、素早いパス回しをする戦術どおり、人とボールの動態を速くした結果、個人のボール保持時間は少なくなり、一方ドリブルしながらパスコースを探したブラジルが1人のボールを持つ時間が長く、BK数の比率ではドイツの保持率が多くなったと考えられる。また、ブラジル代表は自国開催のプレッシャーからか、勝利を短絡的に追求するあまり、キック＆ラッシュとタクティカルファウルによるディレイに頼る傾向があった。庄司氏も指摘するように、ドイツの素早いボールプログレスによってブラジルはファウルすることもできず、カウンターも止めることができなかった。このことがドイツの戦術的勝利につながったと考えられる。

②周到な戦略準備

　この背景には、1人当たりのボール保持時間を自国開催の2006年W杯の2.8秒から1.1秒に短縮する[13]ことを目標としていた戦略計画があったのである[14]。2006年W杯以降、ドイツ代表は常に4強以上の成績を残しながら頂点に立てなかった。

　ブラジルでドイツ代表は「Campo Bahia」と名付けたベースキャンプ施設を独自に建設するなど周到な準備を図った。戦術面での改善に関しては、ドイツサッカー連盟（DFB）は世界的ソフトウェア会社「SAP」にその戦略目標・スタイルを達成するための分析を依頼・発注した。「SAP」は最新のサッカー分析システムを開発し、1試合約4,000万件のデータを収集し分析、1人当たりのボール保持時間を測定するものを作り出し、ボール保持時間2.8秒を短縮するトレーニングを積み、結果的に本大会では1.0秒を切るまでになったという[15]。このシステムは、試合はもとより、実際のトレーニングや選手起用に役立てられたという[16]。

表15-2　2006-2014年のドイツ代表の戦績

2006 W杯	3位
2008 EURO	2位
2010 W杯	3位
2012 EURO	3位
2014 W杯	1位

③ドイツ代表とレーヴ監督のコンセプト:「ヘキサゴン」

　具体的にどのようなコンセプトを落とし込んだかは、これも推測の域を出ないが、バルセロナのポジショニングを改良、進化させた「ヘキサゴン(六角形)」の陣形にあるのではないかと庄司氏は指摘した[17]。スペイン代表がグアルディオラ監督のFCバルセロナとコラボレートしながら発展したように、前シーズン三冠に輝いたバイエルン・ミュンヘンにいみじくもグアルディオラが、2013-2014年シーズンに監督に就任し、ドイツ代表にポジティブな影響を与えたと考えられるだろう[18]。

　図15-1のように、架空のスペースを二角有する大きな六角形に3つの六角形を内包する陣形である。バルセロナやスペイン代表の三角形の重心を取ってインナーゾーンを突いていく戦法を、「狭い三角形の重心を専ら取らずともボールを素早く円滑に循環させ、適正な距離感も保ち、流動性も担保」するというように、ドイツ人の身体的特性に応じてその持ち味をダイナミックに引き出す方法に[19]、グアルディオラ監督が改良、進化させ、2014年W杯の優勝の核にしたことは、DFBの戦略計画の一環だったのであろう。

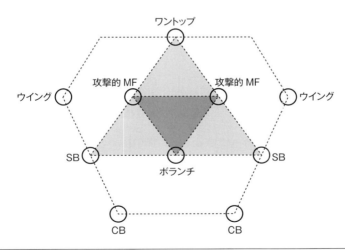

図15-1　バイエルン・ミュンヘンのヘキサゴン

(出典　武智幸徳 (2014)「独走バイエルン、強さの裏に3つの「ヘキサゴン」日経新聞電子版. 2014年1月19日付, p.3.」庄司悟氏の資料を武智氏が改変した。)

2 選手個人の戦略的な競技力アップについての基本的な考え方

次に、選手個人レベルで見通しをもって、つまりは戦略的に育成を図っていくための「基礎（ベース）」に関しての考え方について考察する。

(1)「基礎」の考え方：「良いボールの持ち方」
①「視野の確保と身体の向き」の功罪

フットボールの試合で前方へボールプログレスしていく際、アバウトなロングキックや無闇なドリブル突破の選択しかできない選手を育成しているとしたら、戦略的チーム作りなど論外であり、そのレベルの選手の技量に規定されたチーム作りしかできない。状況把握のために視野を確保する必要があるのは当然で、そのためにオフ・ザ・ボールの時に「良い身体の向き」をとることは、味方とのコミュニケーション力を高めてプレーの質を上げ、相手守備を崩し突破するための前提なのである。選手・チームのレベルアップのベースとなり、戦略的に選手を育成していくために不可欠なことと考えられる[20]。

以上は肯定的内容だが、末端に伝達される際に短絡化を生む問題もはらんでいる。

②鋳型化・画一化の問題

全体の動きを俯瞰できるような状態を作っておくことは、おおむね正しく、手間をかけずシンプルにプレーするベースである。しかし、すべての局面で指導者が強要し、鋳型にはめようとすれば、画一化された選手が再生産されることになるだろう。

③創造性の破壊

したがって、ボールを持っているチーム側の選手の意図が相手に読まれる可能性も出てきて、相手と駆け引きしていく喜び・工夫を奪ってしまう。

EURO 2008決勝スペインvsドイツ戦での決勝点は、シャビ選手からワントップのトーレス選手へのスルーパスから生まれたものであった（**図15-2**）。まさにインナーゾーンを見事に突いた、質的飛躍を遂げたスペインフットボールを象徴する得点であった。自陣ミッドフィールドのど真ん中のスペース＝ボランチの位置（ドイツTopとMF選手３人が作る三角形の重心）でフリーとなったアンカー、セナ選手がボールを受ける前に、スルスルと相手陣内ミッドフィー

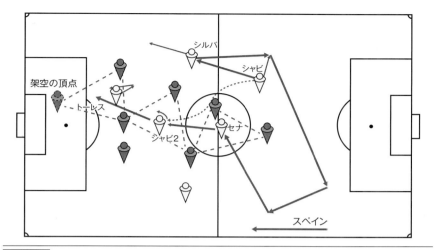

図 15-2 EURO2008 決勝スペイン vs. ドイツ戦の決勝点に至る、スペインのボールプログレス

（出典　EURO2008 決勝のスペイン vs. ドイツの録画映像から須佐が作図）

ルドのど真ん中のバイタルエリアに入り込んだシャビ選手。前方を視認しながら[21]セナ選手からボールを受ける、ギリギリの瞬間まで自陣サイドの方に身体を向け、スムーズで回転半径の短いターンであった。そして、クイックモーションでスルーパスを繰り出し、アシストした。ターンやキック技術の問題も大きいが、トーレス選手の動きを含めた、シャビ選手らがこの状況を逆手にとって、ドイツ守備陣を騙したといってもよいだろう。

　もちろん日本サッカー協会（JFA）も硬直化したプレーを求めているわけではない。普及過程で硬直化・画一化するのが懸念されるのであって、相手と駆け引きしながら奥深く見える世界を広げていく能力の向上が課題となる。

④基本としての「良いボールの持ち方」

　しかし、状況を把握する能力は様々に開発させるとして、「良い身体の向き」の問題を視野の確保だけにとどめるべきではない。ボールプログレスの手段として、パスかドリブルかの選択の問題があるが、パスできるようにボールを持つように身体の態勢をとらなければ二者の選択はなくなる。ドリブルせざるを得ない状況に追い込まれるだけである。パスかドリブルかの選択の前に、ゴールや突破につながるパスができる状態を作る、これが「良いボールの持ち方」

であり、「基本」なのである[22]。履き違えれば、戦略的に選手を育成する方針から外れてしまうだろう。

(2)「基礎」の考え方：「身体支配力」の向上

　ハイスピード・ハイプレッシャーの状況下でのプレーにおいて、その精度が求められるのが現代フットボールである。それに見合うフィジカル面での能力向上、フィジカルコンディションが求められるが、逆にそのようなトレーニングによって、故障の原因を生んだり、動きが悪くなったりするケースもある。そのため、動きの機能性を損なわずに動力面をアップしたり、動力面が上がっても制御可能な動きを身につけることを追求したりする必要がある。ボール操作などのレベルの向上を技術的な改善にのみ頼るのではなく、そのベースにある身体を動きやすくすることで結果、ボール操作が向上する、つまり技術性のベースにある「身体支配力」の向上を図ることも重要であるという考えが大切である。

①ベースのベースとしての「筋肉の弾力性」を養成する・保持すること

　筋力アップを求める場合、筋肥大を狙うことが多いだろう。加えて、終動負荷的な実施形態をとる場合が多く、大腿部前面、特に膝蓋骨近位部や下腿部などの末端が肥大し、しかも硬化を招いているケースが懸念される[23]。そうなると、動作改善は難しくなる。筋肉はしなやかさ・弾力性を保つことが大切であり、つまり解禁状態（リラックス）から筋出力する際に「伸張-短収縮」の一連のサイクルを促進する初動負荷法によるトレーニングが筋肉の弾力性の促進にとって有効となる[24]。

　関節可動域の拡大、神経-筋機能の向上、相反神経機能の亢進により、動きがスムーズになると考えられる。それと相まって、筋出力の主力エンジンとして機能する体幹部分の筋肉量増大と動きにとって重りとしかならない末端部分の筋肉量の漸減傾向から、プレースピードの向上をも認められる選手が出てくる[25]。

　さらに、この弾力性は筋ポンプ作用を促進させ、有酸素能力を向上させる。後述するように、特に間欠的スポーツ種目で求められる「スピード・ハイパワーの繰り返し能力」のベースを養成することにつながっていくと考えられる[26]。

②スプリント能力の向上に関する考え方

　日本代表の岡崎慎司選手[27]や、槙野智章選手などプロ選手になってから専門家の指導を受けて[28]、スプリント能力向上に成果をみた事例もあるが、全般的にはまだ問題が多いとされ、スプリントに対する考え方を述べておきたい。

・スプリントの推進力：「重心の真下への接地」と「重心移動」

　　日本人選手の多くは地面を蹴って推進力を得ていると考えているのではないだろうか。しかし、それは間違いであり、それでは重心が上下動し、力感の割にはスピード発揮の阻害要因となる。そればかりか、そのフォームでは大腿部前面を強く収縮させ、腿前の張りを強め、大腿部後面のハムストリングとの同時収縮、つまり「共縮」を起こし血流阻害に陥り、無駄に乳酸蓄積を招いてしまい、スピードの繰り返しの発揮に支障をきたすことが懸念される。また、地面を蹴って走ればスタート時に足を一歩引いて出るため、ロスとなり、つんのめってバランスを崩す原因にもなる。

　　スプリントには、重心の真下へ接地できるように訓練して、地面からの反発力を前方への推進力にするフォームを身につけることが肝要である。スプリントを重心移動と捉え、決して地面を蹴らずに重心を上下動させず、安定させて前へと進めるスプリント動作の質的向上こそが求められる。スムーズな重心移動、重心を拾い先行するスピードに乗っていくことは、「反射」を受けやすいポジションに身を置くということであり、つまり股関節‐膝関節‐足関節が垂直に一直線で結べる「垂直軸」[29]が着地ごとに形成され、スプリントにおいて地面からの反発力を正しく受け続けられ、移動距離は出る。また、それは左右の横や斜め、後方への動きでもその垂直軸が作れるように着地できれば、バランス能力のベースにもつながることはいうまでもない。

・そのためには良い姿勢：骨盤前傾姿勢

　　スプリントにおいてスムーズに1歩目を出す、前後左右に素早く動くことも重心移動と捉え、良い姿勢＝骨盤前傾姿勢が必要である。骨盤前傾姿勢とは、頭のてっぺんから糸でピンと吊られたかのようにスッと真っ直ぐに立ち、お尻がプクッと上がって背骨がS字のカーブを描いている姿勢のことで、脊柱側の筋力を緊張させず、むしろ丹田の奥、腸腰筋で骨盤を立てる自然体的姿勢である。これもバランス能力のベースであり、動作を解緊状態で遂行するベースである。

・「乗っていく」：「フラット着地」と「股関節伸展動作」

　　重心の真下に足底全体でフラットに着地し[30]、地面を蹴らず（大腿前面の筋肉群やふくらはぎを強く収縮させず）、骨盤腹部側の「上方回転」を伴う股関節伸展力を利用した[31]、しなやかな走りが求められる。動作は殿筋・ハムストリングスを主導筋とし、ハムストリングスを膝関節の屈筋としては活用しない[32]。

③コォーディネーション能力

・「身体支配力」の向上

　　まずスプリントを改善し、スピードや有酸素的繰り返し能力の向上に努めることは、基本的動作、ストップ、ターン、サイドステップ、クロスステップ、バックステップ、ジンガ的ステップ[33]の各動作のベース形成・改善などにつながっていくと考える。しかし、残念ながら、トレーニング方法ありきでこの種のトレーニングが実行されるケースが多い。例えば、アジリティやステップワークの習得にラダートレーニングが採用されているが、多くの場合、股関節からの動きでなく、末端を強く収縮させ足先を力んで実施している場合が多く、ラダートレーニングは上手くなるが、プレー能力に反映されていないように見える。

　　筋肉の弾力性の獲得、神経-筋機能の向上を図りながら、コォーディネーション能力を上げてレベルアップを目指す、つまりボール操作などの技術練習だけでは頭打ちになりやすいので、それだけでなくコォーディネーショントレーニングによって、より高いレベルでの技術発揮のためのベース＝「身体支配力」を上げていく必要があると考える。ハイスピード・ハイプレッシャーの状況下でも制御できうる動き・身のこなしを獲得しなければならない。

・運動制御能力の養成

　　単純な「刺激-反応パターン」ではなく状況変化への「能動的対応力」を身に付けるためには、多くの反復に時間を割くのではなく、そのスキルの中にある空間を把握する、時間を調整する、強さ・速さ・リズムを調整するというポイントに着目し、共通点をトレーニングすることで、短期間に何かがパッと変わるような動感を発生させ、「無理の効くような身体」を目覚めさせ、スキルアップにつなげる、という意味でのコォーディネーショントレーニン

グが求められる⁽³⁴⁾。戦略的トレーニングの構築に向けて、要はより高いレベルでのプレー能力を改善するために、終動負荷的筋トレ、単調なドリル訓練では得られない、高い運動制御能力を身につけていく方向性こそ望ましいと考える。

3 スタミナの問題

(1) 持久性＝有酸素トレーニングにおける履き違い

　選手を戦略的に育成していくうえで、フットボールなどの間欠的スポーツ種目では、持久力や有酸素能力は必要であるが、陸上長距離種目のように一定スピードで長距離・長時間を走る能力は必要なく、試合終盤になっても最大スピードと爆発的パワーが落ちないことが求められる。

　日本ではスポーツ界における精神主義的な風潮と相まって、きつい運動強度でのトレーニングが多いように感じられる。生理学的には走るペースが自分の有酸素代謝のレベルを超えるので、解糖系（乳酸系）からのエネルギー供給系の動員が大きくなり、乳酸を過度に蓄積してしまう強度である。つまり、選手によっては、解糖系（乳酸系）からのエネルギー供給を大きくするという誤った学習を身体にしてしまい、「悲劇」が始まると考えられる[35]。2012年のロンドン五輪男子マラソン代表の藤原新選手が五輪に向けて高速レースに対抗すべく、1km 2分50秒の高速ペースで20km前後を追い込むトレーニングを課したことは記憶に新しい[36]。また、フットボール日本代表の本田圭佑選手は長年課題とされてきた持久力向上を図るために沖縄にケニア人ランナーを招いて、ハイペースでの有酸素トレーニングに取り組んでいる（2013年1月）[37]。その挑戦には敬服するが、これらのトレーニングにのみ原因が求められないけれども、藤原選手は惨敗、本田選手はその後身体のキレがなくなっているように感じる。

(2) 乳酸系トレーニングの信奉体質と問題点

　乳酸系を酷使するトレーニングへの「信奉者」は少なくない。間欠的スポーツ種目、フットボールなどでは長いスプリントはないけれども、スプリントや高出力系のパワーを繰り返す必要があることからスピード持久系の能力が求め

られ、結果、その種のトレーニングが必要以上に導入されているのではないだろうか。JFAのフットボール医科学の教科書でも[38]、また、著名なスポーツ科学者バングスボ[39]も一定スピード持久性のトレーニングの導入を指摘している。

例えば、フットボールの試合中の激しい動き（スプリント）等によって一時的に血中乳酸濃度が7〜8 mmol/l前後に上昇することはあり、乳酸系の関与が認められるけれども、普通にトレーニングを積んでいる選手ならば、その程度は十分に緩衝可能であると考えられる。しかしながら、「解糖系からのエネルギー供給を受けることができればより高いパワーが出せる」などの見解を主張する人はいないと思われるが、上記指摘者の意図とは別に、追い込むトレーニング＝乳酸系トレーニングが根強く残っていく一因となっていると思われる。トレーニング時間の中で、乳酸が4 mmol/lを超えたトレーニングにどのくらいの時間を割くか、頻度設定をするか、強度設定をどのくらいにするかという程度問題にもよるけれども、試合中に血中乳酸濃度が上昇するからといって、乳酸系トレーニングを一つの柱に据えることには問題があるだろう。

（3）「最大スピードと爆発的パワーの繰り返し能力」を有酸素で回復する能力形成を中心に！

その結果、エネルギー代謝や中枢神経系に問題を起こすことが指摘された[40]。キレのない状態でトレーニングしても高パフォーマンスを得られるわけはない。さらに、強度の高過ぎる乳酸系トレーニングを長期に渡って継続した場合、身体が異化状態へ向かい筋肉を落とし、中枢へのダメージも大きく残るという[41]。

トレーニングの質、強度、時間をコントロールして、選手を育成していくためには、「最大スピードと爆発的パワーの繰り返し能力」、生理学的には、ATP-CP系の高エネルギー出力系からのエネルギー供給でのプレー遂行を中心とし、リン（P）を放出したADPならびにクレアチンを有酸素過程で使ってATP、クレアチンリン酸に再合成する能力を身体に学習する＝トレーニングすることである。そのベースとして、基礎的有酸素能力を築いていること、筋肉の弾力性があること、過度な乳酸系トレーニングを施さないことなどが求められる。

4 戦略的選手育成のためのトレーニング計画の基本的な考え方

(1)「ピリオダイゼーション理論」とは：フットボールに関して

　前項までに確認したように、身体にキレのない状態、創造性に問題が生じた状態、回復力が損なわれている状態、「身体支配力」に向上がみられず底の浅いプレーしかできない状態、怪我や故障を繰り返す状態という方向性でトレーニングを積んでいっても、レベルの高い選手育成にはつながらないだろう。個人のレベルアップだけでなく、チームで考えても、レベルの高い選手たちが共通のコンセプトにもとづく共通のイメージを抱いて、しかもハイスピード・ハイプレッシャーの状況下で、身心ともによい状態で質を持続させながらプレーし合うことでさらなる高みを極めることができる。そのためには、高い集中力でトレーニング・試合ができる環境を整えることとトレーニング計画をもつことが求められ、近年トップレベルのチームで、採用されているのが「ピリオダイゼーション理論」である。

(2) 漸次的レベルアップを図る「ピリオダイゼーション理論」

　より質の高いフットボールアクション（フットボールフィットネス的には最大限爆発的なアクション）とその維持（最大限爆発的なアクションの維持）、アクションの高頻度化（アクション間での速い回復）とその高頻度の維持（アクション間の回復速度の維持）の実現のために、生理学的には、筋肉への酸素供給能力の向上を図り、それをフットボールに特化したトレーニングで実施することによって、フットボールに特異的なフットボールアクションの質・フィットネスレベルの向上（特異性の原則）を図るものである。それを6週間1サイクル（2週間のブロック×3で構成）として、トレーニングを実施する。トレーニングの運動（時間・頻度）／休息比を適切化するトレーニングメソッドによって強度設定し、オーバーロードと超回復の原則に従って身体へのダメージと修復を図りながら、漸進性の原則に従ってトレーニング強度を段階的に上げ、長期的なフィットネスの向上を図るというトレーニング理論である。大事なシーズン終盤にフットボールアクションのレベルアップ、コンディションの向上が認められ、それを段階的に積み上げていけばプレー能力などの発達がみられることが予想できるだろう[42]。

(3) まとめにかえて

　フットボール以外のランニング（短距離、ダッシュの繰り返し、中長距離）、ステップワーク、過負荷筋力、コォーディネーションなど一連のトレーニングを無秩序に導入すれば、選手は混乱する。前述のように、今もっている能力で最大限プレー遂行力を高めることであり、専門種目のトレーニングの中で磨きをかけながらも、不足面・未発達面などを補うためには、これまで述べた「身体支配力」を向上させることが必要であり、それは日本では差し迫った問題である。トレーニング計画の中に組み込んで発達を促していく必要があるだろう。

　しかも、心も身体も異化ではなく同化状態に保ちながら、目指すプレーの方向性に導いていくという信念がその戦略に横たわっていなければならない。

(4) トレーニングにみる戦略

　本講では、戦略を監督個人の裁量に委ねるのではなく、協会による一貫した戦略の必要性として、スペインとドイツの例を用いた。その際に、戦略を「コンセプト」という戦術範囲も含まれた広義な概念に置き換え、選手に対する戦略的な競技力向上方法としてのトレーニングに着目した。特に「身体支配力」の重要性を考察した。その「身体支配力」を維持し続けるためのスタミナの問題として、トレーニングに関する着眼点の違いにより、逆に戦略（コンセプト）を実践できなくしてしまうことを考察した。そして最後に、戦略の遂行のためのトレーニングの基本的な考え方を提示した。

　これらの考察から導き出される「トレーニングにみる戦略」は、無秩序なトレーニングの導入は選手の混乱を招き、コンセプトの概念で表されるように、戦略からトレーニングまでがコーディネートされた状態でなければ戦略ではないということである。

（須佐　徹太郎）

○注釈

(1) 「スペイン代表の黄金時代から考えるサッカー論」
　　soccerlture.com/think soccer_from_spain/ 2015.8.15
　　（2008〜2010年度阪南大学流通学部須佐ゼミでの研究発表から）。
(2) 「歴史に名を残したアラゴネス」ポール・ギバルシュタイン2008.7.5年12：05より。

(3) スペインはUEFA U-18が毎年開催となった1992年以降優勝1回、準優勝1回、ベスト4が4回、UEFA U-21（隔年開催）で1996年準優勝（PK負け）、98年優勝、2000年3位、同年シドニーオリンピック準優勝（PK負け）、2002年からU-18からU-19となった2002年から2007年までの6年間で4回の優勝というように、育成面では確実に成果が上がっていた。

(4) 2008年EURO予選グループFのスペインは予選敗退の危機に瀕していたが、11節でようやく本大会出場を決めたほど苦戦を強いられた。本大会に入っても、グループリーグ3連勝ではあったとはいえ、曲折、試行錯誤を経なければ、新たなスタイル確立への道はなかったといっても過言ではないのではない。その準決勝の途中から、表面的には「クアトロ・フゴーネス（4人の創造主）」と言われるシャビ、イニエスタ、セスク、シルバの4人のゲームメーカーを同時起用するシステムをとった。

(5) 須佐徹太郎「サッカーの現代戦術史研究に向けて」『ひすぽ（スポーツ史学会・会報）』No.81. p.3-4. より。

(6) デル・ボスケは2008年段階に比べ特に進化を遂げているのは、攻撃時ボールロスト後の即座の守備からのボール奪取で、グラディオーラバルサとのコラボレーションを強めながら、ワイドアタッカーやTopのターゲットマンを招集するなど多様性をも見せて未踏の高みに昇ったと考えられる。

(7) この発見は庄司悟氏の卓見である（木崎伸也「三角形の重心に注目せよ」Number No.748, 2010.2.18.）。

(8) 武智幸徳「密集でこそ輝ける　香川真司のアタマの中（上）」2011.2.25付け日本経済新聞電子版より。

(9) ルイスは、小さい選手たちを集めた。イニエスタ、カセロラ、セスク、シルバ、ビジャそして、いいプレーをしながら勝てることを証明した。ユーロで優勝できたことが、次のW杯優勝にもつながった。シャビがアラゴネスに手紙を書いた文章を高司裕也氏抜粋・翻訳（El país紙掲載）

(10) ティキ・タカ - Wikipedia 2016.11.11.より。

(11) BK＝Ball Kontakt（ボールタッチであるが、スローイン、トラップ-パスやドリブルも1回とみなす）。ワンプレーと言い換えてよい。

(12) 庄司悟「サッカーはシステムでは勝てない」p.57-58 より。

(13) 第3回流通学部スポーツマネジメントコース主催「WワールドカップブラジルW大会を語る」（阪南大学あべのハルカスキャンパスにて開催）2014年6月28日（土）。

(14) 「ひとりの選手が長々と持つのではなく、シンプルにボールを動かすこと」が戦略目標としたのである（庄司悟「サッカーはシステムでは勝てない」p.10-11）。

(15) 庄司悟「サッカーはシステムでは勝てない」p.10-13 より。

(16) トレーニング含めて、「フィールド上の全選手とボールの動きを高精細カメラでトラッキングすることで、各選手の走行距離などの単純なデータのみでなく、選手同士の位置や距離、パス成功率などのビッグデータにもとづく最適なパスの経路を見つけることが出来るようになった」という（山内一樹「勝ちに不思議の勝ちなし．狙い通りの優勝を成し遂げたドイツの強さの秘密とは…?」Thesportsbusiness.jp/archives/1480，2014.7.16）。

(17) 2013.12.14 東工大附属高にて庄司悟氏よりご教示。

(18) ドイツ代表のほぼ毎試合先発メンバーの過半数を占めるのがバイエルン・ミュンヘンであることも考え合わせると、その戦術的方向性はより確実なものになるだろう。

(19) 2013-14シーズンの前期を終えたバイエルン・ミュンヘンは、三冠を達成した前シーズンに比して技術的要素（BK数、パス成功数、ボール保持率）はもとより、体力的要素（スプリント＆ハイスピードの距離・本数、総走行距離）も改善されている（武智幸徳．独走バイエルン，強さの

裏に3つの「ヘキサゴン」.日経新聞電子版.2014.1.19).

(20) 「ゴールを奪うために、どのような方法で攻略するかが大切です。そして、常に視野を確保できるように身体の向きや姿勢を良くしていく習慣を身に着けることが必要です」とあるが（JFA技術委員会監修「サッカー指導教本　JFA公認C級コーチ」公益財団法人日本サッカー協会，2016年，p.18）。この限りではまったく問題ない。筆者は、その普及過程で硬直化が生じる可能性を危惧している。

(21) 最初にシャビが視認したとき、未だオフサイドポジションにいたトーレスは、シャビがパス出す瞬間には、オフサイドポジションを解消したばかりではなく、ドイツ守備陣の背後を取る準備を終え、シャビのスルーパスとジャストタイミングで合わせた、究極のアイコンタクトが出た。

(22) 李国秀氏はこれを含んで「突破かパスか！」という表現で言い表している。李国秀監修VHSビデオ「Jリ-ガ-はこうして生まれた,これぞ究極のコ-チング・バイブル　1・2」製作・著作：オンザライン，1996年より。

(23) 小山裕史「新訂版新トレーニング革命」講談社、1994年、荻田太他「ウェイトトレーニング法の違いが呼吸循環系応答と関節可動域へ与える影響」トレーニング科学，1995年、根本勇他「初動負荷法によるレジスタンストレーニングの特徴」in コーチングクリニック，1996年2月、根本勇他「初動負荷トレーニングの科学的基礎」in 体育の科学第49巻第2号、中村夏実他「初動負荷法によるレジスタンストレーニングの生理学的特徴とパフォーマンスに対する影響」など。

(24) 小山裕史「新訂版新トレーニング革命」講談社、1994年、根本勇他「初動負荷法によるレジスタンストレーニングの特徴」in コーチングクリニック，1996年2月、根本勇他「初動負荷トレーニングの科学的基礎」in 体育の科学第49巻第2号、1999年2月、「勝ちにいくスポーツ生理学」山海堂．1999年．P.92-93)。

(25) 本稿執筆時点での陸上100m日本記録保持者伊東浩司氏の現役時代、1994年からの数年間、初動負荷トレーニングによる下肢周径囲の変化を追った故根本勇氏によると、体幹部の筋群の特異的肥大と手や足など末端部にかけての漸減をする形態を有することが、様々な動作のスピードアップ・パワーアップにつながるという（根本勇他「初動負荷トレーニングの科学的基礎」in 体育の科学第49巻第2号，1999年2月，p.150)。

(26) 「根性主義よさらば，走り込みなんて古い古い」『スポーツ科学徹底主義』デイリースポーツ．1999.3.3．より。

(27) 杉本龍勇 FOOT × BRAIN 2013.4.21放映。

(28) 秋本真吾 FOOT × BRAIN 2015.5.15放映。

(29) 小山裕史「『奇跡』のトレーニング」講談社．2004年．p.47-75より。

(30) 小山裕史氏は「人間の場合、膝を深く曲げず、足底全体で着地するという連続動作の中で、進行方向に骨盤が前傾できると、重心が先に移動し、足底部はまだ地面を抑えています。その最後のギリギリの瞬間に拇趾球が地面をオスと、更なる加速度が生まれます」とフラット着地接地してから離地までの作用を説明している（小山裕史．同上書．p.84-85)。

(31) 膝でなく股関節を伸ばす（股関節伸展）力を利用する」と初動負荷スタートを定義づけている（小山裕史．同上書．p.61)。

(32) 初動負荷走法の特徴として、①スタートでブロックや地面を蹴らない、②重心移動を先行させる、③膝を高く上げない、④つま先で蹴らない、⑤平行に、フラットに着地する、⑥腕を振らない、を挙げている（小山裕史．同上書．p.31-32)。

(33) ブラジルで天賦の才に恵まれた、特別のタレント（ペレ、ロナウジーニョなど）が有するリズムで相手を翻弄するステップを指すが、「股関節-骨盤-肩甲骨」の連動したリズム・動きで、一見余計なステップを踏んでいるようで相手の重心をズラし、逆を取るステップ。

(34) 徳島大学の荒木氏によれば、半年間かけてじっくりスキルアップするのではなく即実施のときに〈身体が動くことで〉できる実感がするようなコォーディネーショントレーニングが必要であるという（荒木秀夫「コォーディネーション・トレーニングの実践〔講義編〕」トレーニングジャーナル．2005.7.p11-24）。

(35) 1986、90年W杯西ドイツ代表のベッケンバウアー監督を支えたスポーツ医学担当のH.リーゼン氏は、1989年9月のJFA科学委員会講演で「オラフトーンという選手は悲劇的です。15歳までは良かったのですが、20歳まで高乳酸の状態でトレーニングを続けされたために創造性を開発される時間がなかった」と述べ、その問題点を指摘していた（H.Liesen『サッカーへの科学的トレーニングの導入』サッカーJFA NEWS NO.73. p.48）。

(36) 2012年7月9日（月）放映のNHK「クローズアップ現代」No.3226。

(37) 2014年6月2日放送の「W杯直前スペシャル：密着"世界一"への道500日の記録：プロサッカー選手・本田圭佑」。

(38) 乳酸産生によるパフォーマンス低下に対しては、スプリントトレーニング等によって、乳酸の緩衝能の向上で解決されるような記述がなされている（日本サッカー協会スポーツ医学委員会編「コーチとプレーヤーのためのサッカー医学テキスト」金原出版，2014年，p.31-41）。

(39) 高強度運動を何回も繰り返すためのこの能力は、スピード持久力トレーニングによって身につけることができる」（ヤン・バングスボ「ゲーム形式で鍛えるサッカーの体力トレーニング」大修館書店，2008年，p.18）。

(40) Heinz Liesen "Schnellichkeitsausdauertraining im Fussball aus sportmedizinischer Sicht"：fussballtraining.1983.5.（Okt.）S.27-31.
その中でフットボール選手のコンディショニングの問題に触れて、コンディションの基盤は、フットボールのトレーニング不足というよりも、例えばスピード持久性トレーニングのような、過剰に乳酸産生するトレーニングを実施することによって崩れるという指摘をしていた。

(41) H.Liesen前掲．（S.Muecke1994年立命館大での講演より）。

(42) レイモンド・フェルハイエン「サッカーのピリオダイゼーション」World Football Academy，2016年より。

第16講
情報(データ)分析という戦略

　スポーツ戦略を立案するうえでデータ(情報)が必要不可欠なものであることは自明の理である。しかしながら、一言にデータといっても、その種類は多岐にわたる。例えば、個人レベルで考えると、100m走やマラソンなどの記録や、それを生み出す運動能力、さらにはその能力を決定する因子の1つである遺伝子などがきわめて重要なデータとして認識されている。また、チームスポーツでは、リーグ優勝までの道のりを示すマジックナンバーや、得点および失点パターンの類型、チームを運営する組織の資金と意思決定などが頻繁にメディアに取り上げられ、世間の注目を集めている。
　本講に挙げた例は、スポーツに関するデータのほんの一部であり、科学技術の進歩に伴って測定・分析できるデータの数と質は年々飛躍的に増加している。特に、2000年前後からパソコンやインターネットが急速に普及したことで、膨大な量のデータを瞬時に測定・分析し、戦略を立案することが可能になった。しかしながら、無数にあるデータの中から価値があるものを拾い集め、それにもとづいて的確な戦略を練るのはきわめて難しい作業となる。しかも、数多のライバルの先を行くスピードでそれを実行しなければならない。このように、周りに氾濫するデータに溺れず、それを上手く活用するには、どのような戦略が求められるのかを論考する。

1 データ測定から戦略実行までの基本的な流れ

　まず、データにもとづく戦略によって大きな成果を残した事例を紹介する。これらの事例をもとに、データ測定から戦略実行までの基本的な流れについて論じる。

(1) MLBオークランド・アスレチックスの事例
　2003年に『マネー・ボール』というタイトルで書籍化され、その後、2011年に映画化されたメジャーリーグ・ベースボールのオークランド・アスレチックスの事例は、21世紀を代表するスポーツ戦略の1つであろう。出版から10

年以上経った現在では、この事例が「旧石器時代の話」と評されるほどデータ測定および分析技術は進歩しているが、古典的な存在であるからこそ、そこからデータにもとづく戦略立案の基本を読み取ることができる。

　1997年からオークランド・アスレチックスのジェネラル・マネジャーを務めたビリー・ビーンは、セイバーメトリクスと呼ばれる手法を用いて戦略を練り、チームを勝利へと導いていった。特筆すべきは、2002年に選手の年俸総額でリーグ1位であったニューヨーク・ヤンキースの約3分の1の年俸総額で、ヤンキースと同等の勝ち星を記録した点である。では、彼はどのようにして乏しい資金力で高い勝率を残すことができたのであろうか。紙幅の関係上、詳細は省略するが、ビーンが実行した戦略に至る過程を簡単にまとめると次のようになる。

- まず、至極当たり前のことだが、最も勝利と関係性が強い要因である「得点と失点」の中から、比較的マネジメントしやすい「得点」に注目した。
- 次に、その得点との関係性が強い変数を探索的に検討し、長打率と出塁率を合わせたOPS（On-base plus slugging）にたどり着いた。
- その後、この値が高い選手、つまり長打を打つ確率が高い選手や四球を含めて塁に出る確率が高い選手を集めてチームを編成し、さらにそれらの能力・スキルを育成した。
- 加えて、ビーンの戦略の秀逸さが現れているのが、出塁率（特に四球による出塁）が多い選手は、本塁打数や打点が高い選手に比べて人件費が安かった点である。チームの競技面（すなわち勝敗）とビジネス面の両立が求められるジェネラル・マネジャーならではの慧眼である。

　以上のように、①まずは選手やチームが目指すゴールとの関連性が強い要因を分析し、②それを測定および評価する方法を確立、③その評価にもとづいて選手をスカウト・育成・起用する、といった過程がアスレチックスの快進撃の要諦になっていたと考えられる。この他にも様々なデータを用いて戦略を立案してチームをマネジメントしたことは想像に難くないが、ここでは「データ測定から戦略実行までの基本的な流れ」として、上記の3つのステップを提示した。

(2) NHLにおけるシュートセーブ率の事例

　次に、勝利と関係性が強いもう1つの要因である失点をデータにもとづく戦略によって減少させた事例を紹介する。NHL（National Hockey League）では1985-1986年シーズンから30年間で、ゴールキーパー（以下「GK」とする）の平均シュートセーブ率が約5％上昇し、それに伴って1試合あたりの得点が約1点減少した（図16-1）。単純に計算すると、1試合で両チームの得点が1点ずつ減るので、観客が得点や失点を見て一喜一憂する機会が2回も減ったことになる。数値的には小さな差ではあるが、この変化がアイスホッケーの発展に与えた影響は非常に大きい。

　その変化の根幹にあるのが、1980年代中盤に誕生したGKの新しいセービング・スタイルである。それまでは、GKは「立ってプレーしろ」「そんなに早く座るな」という教えを受け、指導者の経験にもとづいたスタンディング・スタイルが推奨されていた。しかし、「NHLの失点のほとんどがゴール下部へ

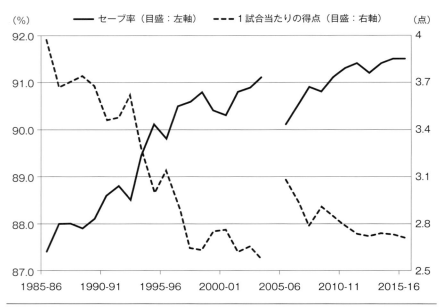

図16-1 NHLにおけるセーブ率と1試合当たりの得点数の推移

（出所：HOCKEY REFERENCE.COMをもとに筆者が作成）
※2004年-05年シーズンは、ロックアウトのため開催されなかった。

のシュートによるものである」というきわめてシンプルなデータが明らかになったことによって、まずは低いシュートを止めるためのセービング・スキルが開発された。それがバタフライである（図16-2）。現在は、立った状態で相手の選手がシュートを打つのを待ち、シュートが放たれた瞬間もしくはその直前にこの姿勢に移行してセーブするスタイルが一般的になっている。このスキルの誕生によってGKが取るべきポジションや、そこに移動するまでの効率的なスケーティングなどが次々に開発され、それらを包含してバタフライ・スタイルが確立された。

　このスタイルが誕生してから約30年間でセーブ率と1試合あたりの得点数が変化していった。この間、選手が持つスティックの素材が木から反発性の高い素材へと進化して、シュートスピードが著しく上昇している。さらに、その一方で、ルール改定によってGKが身に付ける防具のサイズは以前より小さくなった。このように、GKが不利になる条件が重なりながらも彼らのパフォーマンスは年々進化を遂げている。その原点になっているのが、1980年代中盤に測定されたシンプルなデータと、それにもとづいて立案された戦略（セービング・スタイル）であることを今一度確認しておきたい。オークランド・アス

図16-2　アイスホッケーのゴールキーパーの基本姿勢（左）とバタフライ（右）

レチックスの事例と同様、経験にもとづいて構築された既成概念にとらわれない発想がアイスホッケーの歴史を変えたのである。

2 一流の戦略を読み解くためのデータ分析

ここまでは、得点と失点に着目して、それぞれ代表する事例を基にデータ測定から戦略実行までの基本的な流れを整理した。しかしながら、日々、複雑化・高度化が進んでいるトップスポーツにおいては、このような基本だけでは他を凌ぐことは難しい。そこで第2節では、世界で最も競争が激しいスポーツといっても過言ではないフットボールの世界で、独創的な着眼点と高度な分析技術を駆使して活躍されている庄司悟に実施したインタビューの結果から、彼が考える「データと戦略」について考察する。

庄司氏は1975年から33年間ドイツで暮らし、その後2008年に日本に帰国、翌年にDJ SPORTS株式会社を立ち上げた。現在は同社のチーフゲームアナリストとして、ブンデスリーガをはじめ、アメリカ、スペイン、日本などのフットボールチームの分析を手掛けている。本節では、これまでに庄司氏が収集・分析してきた膨大なデータの中から、2014年のFIFAワールドカップ（以下「W杯」とする）ブラジル大会で優勝したドイツ代表のデータを事例として取り上げる。特に、2006年のW杯ドイツ大会から3大会連続で対戦してきたアルゼンチン代表との試合に焦点を当て、ドイツ代表の戦略の変化について検討した。

まず、庄司氏が着目したのは「特定のエリアで受けたパスの回数」を示す「ヒートマップ」と呼ばれるデータである。2006年のW杯ドイツ大会の決勝トーナメント初戦でメキシコ代表と対戦した時のアルゼンチン代表のヒートマップ（図16-3）をみると、中央部にパスが集まっていることがわかる。この試合では、当時のアルゼンチン代表の主力選手であったリケルメ選手やテベス選手らの活躍によって、2対1でメキシコ代表に勝利している。ところが、次戦の準々決勝、ドイツ代表との試合のヒートマップは、中央部ではなく、その周辺の四角にボールが集まったことを示している（図16-4）。ここに当時のドイツ代表のゲーム・コンセプトが現れていると庄司氏は分析している。ドイツ代表は、アルゼンチン代表が得意とするエリアでプレーさせないために、自分たちのフットボールを犠牲にしてまでボールをサイドに集めることを徹底したのであ

る。その結果、ドイツ代表はアルゼンチン代表の得点を1点におさえてPK戦に持ち込み、辛うじて勝利をつかみ取った。

　ドイツ代表は、その後の準決勝で宿敵のイタリア代表に延長戦の末、0対2で完敗し、自国開催のW杯で3位という結果に終わった。そこから、ドイツ代表の再建を託されたのが8年後のW杯ブラジル大会でドイツ代表を世界一へと導くヨアヒム・レーヴ監督である。庄司氏は、レーヴ監督の8年間の戦いの中から2つのゲーム・コンセプトを見出し、それらがドイツ代表の世界一に

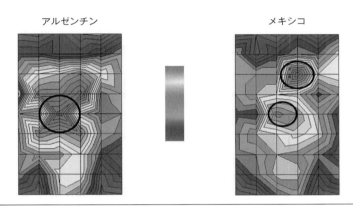

図16-3　ドイツW杯のアルゼンチン対メキシコ戦（決勝トーナメント1回戦）のヒートマップ
マップの外枠はピッチ全体を示し、上部が敵陣、下部が自陣となる。分析対象の試合では、丸で囲まれた位置にボールが集まる頻度が高かった。

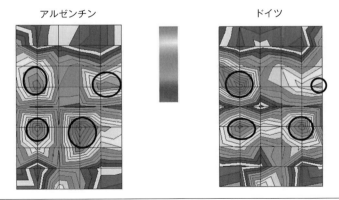

図16-4　ドイツW杯のアルゼンチン対ドイツ戦（決勝トーナメント準々決勝）のヒートマップ

大きく寄与したと推察している。

　1つ目は、2010年のW杯南アフリカ大会に向けて導入したと思われる「サークル・ディフェンス」である。このコンセプトの核は、10人の選手で円を作って相手ボールを取り囲み、その円の中にできる「軸」を起点として攻守を展開することである（**図16-5**）。これによって、乳酸が溜まりやすい無駄な走りを減らし、90分間に最大の瞬発力で走る頻度を増やすことが可能になった（このアイデアは、2009年に南アフリカで開催されたFIFAコンフェデレーションズカップにおけるアメリカ代表の躍進がヒントになっていると庄司氏は分析しているが、その詳細は別紙に譲る）。

　このコンセプトが功を奏したこともあり、ドイツ代表は2010年のW杯南アフリカ大会でも順当に決勝トーナメントに進出した。さらに、準々決勝では4年前のW杯ドイツ大会で辛勝したアルゼンチン代表を相手に4対0で完勝を収めた。ここからドイツ代表の4年間の戦略の進化が浮かび上がってくる。その後の準決勝で、ドイツ代表はスペイン代表に0対1で敗れるが、この敗戦から再びレーヴ監督によってサークル・ディフェンスが新たなコンセプトへと発展することになる。

　それが、庄司氏が見出した2つ目のゲーム・コンセプト「ヘキサゴン」である。このコンセプトは、サークル・ディフェンスを攻撃にも応用したもので、ボールを保持している味方選手を中心にして他の選手で円を形成し、常に5、6つのパスコースを作り出すことに主眼を置いている（**図16-6**）。その真価が顕著に表れたのが、2014年のW杯ブラジル大会の準決勝、ドイツ対ブラジルの一戦である。のちに「ミネイロンの惨劇」と呼ばれるこの試合で、ドイツ代表は7対1でブラジル代表に快勝している。

　この時のポゼッションはブラジルが52％でドイツが48％だったが、ブラジルはポゼッションが高かったにも関わらず、自ボール時よりも相手がボールを持っている時の方がチーム全体の総走行距離が長くなっている（**表16-1**）。この結果から、ドイツ代表のヘキサゴンがブラジル代表の選手たちの体力を消耗させていたことが読み取れる。さらに、この試合のアクチュアル・プレイング・タイムは62分（両チームの合計）で、ブラジルがこの試合の前に対戦したコロンビアとの試合の39分を大きく上回っている（**表16-2**）。なぜ、ドイツ対ブラジルのアクチュアル・プレイング・タイムの方が1.5倍以上も長くなった

のかは、両試合のファール数を比較すれば一目瞭然であろう。これらのデータから、ドイツ代表はブラジル代表が得意とする「ファールで悪いリズムを止める」こともさせず、ヘキサゴンによってじわじわと相手を窒息死させたと庄司氏は分析している。

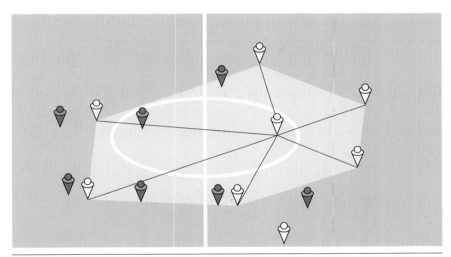

図16-5 サークル・ディフェンス

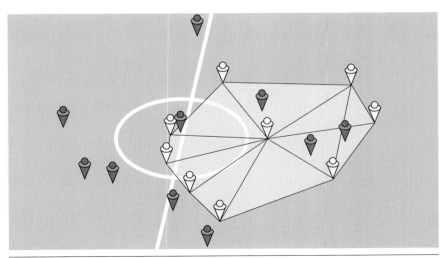

図16-6 ヘキサゴン

表 16-1　W 杯ブラジル大会　ブラジル vs ドイツ戦のスタッツ

ブラジル		ドイツ
52%	ポゼッション	48%
42,675m	自ボール時の総走行距離	46,592m
44,119m	相手ボール時の総走行距離	47,825m
32 分	アクチュアル・プレイング・タイム	30 分
11	ファール	14

（出所：FIFA.COM をもとに筆者が作成）

　続く決勝戦でドイツ代表は、3大会連続でアルゼンチン代表と対戦した。序盤から堅守で体力を温存しながら徐々に主導権を握ったドイツ代表は、延長戦での値千金のゴールで1対0とし、1990年のイタリア大会以来となる4回目の世界一に輝いた（当時は西ドイツ代表）。

　以上のように、2006年のドイツ大会から3大会連続となったドイツ対アルゼンチンの試合をもとに、ドイツ代表が世界一を目指すうえで立案したであろうコンセプトに関する庄司氏の分析結果を紹介した。しかし、これはあくまでも仮説であり、本当にこのようなコンセプトが存在したのかどうかは、その立案者にしかわからない。世界一を争う戦いともなると、その戦略は一部の人間しか知らない超極秘情報となるであろう。

　庄司氏曰く「一流の音楽家が音楽を聴いてその譜面をイメージできるように、フットボールを見て想像を膨らませることによって、おのずと指導者が依拠するコンセプトが浮かび上がってくる。そこに答え合わせをする必要はない。」という。データとは、その想像を他者に伝えて納得してもらう際の材料であって、それだけで戦略を語るのは難しい。

　例えば、ヘキサゴンの存在を裏付けるデータの1つに、「1人の選手が1回ボールを持ったときの平均保持時間」がある。この数値が、2006年から2014年の間で2.8秒から1秒に縮まっている。これは、レーヴ監督からの依頼を受けてドイツのSAP社が開発したソフトによって測定が可能となったデータである。この事実は、レーヴ監督が早いパス回しを柱とした戦略を立案したことを示唆している。それ以外にも、選手の総走行距離やスプリント総数が飛躍的に上昇している（**表16-2**）。一般的には、プレーのスピードや走る量が増加すれば、パスなどの精度は低下するものだが、レーヴ監督率いるドイツ代表は量

表16-2 W杯ブラジル大会　ブラジル vs コロンビア戦のスタッツ

ブラジル		コロンビア
51%	ポゼッション	49%
27,709m	自ボール時の総走行距離	27,306m
26,925m	相手ボール時の総走行距離	28,528m
20分	アクチュアル・プレイング・タイム	19分
31	ファール	23

（出所：FIFA.COMをもとに筆者が作成）

質共に上昇させた。庄司氏は、これらのデータの変化を頭の片隅に置きながら、想像力と創造力を膨らませて何度もドイツ代表の試合を見て、ヘキサゴンのようなコンセプトにたどり着いたという。データだけで何かを語ろうとするのではなく、芸術的なセンスや経験に裏打ちされた独自の視点でコンセプトを見つけ出すのが、庄司氏の分析の神髄なのではないだろうか。

　本節では、このような類まれな分析手法にもとづいて、ドイツ代表が8年以上の歳月を費やして目指した世界一奪還への道のりを振り返った。彼らは、「打倒スペイン」「打倒アルゼンチン」ではなく、ある法則にもとづいてターゲットを立て、自分たちに合ったフットボールを探し続けたのである。1人の代表監督の考えによって戦略を変えるのではなく、国の代表の強化に関わる人たちでドイツフットボールの戦略を立案し、それをユルゲン・クリンスマン前監督からレーヴ監督へと引き継がれていったのであろう。

　「日本フットボール界も代表監督ありきで代表チームを勝利へと導こうとするのではなく『日本のフットボールはこうあるべき』という戦略を議論し、育成年代も含めてその考えを共有することが求められる。」と庄司氏は指摘する。それを実現するためにも、まずは指導者が想像力と創造力を膨らませてゲーム・コンセプトを創出し、データを活用してそれを検証・進化させていく文化を醸成することが重要になる。

3　指導者が目指す「勝利以外のゴール」

　ハーバード・ビジネス・スクールのEOP（Entrepreneur, Owner, President）プログラムで戦略論を担当しているシンシア・モンゴメリー教授は、戦略の立

案者が目指すゴールについて次のように述べている。
「『目的地がなければ、そこに至る道はない』という言葉がある。組織には存在理由、つまり目標があるはずだ。」（モンゴメリー, 2014）

　この言葉は、戦略について考える前にこの目的地（ゴール）を明確にすることの重要性を示唆している。
　スポーツ戦略を立案する者のほとんどは指導者である。では、この指導者は一体何を目指しているのであろうか。最もわかりやすいゴールは、これまで述べてきたとおり、勝利である。そこに至るために指導者はデータを測定し、それにもとづいて戦略を立案している。しかし、指導者が目指すべきゴールは勝利だけではない。選手を勝利へと導く一方で、スポーツ場面以外の生活においても選手自身が望ましい人生を送れるよう、1人の人間として成長させることも求められている。そこで第3節では、指導者が目指す「勝利以外のゴール」と、選手をそこに導くためのデータにもとづく戦略について論考する。

(1) スポーツ経験と人間形成

　スポーツ経験と人間形成の関係性は、主に心理学の領域で主要テーマの1つとして研究されてきた。特に、わが国では1990年代後半からライフスキルの概念を用いて両者の関係を検証する研究が盛んに行われてきた。その中で、上野（2011）は、国内外で実施された体育・スポーツ活動とライフスキル獲得に関する研究をレビューし、スポーツ経験とライフスキルの関連性を示唆する研究結果は多いが確定的ではない、との結論に至っている。さらに、今後の課題の1つとして「どのような指導が繰り返されることがライフスキルの般化を促すのかについて、明らかにする必要がある」と述べている。般化とは、スポーツ場面で獲得したスキルが日常生活場面で活用されることを意味する。このことから、選手のライフスキル獲得を促す具体的な指導方法について検討するための科学的なデータは未だ不十分であることがわかる。
　筆者が大阪府の高校生を対象として実施したアンケート調査においても、運動部に所属している高校生のライフスキル（上野・中込, 1998）は、運動部に所属していない高校生のそれと比べて有意に高いことが明らかとなった（**表16-3**）。さらに、1年間の経時変化をみると、運動部の高校生は対人スキルと

表16-3 高校生のライフスキルの経時変化

	2013年11月		2014年11月		主効果		交互作用
	運動部 (n = 101)	所属なし (n = 122)	運動部 (n = 101)	所属なし (n = 122)	所属	期間	
対人スキル	4.79(0.65)	4.59(0.80)	4.93(0.70)	4.53(0.83)	10.68**	0.77	6.17*
個人的スキル	4.44(0.77)	3.99(0.81)	4.60(0.79)	4.06(0.75)	27.24***	5.67*	0.85

注1. 各変数は7段階評価で測定し、「平均値（標準偏差）」を示した。
注2. $*p<.05$, $**p<.01$, $***p<.001$
注3. 「対人スキル」について有意な交互作用がみられたことから、単純主効果の検定を行った。その結果、運動部における期間の単純主効果が有意であった（$F(1,221) = 5.15$, $p<.05$）。また、両期間において所属する単純主効果が有意であった（それぞれ、$F(1,221) = 4.08$, $p<.01$；$F(1,221) = 15.30$, $p<.001$）。

個人的スキルの両方が向上したのに対し、運動部に所属していない高校生の場合は個人スキルだけがわずかに変化している。これらの結果は、1年間運動部に所属することでライフスキルが高まる可能性を示唆しているが、このようなデータだけでは具体的に「どのような経験によって、どのようなスキルが高まるのか」といったことまでは言及できない。今後は、縦断調査やランダム化比較試験などの質の高い研究を積み重ね、データにもとづいて選手をライフスキル獲得へと導く戦略を確立することが求められる。

（2）生涯を通して選手を成長させるための戦略

国外ではライフスキルはもとより、対人関係における有能感や学業成績、大学の出席率などの指標を用いて、多方面からスポーツの教育的な価値について検討されてきた。こういった研究が示すように、選手はスポーツ経験を通して多種多様な「成果」を手に入れ、それを糧に自分の人生を豊かにできる可能性がある。近年、そうした選手の人生に焦点を当て、生涯を通して選手を成長させるための戦略の開発が進められている。

その代表的な例の1つが、カナダにおけるスポーツ振興の土台となっているLong-Term Athlete Development Model（以下「LTADモデル」とする）である（Balyi, Way, and Higgs, 2013）。このモデルでは、人間の発達段階に合わせてスポーツとの関わり方を7つのステージに分類し、各ステージにおける指導方針を示している。わが国においても、発達段階に合わせてトレーニング内容を変えることの重要性は一般的に知られているが、どの年代においても勝利というゴールに注目が集まる傾向があるのではないだろうか。

LTADモデルの特筆すべき点は、幼少期にスポーツをはじめた選手が目指す最終的なゴールを「Active For Life」に設定し、将来的に国内外のトップレベルを目指さない（もしくは、目指せなくなった）選手にも、末永くスポーツを楽しんでもらう戦略を追究していることである。同モデルの中では、本格的に勝利を目指してトレーニングを実施するのは18歳以上の一部の人間だけとし、そのようなエリートアスリートを育てるための指導も戦略の１つに位置付けられている。それと同時に、エリートアスリートが到達するステージに移行しなかった選手たちが、その後も活力に満ちた人生を送るための道筋まで視野に入れている。この長期的な戦略に則って、各種スポーツ統括団体やチーム、指導者は彼ら彼女らが引き続きスポーツに打ち込める環境の創出を目指す。加えて、こうした新たな環境でもスポーツを楽しもうとする考え方と、それを可能にする運動スキルを幼少期のうちから育むことも推奨されている。

　特に重要視されているのが、フィジカル・リテラシー（Physical Literacy）という概念である。これは、文章を読み書きするために必要な文字を理解する能力のように、運動やスポーツを楽しむために必要な体の動かし方を理解する能力のことを意味する。これを12歳頃までに身に付けることが、将来的に国内外のトップレベルで勝利を目指すうえでも、さらには長期にわたってスポーツを楽しむうえでも必要不可欠な条件であると考えられている。

　LTADモデルでは、一般的に子供たちは6歳頃までに何かしらの運動・スポーツに出会うであろうと想定している。わが国においても、同じ時期に子供たちの運動・スポーツ経験がはじまる。その後、多くの子供たちと両親、指導者は地域レベルで勝敗を競い合う。最終的に全国レベルから世界レベルに到達するのは一握りのエリートアスリートだけである。それ以外の「元スポーツ少年少女」は、スポーツ経験を通して手に入れた多種多様な「成果」によって、自らの人生に活力を与えることができているのであろうか。そもそもスポーツから「成果」を享受できたと認識しているのであろうか。筆者が知るかぎり、この問いに対する答えを示すデータは十分に蓄積されていない。エリートアスリートを生み出し、世界のトップレベルで勝利するために時間と労力を費やしてデータにもとづく戦略を練ることの重要性も理解できる。しかしながら、その一方で、人々が運動・スポーツと出会い、一生涯を通じてスポーツを楽しみ、ひいてはそれを人生の充実へと発展させる長期的な成長戦略の意義にも注目すべきであろう。

4 情報（データ）分析にみる戦略とは

　本講では、データにもとづく戦略に焦点をあて、まずは事例をもとにデータ測定から戦略立案までの基本的な流れを整理した。次に、高度な技術と豊富な経験、想像力を駆使した特殊なデータ活用方法を紹介し、最後に、勝利以外のゴールも射程にいれた成長戦略の重要性について言及した。

　近年、スポーツ以外の分野でも個人や組織が目標を達成するために大量のデータを集め、それを有効活用しようとする動きが加速度的に普及していることは周知のとおりである。しかしながら、過度にデータだけを重視してしまうと落とし穴にはまりかねない。データの活用は目標達成の十分条件であり、データ化されていない要因も個人や組織の成功を大きく左右するのが勝負の世界である。

　日々、激しい勝負が繰り広げられるスポーツの世界では、指導者を分類する時に、しばしば理論派と感覚派という言葉が使用される。日本ラグビーフットボール協会のコーチングディレクターである中竹竜二氏によると、スポーツの勝敗を理論でカバーできる割合は3割程度であるという（中竹，2012）。情報技術の発達によって、この割合が増えてきていると思われるかもしれないが、中竹氏は理屈で説明できる部分が増えると、それによってまた新たな感覚の世界が広がると指摘している。

　確かに、一世を風靡したデータにもとづく戦略もすぐに感覚的に対策が練られ、それが後に新たなデータによって理論的に戦略化されることから考えると、理論と感覚の割合は大きく変化しないのかもしれない。そうだとするならば、指導者はデータにもとづく戦略を実行する一方で、常に感覚を研ぎ澄まし、データ化されていない要因を直感的に理解する必要がある。

　それでは、この理論と感覚が勝利の鍵を握るスポーツの世界において、選手やチームを目的地に導く戦略を考えるうえで最も重要なこととは何なのだろうか。日本ラグビー界の変革者と称される大西鐵之助氏の生涯をまとめた名著『知と熱』（藤島，2001）に、大西氏の指導哲学を示唆する非常に興味深い表現が記されている。

　「百の理屈を教え込んで百一番目には理屈じゃないと断言できる人」。

　この言葉が示すように、大西氏は科学と非科学の統一を指導哲学の根底に据えて、科学的な方法によって勝利するための戦略を研究するとともに、スポー

ツの非科学的な部分の価値も認識し、それを探求し続けた。まさに、理論と感覚の両方を追究した偉大な指導者である。この確固たる指導哲学と日々の自己研鑽によって磨かれた理論と感覚こそが、戦略を立案する際の要諦になるのではないだろうか。言い換えるならば、戦略とは、指導者の哲学にもとづいて構築された理論と感覚によって、ある状況に置かれた選手やチームを目的地まで導くための方策である。

　勝利とともに選手の生涯を通した成長を目指す戦略も同じ定義があてはまる。スポーツの勝敗と同様に選手の長期的な成長も理論だけで説明することは難しく、感覚的な指導が選手の成長に与える影響も大きいだろう。それゆえ、ただ闇雲に感覚に頼って指導してしまうと選手を間違った方向に導いてしまうかもしれない。そうならないためにも、指導者は選手の将来に影響を及ぼす可能性がある立場にいることを自覚し、自らの指導哲学にもとづいて理論と感覚を磨き上げていくことが求められる。

　データにもとづく戦略とは、いかにも説得力があってすぐに役立ちそうな印象を受ける。しかし、真に価値のある戦略はデータだけで完成する訳ではない。戦略立案者の不断の努力によって確立された哲学と理論、理論では説明できない感覚、これらが合わさって個人や組織を目的地へと導くことが可能となる。ともすれば、パソコンやインターネットの普及によってデータや理論が重要視される傾向があるが、ときには戦略立案者は自分の哲学と向き合い、現場で経験を積み鋭敏な感覚を養うことにも目を向ける必要があるのではないだろうか。

（早乙女誉・庄司悟）

■ 参考文献

* Balyi, I., Way, R., & Higgs, C. (2013) Long-Term Athlete Development. Human Kinetics.
* 藤島大（2001）『知と熱：日本ラグビーの変革者・大西鐵之助』文藝春秋.
* シンシア・モンゴメリー：野中香方子 訳（2014）『ハーバード戦略教室』文藝春秋.
* 中竹竜二（2012）「自らを客観視することの重要性」『コーチング・クリニック』26（2）：39-44.
* 上野耕平（2011）「体育・スポーツ活動への参加を通じたライフスキルの獲得に関する研究の現状と今後の課題」『スポーツ心理学研究』38（2）：109-122.
* 上野耕平・中込四郎（1998）「運動部活動への参加による生徒のライフスキル獲得に関する研究」『体育学研究』43：33-42.

終 章

現状の課題と
戦略論の将来像

第 **17** 講

組織としての情報戦略

　「戦略」とは、計画的な目標達成のためのシナリオであり、その構築のために必要不可欠なものとして「情報」がある。特に、高度化かつ複雑化したトップレベルの争いでは、手探り的あるいは対処療法的とも形容されるようなやり方では、偶然を期待するに等しく、今や、高度な情報戦略活動は、不可欠なものという認識が定着化している。その一例としてスポーツ庁は、オリンピック競技大会において、トップレベル競技者が世界の強豪国に競り勝ち、確実にメダルを獲得することができるよう、メダル獲得が期待される競技をターゲットとして、アスリート支援や研究開発など多方面から専門的かつ高度な支援を戦略的・包括的に実施する事業を展開している。この「ハイパフォーマンスサポート事業」では、情報戦略、スポーツ科学、医学、心理学、生理学および栄養学などの複合的・分野横断的アプローチにもとづくアスリート支援とターゲットに特化したアプローチにもとづく研究開発プロジェクトを密接に連携させた支援が実施されている。
　本講では、「スポーツにおいて『情報』を戦略的に駆使し、競技者や組織の競技力および競争力を向上させるための組織的かつ実践的活動」を総称して「スポーツ情報戦略」とし、その活動の変遷や必要性、トップスポーツにおける組織的な情報戦略活動のあり方、さらには「情報戦略」という未成熟な分野だからこその課題について論じる。

1 スポーツ情報・医・科学分野における情報戦略活動

（1）専門スタッフの配置とその目的

　2001年、国立スポーツ科学センター（以下「JISS」とする）の開所とともにスタートしたJISS情報研究部は、スポーツ情報戦略を専門分野としたフルタイムスタッフが配置された組織である。その後2011年には、その機能はJISSを所轄する日本スポーツ振興センター（以下「JSC」とする）本部内に新設された「情報・国際室（2012年「情報・国際部」となる）」に移管された。スポーツ基本法およびスポーツ基本計画の趣旨に則り、日本のスポーツ推進のために必要な情報を担う中枢機関として、国内外の情報を統合・分析する情報戦略事業や日本のスポーツ政策・施策の検証・提案を行う国際戦略事業などを

行っている。また2016年には、JSCは競技団体に強化策を積極的に提案する機能をもつ「ハイパフォーマンス戦略部」を設立し、JISSや味の素ナショナルトレーニングセンター（以下「NTC」とする）の機能をより有効に活用できる組織づくりをしている。

このJSC（JISS）における情報戦略活動は、JISS情報研究部の時代からJOC情報戦略活動と密接に連携し、「わが国の国際競技力向上に必要な"情報（Intelligence）"を収集・分析し、それを確実に、政策・戦略立案者に伝えるセクション」（和久，2005b）として、日本の国際競技力向上を支える中心的機能である。

主な活動は「国内外のスポーツ関係機関との連携ネットワークを維持・強化し、国際競技力向上に関連する各種情報の収集・蓄積・分析・提供を行い、わが国の国際競技力を支援するとともに、スポーツ情報に関してのわが国の中枢的機能を確立・強化すること」である。具体的には、世界各国の国際競技力向上のための強化戦略や競技力向上施策（強化拠点、強化資金、タレント発掘・育成、コーチ養成、スポーツ医・科学・情報サポート、マテリアル開発／テクノロジー活用等）に関する情報を収集・分析し、それらをわが国の国際競技力向上の関係機関・関係者に提供してきた（和久，2005b）。

また、研究分野として「国際スポーツ情報戦略」と「スポーツ情報戦略」等の専門領域を有し、①国際競技力向上に関わる国内外の各種情報の収集・分析・提供および各種戦略・施策の立案、②国際競技力向上に係る国内外の関係機関とのネットワークの構築・強化する施策の企画・実施、③その他、国際競技力向上のための情報に関する支援および研究などを行っている。

JSC（JISS）の情報戦略活動の中心で活動する和久氏は、今後の日本における国際競技力向上のための必要不可欠な支援方策（クリティカルアプローチ）のひとつに『情報戦略』を挙げ、情報戦略活動の機能を「情報分析にもとづく戦略立案」と「サポート機関と競技団体を結ぶ戦略マネジメント機能」に大別している。また、その支援体制を「前線支援」と「側面支援」に大別している。前者は「競技現場において競技者やコーチ等に対して直接的なサポートを行う」活動とし、後者については「（直接的）サポート活動に対する協力やバックアップ」と定義化している。また、JISS情報戦略部門は、JOC情報戦略部会と密に連携しながら、わが国の国際競技力向上において**図17-1**に示したような役

戦略立案（Strategic Planning）
- わが国の国際競技力向上に関する戦略立案の支援および情報戦略の推進を行う。
- JOC ゴールドプラン、JOC ゴールドプランステージⅡ
- 北京五輪／バンクーバー五輪チームジャパン戦略

情報収集・配信・蓄積（Information Research）
- わが国スポーツの国際競技力向上に関わる情報収集・分析・配信とその実施体制の構築・整備を行う。
- 情報配信システム（sport-I、J-net、JISS Intelligence）

パフォーマンス分析（Performance Analysis）
- 世界各国およびわが国の競技水準に関する分析とその実施体制の構築・整備を行う。
- わが国の強み、弱み、機会、脅威を特定し、オリンピック戦略の立案を行う。
- 東京Jプロジェクト、実施把握プロジェクト

パフォーマンス・ソリューション（Performance Solution）
- わが国の国際競技力向上における諸課題の抽出・解決策立案およびその実施体制の構築・整備を行う。
- 競技団体の強化活動の観察・コミュニケーションを行い、競技団体へのコンサルテーションを行う。
- JOC テクニカルフォーラム、強化戦略プランにもとづくオリンピック特別対策支援

連携・ネットワーク（Relation & Neworking）
- わが国の国際競技力向上に関わる国内団体および国際機関との関係構築およびその体制整備を行う。
- NTC 拠点ネットワーク、地域ネットワーク、大学ネットワーク、国際ネットワーク

イノベーション（Innovation）
- わが国の国際競技力向上に関連するイノベーションの企画とその実施体制の構築・整備を行う。
- タレント発掘・育成事業、国際総合競技大会村外サポートセンター構想

図 17-1　国際競技力向上における情報戦略の役割と機能
（出典　和久貴洋．2011「スポーツ立国構想」『体育の科学』61巻1号：31-41.）

割と機能を果たしてきた、とその活動内容を整理している（和久, 2011）。

(2) 現在の活動

　前述のとおり JISS の情報研究部は、現在 JSC「情報・国際部」へと発展している。この新設された部署では「日本のスポーツ情報戦略機能の強化に関する業務」として、①「わが国のスポーツ推進に役立つ統合情報を提供」、②「わが国のスポーツ発展に資する先取り情報を提供」、③「わが国のスポーツ政策

における課題・問題意識と親和性ある情報を提供」が展開されている。

海外では、国際競技力強化のために政府機関などが独自の情報戦略活動を行っている。例えばUKスポーツ（英国）[1]では、「No Compromise investment Strategy（妥協なき投資戦略）」というコンセプトの下、国の資金などの公的資源を、競技団体の実績や強化計画を評価し配分する「選択と集中型」の投資戦略が展開されている（Houlihan & Green, 2009）。カナダでは、自国開催であったバンクーバー五輪（2010）大会の成功に向けて『Own the podium』と名づけられた戦略的資金投入計画が大きな成果を挙げたといわれている。これらは、日本のオリンピックやパラリンピックといった総合競技大会全体の成果を目的とした競技力向上の取り組みや情報戦略活動に大きな影響を与えている。「集中と選択」「資金投資」といった戦略的フレームは、前述したハイパフォーマンスサポート事業にも反映されている。この事業では「国は、ターゲット競技種目・競技者（チーム）（以下「ターゲット」とする）に対して、中長期的な視点も加味しつつ、限られた資源を集中的・重点的に投下」しており、このターゲットの選定にあたってはスポーツ庁が設置する「選定チーム」に対して、JSCなどの情報戦略機能が情報提供を行っている。

2 国家政策における情報戦略の構想

2007年8月、遠藤利明文部科学副大臣（当時）の私的諮問機関「スポーツ振興に関する懇談会」は、遠藤副大臣の「わが国もトップスポーツを国策として取り組まなければならない」という問題意識の下、「『スポーツ立国』ニッポン〜国家戦略としてのトップスポーツ〜」を発表した（スポーツ振興に関する懇談会, 2007）。

このレポートの中には国レベルにおける情報戦略活動の必要性や組織についての記述があり、そこには「世界で勝つためには、競技場内だけの戦いではなく、競技力向上の政策や取組みの動向、対戦相手や環境、スポーツ医・科学の活用状況等の各種情報の収集・分析を駆使した『情報戦略』が重要となっている」といった認識が示されている。海外研究機関主体の競技力向上のための高度な支援体制の確立の具体案は、重点的特化・集中化が独自化につながるという論点であり、例えばタレント特性情報を特化する「Sporting Giants」（長身

競技者に対する集中発掘・強化戦略）(Gillis, 2008)、「Girls 4 (for) Gold」（女性競技者特化）(UK sport, 2011)、「Pitch 2 (to) Podium」（サッカー・ラグビー球技競技者対象）(Philip, 2009)、あるいは様々な「競技種目転向プログラム」(Lavallee, 2000) といった活動が戦略的に展開されている。2010年バンクーバー五輪の女子ボブスレー金メダリスト、フェザー・ムーア選手は直前までラグビーワールドカップ代表選手であり、カナダにおける種目転向戦略の成功事例として知られる。エリートスポーツ政策研究では、国際競技会における頂点への到達には少なくとも「10年」の強化期間を要することが追証されているが (Ericsson, 2003：De Bosscher, 2010ほか)、それは、競技者の限られた競技期間においていかにその能力を発掘し、一貫した強化を集中化しうるかの施策戦略の優位性を指し示している。

「わが国スポーツ界では、さまざまな機関が、競技力向上やスポーツ振興に関する政策を定め、施策展開しているにも関わらず、政策決定の基盤となる情報機能がない」、あるいは「2001年に開所したJISSには、この情報戦略機能を担うセクションとしてスポーツ情報研究部が設置されたが、情報戦略スタッフは十分でない」といった現状の課題についても言及されている。このことを踏まえ、レポートでは「世界で勝つための情報戦略活動を国家プログラムとして位置付け、国家としてトータルな情報戦略機能をもつ」、「情報戦略スタッフの育成と配置、情報戦略スタッフのプロフェッショナル化を図る必要がある」、「スポーツ情報戦略局（仮称）やJISSのスタッフを中核とする情報戦略スタッフネットワークを形成し、国際競技力向上のための情報戦略コミュニティーを確立する」ことなどが提言されている。

このレポートに謳われた「スポーツ情報戦略局」の設置を含む情報戦略活動や機能についての記述は、国際競技力向上における国家レベルの政策に関する情報戦略機能および専門組織の必要性について言及したものであり、日本の情報戦略活動の歴史において特筆されるものであろう。

3 スポーツにおける組織的情報戦略活動の分類

(1) 情報戦略活動の「場」からみた分類

スポーツ組織や機関における情報戦略活動の内容や組織形態、および各ス

タッフの役割は、活動の目的やニーズによって様々である。それらを大別すると、①強化現場においてコーチやアスリートを情報面から直接的にサポートする活動、②オリンピック大会や国民体育大会等の総合大会において複数の競技団体、あるいは選手団全体を情報面からサポートしようとする活動、③トップスポーツ全体の振興や推進に関与する政策形成過程に関与する活動、④研究・教育分野における活動、に分けることができる。

表17-1は、それらの活動の変遷過程を概観し、その役割を「場の視点」から分類化したものである。

『情報戦略』の目指す射程には国際競技機会における能力向上への支援する力、すなわち技術発揮機会に関連する開発に挑みつづける人的資産力であるといえるだろう。そのための計画評価、結果評価、なにより結果につながるパフォーマンス分析評価の恒常的開発に各国は鎬を削っているが、そこに見出される視点として『情報戦略』における国際連携により国同士の相互利益創出という国家間接点構築戦略の可能性も含み置かれている。

表17-1 情報戦略活動の変遷過程における役割の分類（モデル化）

分類	組織	これまでみられた主な構想や組織、活動
強化現場において情報サポートする活動	競技団体活動	JRFU 強化推進本部・テクニカル部門 JRFU 日本代表チーム・テクニカルチーム 全日本柔道連盟・情報戦略部会 全日本スキー連盟・情報戦略委員会 日本レスリング協会・「情報戦略グループ」
国際総合大会等サポート	統括組織活動	JOC 情報戦略部会（部門） JOC 日本選手団本部・情報戦略チーム JSC ロンドン事務所に情報戦略スタッフ 文部科学省マルチサポート事業
トップスポーツ振興推進に関与する活動	政策形成支援活動	スポーツ情報戦略局構想 （スポーツ振興に関する懇談会，2007）
研究・教育分野における活動	教育活動	JASA スポーツ指導者養成カリキュラム 仙台大学：スポーツ情報マスメディア学科 びわこ成蹊大学：スポーツ学部競技スポーツ学科 流通経済大学：大学院スポーツ健康科学研究科 専修大学：文学部人文ジャーナリズム学科 筑波大学：大学院（博士前期課程）・体育専門学群
	研究活動	JSC 情報・国際部　JISS スポーツ情報研究部 スポーツ情報戦略セミナー 仙台大学スポーツ情報マスメディア研究所

(2) 情報戦略活動の「内容」からみた分類

スポーツ組織や機関におけるこれまでの情報戦略活動をその活動内容からみると、競技およびコーチング現場において展開される情報分析を主体とした活動（情報分析活動）と，競技力向上施策に関わるトップマネジメントに関わる活動（戦略マネジメント活動）の二つに大別できる。これらを、競技および指導現場との関わりから捉えると、前者を前線（現場）活動、後者を後方（本部）活動と言い換えることもできる。さらに、それぞれを支援（サポート）活動なのか、主体的活動なのか、といった視点で分類することもできる。

こうした分類は、和久（2009）がJISSの立場から定義した「情報分析にもとづく戦略立案」と「サポート機関と競技団体を結ぶ戦略マネジメント機能」といった分類や、支援体制を支援の内容から分類した「前線支援」と「側面支援」という考え方を広く含む分類であるといえる。

さらに、情報戦略活動には、久木留（2008）が指摘しているようなスポーツ政策形成に特化したシンクタンク機能としての役割や期待も生まれつつあることも見逃せない今日的動向といえるだろう。

4 組織的情報戦略活動の課題と今後

(1)「情報戦略」の定義の困難性と研究継続の必要性

情報戦略活動に関する定義化は、これまでいくつか試みられているが、その活動の内容を一枚の図で説明することを求められると，それはきわめて困難な作業である。河野（2002）は「かつて情報戦略活動は，コンピュータや画像編集機器といった情報機器（IT）を駆使する活動と認識された時代があった」と指摘しているが、ITを駆使した活動だけではないとしたら、それはどのような活動を意味するのだろうか。

「理念や目的、目的を達成するため、あるいはそのための諸政策・活動を企画・開発するために、情報を戦略的に収集・分析・提供すること」（豊田，2008）、「勝つためのシンクタンク」（勝田，2002）といった定義や、「競技力向上のために、有用と思われる『知らせるべき内容』を、効果的に活用しようと意図する目標達成のための長期的な営み（駆け引き）」（日本オリンピック委員会，2003）といった定義は、その一局面は言い表していたとしても、説明する相手に活動

内容の具体像をすべてイメージしてもらうことは困難である。
　その困難性は以下の操作的定義からも理解できる。すなわち、情報戦略活動とは「情報戦略活動は、単に『情報収集』や『分析活動』だけではなく、フィールド内外における競技力向上のために必要な情報活動全てにおよぶ」（日本オリンピック委員会，2004）といった、多様性と一意的な説明の困難さである。競技現場では急進するスカウティングやデータ分析に関する情報活動があり、支援統括する立場としてJOCなどの競技団体統括組織では加盟団体それぞれの強化活動に関する情報を扱い統括マネジメントに適切に反映させる情報活動が付随的に存立する。側面サポートしてのJSC（JISS）のような統括支援組織においても世界各国が急速に推進する強化政策情報や医・科学情報の収集・提供活動があり、国政レベルの活動では政策課題に関する情報活動が想定される。そして、情報戦略は、今や教育活動や研究活動の対象ともなり、その分野においては、教育や研究の専門家も必要となっている。
　このように、これまでの情報戦略活動は、目的やニーズによって変化し多様であり、その活動を振り返ると、その活動内容がコーチやマネジャー、医・科学サポートスタッフやIT技術者、あるいは従来の事務局スタッフらと、重層的に関与する共存構造であったように思われる。また、情報戦略の活動は、烈火する国際競争局面において適切なタイミングで的確な情報提供を行うという時系列戦略性の高い営みであるため、インプットからアウトプットまでの各々において瞬間的な時機を逃すと価値を阻喪することも多い。そこには、一定のフォーマットやマニュアル、あるいはルーティーンワークや前例といったものが存在しないことが多い。それゆえ、情報戦略活動が高度化するほど、その実態や姿を一枚に図で表すことは困難となる。情報戦略のダイナミズムは人的活動の支援であるがゆえに、その様態は常に可変的であり、多極的な存在事由をもちつつ、戦略的合意とインセンティブは揺れ動く。先に述べたように、情報戦略活動の場やその内容は年々広がりをみせている。その一方で、活動内容の性格から、その詳細を記録した文献や研究はまだまだ少ない。教育展開に関しても、その実践事例やカリキュラム開発、そしてそれらの検証について著についたばかりの状況だと思われる。
　表17-2は、こうした状況を踏まえたうえで、これまで紹介してきた日本の組織的情報活動の変遷過程においてみられた「情報戦略の定義や考え方」に関

表17-2　組織的情報戦略の関する考え方や定義

年	内容
1999	「ジャパン（ラグビー日本代表チーム）の情報戦略は、日本ラグビーの強化に関する考えやコンセプトの上に成り立っているもの」、「情報戦略の場合も、必要性のイメージがあって『はじめて何をすべきか』というところにつながってくる」（平尾誠二）
2001	「世界でトップレベルの成績を残すには、高度な情報収集や分析を中核とする情報・戦略活動（テクニカル活動）が鍵を握る時代となっている」（JOC GOLD PLAN）
2002	「かつて競技力向上を目的とする情報戦略活動は、コンピュータや画像編集機器といった情報機器（IT）を駆使する活動と認識された時代があった。」「わが国のスポーツ界では、情報というとITやコンピュータなどのハイテクの利用やデータ処理のイメージが強いが、ITやコンピュータ（の利用）は、スポーツにおける情報戦略の一部である」（河野一郎） 「情報戦略『競技スポーツにおける情報戦略』とは、競技力向上のために、有用と思われる『知らせるべき内容』を、効果的に活用しようと意図する、目標達成のための長期的な営み（駆け引き）である」（勝田隆）
2003	「競技力向上のために、有用と思われる『知らせるべき内容』を、効果的に活用しようと意図する目標達成のための長期的な営み（駆け引き）」（勝田）
2004	情報戦略に不可欠な構成因子。（勝田） ①（情報の）送信側の内容に明確な意図があること（メッセージ） ②受信者が特定されていること（ターゲット） ③受信側の行動選択に有用であること（コンテンツ） ④出所の信頼度を把握、見極めていること（ソース） ⑤送信側が送信される情報のタイミングや内容を操作し得ること（コントロール） ⑥送信側の活動が、あらかじめ想定された結果に対して有効に機能すること（エフェクト） 「情報戦略活動は、単に『情報収集』や『分析活動』だけではなく、フィールド内外における競技力向上のために必要な情報活動全てにおよぶ」（勝田）
2005	情報戦略には次のことを満たしていなければならない。（和久貴洋） ・情報を取り扱うこと　・組織や個人の行動選択や戦略立案に有用であること ・情報の受け手と送り手がいること　・その他 競技団体がカバーすべき情報戦略のカテゴリーとしては次のようなものがある（和久貴洋） ・世界の各競技の動向に関する情報収集と分析　・各競技の競技水準の推移に関する情報の収集と分析 ・ライバルとなるチームや競技者の特徴に関する情報の収集と分析 ・各競技のプレイやスキルの動向に関する情報の収集と分析　・競技のマテリアルの開発動向に関する情報の収集と分析
2006	情報戦略とは「伝えたいこと」を効果的に「伝える」ための戦略的営み。「やりたいこと」を「やれること」にするための戦略的営み。（勝田）
2009	情報戦略とは、意思決定者に判断のための情報を提供し意思決定を促すことである。つまり、競技現場におけるスポーツ医・科学のスタッフが目的としている活動も情報戦略といえるであろう。（久木留ら）※1 「意思決定者ができるだけ正しい判断を下せるように手助けする役割」（和久）
2013	「有益な情報を的確に意思決定者に提供することにより、組織やチームを導くのが情報戦略である。（和久）※2
2015	「情報戦略は、情報を意思決定者のオーダーにもとづいて提供するだけではなく、意思決定者が情報に関心を持つしつらえを作り、情報への欲求を高めることも重要となる」（久木留）※3

※1：久木留毅ほか．2009「スポーツ情報戦略に関する一考察Ⅳ　コーチと医・科学スタッフに必要な情報戦略」『専修大学．体育研究紀要』32：15．
※2：和久貴洋．2013『スポーツ・インテリジェンス』NHK出版〈新書〉．
※3：久木留毅．2015『Think Ahead』生産性出版

するコメントをまとめたものである。これらのコメントは、日本における情報戦略活動の必要性や役割の変化などを知る手がかりともなるだろう。

（2）情報戦略活動の今後の拡大

これまでの国際競技力の強化を目的とした組織的情報戦略活動を概観すると、その起点は、「強化現場においてコーチやアスリートを情報面から直接的にサポートする活動」であり、ここからNF全体の活動やJOCあるいはJSC、そして大学、政策レベルの活動へと広がったことが明らかとなった。しかし、国際競技力強化の分野では、選手強化を担う組織に対してコンサルティングを行う会社や人材あるいはプログラムが生まれている。旧聞に属するが、例えば、2010年に開催された冬季バンクーバーオリンピックで惨敗したロシアは、ローザンヌに本部を置くコンサルティング会社に惨敗の徹底的検証を委託している（Sport Business, 2010）。また、2016年夏季オリンピック・パラリンピック大会開催国のブラジル、あるいはサウジアラビアのオリンピック委員会なども、競技力強化に関して海外のコンサルティング会社と契約したと報じられている。このような競技団体あるいは組織が、総合的な選手強化活動のプランニングや評価を、外部のコンサルティング組織に委託するという動きは、10数年以上さかのぼればあまり見られなかったことであり、競技力強化活動の高度化や高品質化あるいは多機能化する中、このような取り組みがさらに普及する可能性は排除できない。

競技力強化活動の現場において、今後、「コーチング」や「情報・医・科学サポート」あるいは「マネジメント・サポート」といった活動のほかに、「コンサルティング」という活動が新たに定着化する可能性も十分に考えられる。さらに、コンサルティングという機能が、「強化現場においてコーチやアスリートを情報面から直接的にサポートする活動」を起点として広がった日本の組織的情報戦略活動に、新たな機能を付加し、（情報戦略活動が）ひとつのビジネスモデルとして発展していく可能性も予測される。

この意味するところは、情報資産の価値における、国際競争局面での競争優位性に対する新たな挑戦でもあると捉えることができるだろう。競技者や指導者に国際社会での競争優位性を支援するのが情報戦略ならば、情報戦略そのものもまた国際的に差異化される価値を有する必要がある。例えば、わが国のス

ポーツ情報戦略資源が果たして国外から情報提供等を含む何かしらのオファーを受け得るのか否か。そして競争力開発という、グローバリゼイションの地政学的課題を考えるときに、そこにわが国のポジショニングとして、アジア連携をいかに構築していくのかも恒常的に付随する課題となるだろう。

情報戦略の今後を考え標榜する時に、「日本だけを考えている」という内向きの思考や評価は、世界の後塵を拝すことは無論、国際社会との連携努力を阻喪しているという批判の的ともなるだろう。このことは、情報戦略に関わる専門的な人材育成に関しても同様であり、国独自の文化および歴史的観点からの思考にとどまらず、近隣および国際社会との関係調整にも配慮しつつ、存続バランスの道を常に探り続ける肯定的思考やそれを支える哲学的・政治的思考などが不可欠であると考える。情報戦略の推進は、わが国の次世代を明確な「希望」へと導く時間的展望[2]を支援するという存在事由をも担っていると考えたい。

(勝田　隆)

附記

本稿は、2015年度日本ラグビーフットボール協会「ラグビー科学研究」に掲載した勝田らの下記の文献に加筆修正したものである。
- 勝田隆・佐々木康ほか（2015）「国際競技力向上を目的とした『組織的情報戦略』に関する研究〜1995年以降の「情報戦略」変遷」，ラグビー科学研究，26（1）：21 - 35.

○注釈

(1) UKスポーツ：英国のオリンピックおよびパラリンピック大会競技のエリートスポーツ強化を総合的に担う政府系機関。1997年に設立された。
(2) 時間的展望：「ある一定時点における個人の心理学的過去，および未来についての見解の総体」
（Lewin, K. 1951. Field theory in social science：Selected theoretical papers. Harper & Brothers.）.

■ 参考・引用文献

* De Bosscher,V.,Shilbury, D., Theeboom, M., Hoecke, J. V.,& De Knop, P., (2011) Effectiveness of national elite sport policies：A multidimensional approach applied to the case of Flanders,European sport management quarterly, 11 (2)：115-141.
* Ericsson, K. A., (2003) Development of elite performance and deliberate practice：An update from the perspective of the expert performance approach. In k. Starkes & K. A. Ericsson 8eds.9, Expert performance in sport：Advances in research on sport expertise (pp.49-85). Human Kinetics.
* Gillis, D. J., (2008), Preparing for sporting success at the London 2012 Olympic and

paralympic Games and beyond : forty-second report of session 2007-07, House of Common.
* 平尾誠二（1999）『知のスピードが壁を破る 〜進化し続ける組織の創造〜』PHP研究所, p.55, p.86.
* Houlihan,H. & Green,M., (2009) Modernization and sport : the reform of sport England and UK sport, Public Administration,87（39）: 678-698.
* 勝田隆（2000）「日本代表テクニカル部門の果たす 〜私的テクニカル論〜」『ラグビーワールド』137 : 32-35.
* 勝田隆（2002）『知的コーチングのすすめ』大修館書店, p.131-132.
* 勝田隆・粟木一博・久木留毅・河合季信・和久貴洋・中山光行・河野一郎（2005）「日本オリンピック委員会における情報戦略活動」『仙台大学紀要』36（2）: 59-61.
* 勝田隆（2010）「スポーツ情報戦略概説」『スポーツ情報戦略概論』仙台大学大学院, p.4.
* 河野一郎（2002）「第14回アジア競技大会（2002／釜山）報告書」日本オリンピック委員会.
* 久木留毅（2008）「スポーツ情報戦略に関する一考察Ⅱ ―スポーツ界に必要な政策形成能」『専修大学体育研究紀要』31 : 9-15.
* Lavallee, D. & Wylleman, P. (2000) Career transitions in sport international perspectives, Fitness information technology.
* Phillips, M. (2002) Pitch 2 (to) podium, (2009).
 http://www.thefa.com/GetIntoFootball/Facilities/NewsAndFeatures/2009/GOTY2009, derived at 15th August,2011.（参照 2016年10月31日）
* Sport Business（2010）Russian Olympic Committee appoints TSE Consulting.
 http://www.Sportbusiness.com/news/174801/russian-olympic-committee-appoints-tse-consulting （参照 2016年10月31日）
* スポーツ振興に関する懇談会 編（2007）「スポーツ立国」ニッポン〜国家戦略としてのトップスポーツ〜．文部科学省副大臣私的諮問機関「スポーツ振興に関する懇談会」, p.25.
* 豊田則成・志賀充・高橋佳三（2008）「スポーツ情報戦略の可能性」『びわこ成蹊大学研究紀要』5 : 159-165.
* UKsport（2011）Girls 4 Gold
 http://www.uksport.gov.uk/pages/girls4gold/ （参照 2016年10月31日）
* 和久貴洋（2005）「国立スポーツ科学センタースポーツ情報研究部の活動」『臨床スポーツ医学』22 : 367-371.
* 和久貴洋（2009）「長期情報戦略事業 ―スポーツ情報サービス事業」『平成17〜20年度 国立スポーツ科学センター 研究・支援関連事業報告書』独立行政法人日本スポーツ振興センター国立スポーツ科学センター, p.280-289.
* 和久貴洋（2011）「スポーツ立国構想」『体育の科学』61（1）: 31-41.
* （財）日本オリンピック委員会 編（2001）『JOC GOLD PLAN 〜 JOC国際競技力向上戦略〜』財団法人日本オリンピック委員会, p.34.
* （財）日本オリンピック委員会 編（2003）『JOC GOLD PLAN ANNUAL REPORT 2002』財団法人日本オリンピック委員会, p.1-4.
* （財）日本オリンピック委員会 編（2004）『JOC GOLD PLAN ANNUAL REPORT 2003』財団法人日本オリンピック委員会, p.21.

第18講
実体論としてのスポーツ戦略

　本書では「スポーツ戦略の実態」「スポーツ戦略の動態」「スポーツ戦略の諸相」という観点から、14人の実践研究者による論が展開された。それぞれの論が自立しており、なによりも机上の空論や実験室での一定条件によるものではなく、生きた仮説と検証にもとづいたものである。これらの特徴をもつがゆえに、3つの問題が表出した。はじめに「戦略フレーム」に関する問題、次に「戦略の目的」の問題、3つ目は「戦略の意志決定」に関する問題である。そこで本講では、本書のまとめとして、これらの問題に光をあて、「戦略フレームの再考」を行い、「戦略の目的とはなにか」について立ち戻り、「戦略はどのように意志決定されるのか」についての議論を進める。そのうえで、今後の「スポーツ戦略」に関する研究の議論の幕開けとするため、スポーツにみられる戦略の実体化を試み、現段階までの「スポーツ戦略」の総括を行いたい。

1 スポーツにおける「戦略フレーム」の再考

(1) 多様な主体への変容

　現代はグローバリゼーションの波に飲み込まれ、文明化（＝高度な文化）へと記号化されている。同時に、産業革命以降の文明化は市場経済を促進させ、まったく異なった次元であるにも関わらず、経済的価値を文化的価値へと転換させ、スポーツにおいても同様の現象が発生している。

　スポーツ（競技）は、古代の生死をかけた祭事や興行から、国や地域間の優位性を競う行事となり、その後の貴族階層とブルジョアジー、労働者という階層構造にみられる階級闘争へと変容していった。一方、旧来のスポーツが近代スポーツとして確立されると、スポーツ行為主体のみならず、そのスポーツ行為主体を権威拡大のための装置とするスポーツ統括主体、市場経済にもとづく企業や株主などの経済的行為主体、国家や主権地域のプロパガンダとしてスポーツ行為主体を利用しようとする政治的主体が現れた。また、スポーツは文化

資本、社会資本、社会関係資本としての存在価値が高まり、その主体は社会的行為主体へと変容していった。

(2) 多様な主体の発生による懸念

これらの主体の発生と変容は、各々の主体に固有の目的があることを示唆する。さらに、主体Aの目的と主体Bの目的が異なるだけでなく、相反する場合もありうる。また、主体間の関係は、主体Cが主体Dに包摂され、さらに他の主体Eに包摂される構造もみられる。

主体Aと主体Bが並列な関係において、各々の目的の違いがみられるため、戦略も異なり、戦略の下位構造である戦術も異なってくる。

しかし、主体E⊃主体D⊃主体Cの構造をなす場合、個々の主体間の関係性は階層構造をなし、主体Cの戦略が主体Dの戦術、主体Dの戦略が主体Eの戦術、また、主体Eにとっては主体Cの戦略は戦闘と捉えられるという。このように位相の問題が発生している（**図18-1**）。この問題は、一概に構造上の問題とみてもよいかという懸念を抱くこととなる。

国家や主権地域に関わる政治的主体の目的は一元的な統治（支配）であり、戦略と戦術の混乱は起こりにくい。「スポーツにおける戦略」は、スポーツの

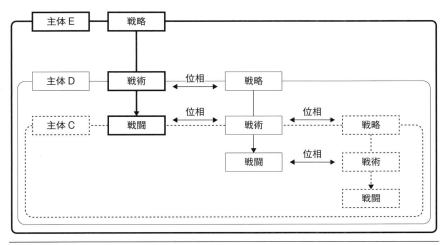

図18-1 戦略の位相の発生

枠組みを「競技」と規定し、スポーツの現代的理解であるアクティビティやレクリエーションをも含んでスポーツを再考するものではない。しかしながら、本書で扱うスポーツの枠組みを「競技」と規定しても、主体によってスポーツの捉え方が大きく異なり、特に階層構造をなす主体間の関係性では、戦略と戦術の混乱が容易に起こりうる。このことは、国家や地域の統治形態とスポーツの統治形態とは根本的に異なることを意味し、スポーツに関わる論考をする場合、スポーツの特殊性を考慮しなければならないことを示唆するものである。

(3) 主体におけるガバメントの概念とガバナンスの概念

それでは、スポーツの特殊性とはどのようなことであろうか。国家や主権地域の統治形態はガバメントである。しかし、現代社会における国民国家や市民国家と異なり、スポーツにおいては個々の行為者そのものが社会的存在として独立した主体である。スポーツ行為者の行動を唯一制限するものは、競技上のルールである。このルール以外はスポーツ行為者を制限することはできない。なぜなら、統治主体であれ、経済的行為主体であれ、政治的主体であれ、スポーツ行為主体が存在しなければ、スポーツは存立しないからである。すなわち、ガバメントの概念とは位相をなすということである。スポーツ行為者は個々のスポーツ行為主体であり、主体として独立して存在し、勝利という目的に向かって社会的行為を行う。そのため、ガバナンスの概念による主体間の関係を構築する必要性が生まれる。たとえ、主体E⊃主体D⊃主体Cの構造をなす場合も、形態として枠組みの中に存在するものの、各主体は行為主体として単独に存在する。構造上の上位階層が指揮命令を行っても、スポーツ行為主体が主体を捨ててプレーをすることはない。むしろ、スポーツ行為主体は拒否し、階層構造による権威は失墜する。それぞれの主体との目的を調整しながら勝利という目的に向かって進む、すなわちガバナンスの概念と類似するものである。「スポーツにおける戦略」は、多様な主体の相互関係を背景に抱えた戦略と言える。

(4)「戦略フレーム」の考察

「スポーツにおける戦略」は、勝利という目的を唯一の価値としながらも、相互の関係に影響され、戦略に位相を発生させている。この位相を生み出しているのが「戦略の枠組み」、すなわち「戦略フレーム」の概念である。この「戦

略フレーム」の概念には2つの観点からの考察が必要である。一つ目は、主体間の相互作用から形成された構造（関係構造）による「構造フレーム」。二つ目は、各主体の時間軸による「時間フレーム」である。

①構造フレーム

図18-2は、各主体間の関係構造を表したイメージである。各主体と主体の関係がどのような構造であり、どのような影響を及ぼし合っているかによって、戦略は大きく異なる。なぜなら、ガバメント構造（堀 2007）である軍事戦略は、本書の第1講の図1-2（p.6を参照）で表されたように、政治的目的の達成のために武力をもって企図されるものであり、そのため、政治的主体である国家、その政治的目的を遂行する軍事戦略や、経済的行為主体として利益の創出を目的とする企業の経営戦略の関係構造は、同様のハイアラーキー構造（階層構造）による組織を基盤としているからである。この組織構造にみられる関係構造は、上意下達の指示命令形態（下向きの矢印）が組織の維持と秩序をもたらす。この形態がなければ、根本的に軍事戦略や経営戦略は機能しない。

また、現代社会は国民国家（Nation-state）の概念から、国家の枠組みを超えたグローバリゼーション（Globalization）の概念へと変容し、主体としての国家の存在が変容した。社会的行為主体、経済的行為主体、文化的行為主体な

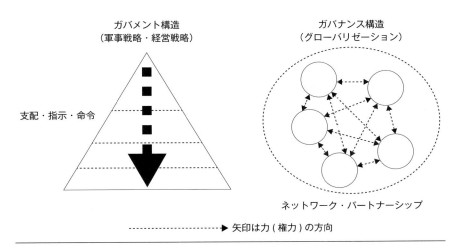

図18-2 各主体間の関係構造（構造フレーム）

（堀雅晴，2007．「ガバナンス論の現在」同志社大学人文科学研究所編『公的ガバナンスの動態に関する研究』（人文研ブックレット），同志社大学人文科学研究所，p.24をもとに筆者改編）

ど、多様な主体にもとづく関係性を基盤とした枠組みが形成されるようになった。このことは第1講の戦略の系譜で論考したように、軍事戦略も国家の政治的目的を具現化するための枠組みから、多様な主体との関係性を加味する必要性が生じ、「戦略」自体の汎用性をワイリー（2010）、ベイリス・ウイルツ、グレイ（2012）といった現代の戦略研究家が指摘している。これは各主体間の関係がガバメント構造ではなく、社会的行為主体、経済的行為主体、文化的行為主体など、多様な主体が結びついた関係性や、個々の主体が独立しながらもネットワークとして結びつく関係性（Rhodes, 1997；Kooiman, J., 1993, 2003；Sørensen, Eva and Jacob Torfing, 2005, 2007）の概念にもとづくガバナンス構造（ネットワーク・ガバナンス構造）へと変容したことに由来する。

　スポーツに関わる主体は、それぞれが行為主体として独立した存在であり、政治的主体である国家、その政治的目的を遂行する軍事戦略や経済的行為主体として企業が企図する経営戦略とは関係性が異なり、ガバメント構造ではなく、ガバナンス構造（図18-2）である。

　スポーツ行為主体と統括主体は独立の存在でありながら、どちらが欠けてもスポーツが存在しなくなる。さらに、現代社会においては市場経済との関係がなければチームとして存在しえず、相互補完し合う構造である。また、スポーツの社会的影響力により、EUにおけるリスボン宣言（2007）で明示されたように、スポーツというフレームは社会的に特別な存在となっている（Bruyninckx, 2012, Geeraert, 2013 a, b）。そのため、国家や政府を横断した、地球規模の諸問題の解決を目指す社会的行為主体（グローバル・ガバナンス主体）とも協力関係（時には連携）をもつ構造となった。形態上は個々の行為主体の上位階層に位置するものの、上意下達の組織構造（ガバメント構造）から生まれたものではない。これらの主体が相互に補完し合いながらも、行為主体同士の階層では独立性を基盤として関係性を維持・発展させていく特殊なガバナンス構造をもつ形態である。どちらの構造の分類にも当てはまらない関係構造を表したものが、図18-3によるスポーツ構造である。この「構造フレーム」が、戦略の位相を発生させている原因の一つである。

②時間フレーム

　軍事戦略は「戦争」の終結をもって完結する。その後は、政治が主体となって統治を行い、軍は治安の維持へと目的が変わる。しかるに、「スポーツにお

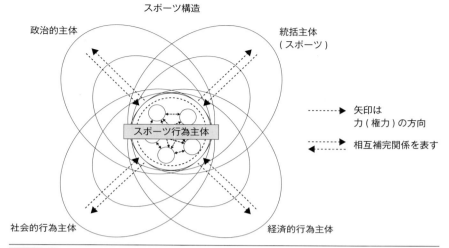

図18-3 スポーツにおける各主体間の関係構造（構造フレーム）

ける戦略」には完結があるのだろうか。この時間軸の考察を加えた「戦略フレーム」の概念の考察も、「スポーツにおける戦略」の位相解明には必要となってくる。

　軍事戦略と「スポーツにおける戦略」では時間軸が異なる。戦争の完結は、目的への到達とともに、時間がリセットされることをも意味する。一方で、スポーツにおいては、各リーグや大会によって時間がリセットされる考え方、4年に一度のオリンピックやFIFAワールドカップにてリセットされる考え方、さらに、スポーツは未来永劫に連続しているという考え方もみられる。この時間の枠組み（「時間フレーム」）は非常に曖昧であり、この曖昧さが「戦略」の曖昧さを生み出している。

　図18-4を参照いただきたい。最終的には主体の意志によって「時間フレーム」は決定される。しかし、「構造フレーム」と相関し、主体間の関係構造によって意志決定される場合と、各主体間で意志決定されずに遂行される場合がある。現実的にはリセットすることが可能なのか、という問題も含まれる。これらがすべて位相となる。

　すなわち、「時間フレーム」を長く設定すると、短いフレームの中での「戦略」は「戦術」や「戦闘」と理解される。しかし、「時間フレーム」のスタートが

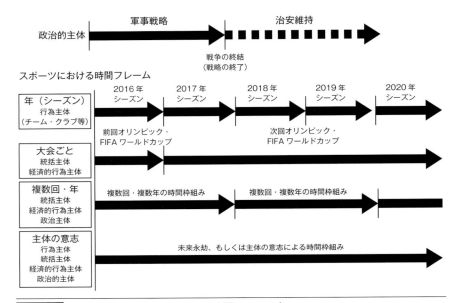

図 18-4 各主体間の時間の枠組み（時間フレーム）

どこからなのか、どの程度の長さが「時間フレーム」として正統なのかということは、戦争の帰結と異なり、勝利という結果のみが証明することとなり、スポーツの特殊性が「スポーツにおける戦略」に位相をもたらし、「戦略」の曖昧さを存立させている。

2 戦略の目的の再考

(1)「戦略の目的」の差異の発生

　第1章にて、現代社会では「戦略フレーム」の拡大により、「構造フレーム」に変化が生まれたことを論考した。また本講では、多様な主体がスポーツの関係構造を作り上げ、「構造フレーム」と「時間フレーム」の視点からも「戦略」の位相を発生させていることを考察した。すなわち、「戦略の目的」にズレ（差異）が生じてきたのである。各々の主体は、主体としてそれぞれの目的をもつことは自明である。しかし、スポーツは、その行為主体から発生し、スポーツ主体として独立性を維持していたのだが、市場経済の流入によって、経済的行

為主体、そして、その文化的価値や社会的価値が向上するほど、政治的主体がその価値を利用し始めたのである。

例えば、本来の近代オリンピックは開催都市が主体となるべき大会でありながら、現実的には国家による大会となっている。古くはナチスドイツ政権下の1936年ベルリン・オリンピックや第二次世界大戦後の復興を託して行われた1964年東京オリンピック、中華人民共和国による2008年の北京オリンピックなどである。わが国で再度行われることとなった2020年の東京オリンピックにおいても、現実的な主体が東京ではなく、国家へと変容していることでも確認される。これらの主体の狭間に立つ統括主体（スポーツ競技統括組織）がIOC（国際オリンピック委員会）でもある。

他の例では、世界最大のファンをもつフットボールが挙げられる。その統括組織であるFIFA（国際フットボール連盟）は、主権地域を含めて211ヵ国が所属し、国際連合の193ヵ国を上回る加盟数である（2017年2月現在）。スポーツの統括主体であると同時に、統計学的にも国際社会への大きな影響力をもち、政治的主体とは位相をなすグローバル主体として存在している。この系譜は第2講でも論考したように、FIFAはフットボールの統括主体としての地位の確立を目的としていたが、その地位が確立されるに従って、スポーツの統括主体としての地位確立へと目的が変化していった。近年では、スポーツを通じて社会的存在価値を高め、グローバル主体になるという目的が明確にみられる。

このような主体間において、その存立の経緯が異なるため、現実的に「戦略の目的」が同一となることは困難な状況である。むしろ、差異を抱いた状況を現実とするのが「スポーツにおける『戦略の目的』」といえよう。

(2)「スポーツにおける戦略」と「スポーツによる戦略」

主体の多様性にともなって「戦略の目的」の差異が確認された。そして、これらの差異には大きく分けて2つの傾向がみられることを次の議論としたい。それは「スポーツにおける戦略」と「スポーツによる戦略」である。

①スポーツにおける戦略

「スポーツにおける戦略」とは、「戦略の目的」がスポーツ行為を対象とするものである。また、このスポーツ行為は、スポーツそのもの（競技）を対象としており、勝利を第一の価値とするものである。すなわち、勝利からもたらさ

れる政治的、経済的、社会的資源の獲得を目的とするものではない。

これは、スポーツ行為主体としての個人やチーム（実践的行為主体）が該当する。また、チームを所持するクラブも一部分で該当する。

②スポーツによる戦略

「スポーツによる戦略」とは、「戦略の目的」がスポーツ行為以外の事象を対象とするものである。スポーツ行為以外の事象とは、スポーツの勝敗ではなく、スポーツ（競技）からもたらされる副次的な価値を目的とするものである。すなわち、スポーツによる政治的、経済的、社会的資源の獲得を第一の目的とするものである。

これは、スポーツ行為主体ではあるが、発展段階や一部分で経営資源の獲得を主眼に置くクラブ（限定的な統括主体ともなる）も該当する。統括主体も同様である。スポーツ競技統括組織（FIFAやIOC）やスポーツ競技組織（JFA：日本サッカー協会など）は社会的資源と経済的資源の獲得、国家はスポーツによる政治的資源や経済的資源の獲得を目的とした戦略を策定する。また、学校教育においても社会的資源（文化の継承）の獲得のために、スポーツを教材として使用する観点から「スポーツによる戦略」と分析され、スポーツに包摂される教育効果（副次的価値）を利用したものである。

（3）スポーツにおける戦略のパラドックス

「スポーツにおける戦略」と「スポーツによる戦略」の根本的な相違は、その戦略対象がスポーツであるかどうかである。ここで、付与された価値に関する問題を議論しなければならない。

「スポーツにおける戦略」の目的は勝利であり、その勝利を第一の価値とするが、勝利を獲得できない場合において、勝利を目指す行為に価値が付与される現象が発生する。この現象は、勝利した場合にも勝利という価値から拡大し、勝利による達成感、充実感、チームであれば同一目的を達成した後の一体感などへと価値の転移がみられる。つまり、勝利を目的とした行為で生起する「副次的な価値」も目的の中に含まれ、「スポーツにおける『戦略の目的』」の曖昧さや目的の位相を生み出す原因となっている。

エリアスとダニング（2010）による、近代スポーツの系譜と文明化の過程の論考でみられるように、スポーツの社会的形成過程（フィギュレーション）に

おいて、勝利は人々の社会的存在価値を具象化するものでもあった。この社会的存在価値の確認装置がスポーツであった。すなわち、勝利は「副次的な価値」を導いた。敗北は、自らの社会的存在を立証することはできず、価値として存立することはない。むしろ敗北は、現状の社会構造の受容を導く。この具体例がフットボールの成立（ラグビーとの分離）である。背景には貴族階層、新興のブルジョア階層と、主に労働者階層であったスポーツ行為主体との間の社会的存在をめぐった闘いが確認される。そのため、勝利のみが自らの社会的存在を立証し、自らの存在価値を表すものであり、その価値の具象化装置がスポーツであった。

しかし、社会構造の変化と文明化によりスポーツが大衆化し、「副次的な価値」が主たる目的の様相へと変化し、アクティビティやレクリエーションを包摂した新たなスポーツという概念と名称使用へと変容した。そのため、付与された価値（「副次的な価値」）が目的となり、いつの間にかスポーツは「副次的な価値」を得るための社会的装置、すなわち手段となったのである。ここにスポーツの目的と手段の転換が確認され、「スポーツにおける戦略」の対象が「副次的な価値」をも含めて拡大（広義）化したのである。

一方で「スポーツによる戦略」は、戦略対象がスポーツ行為以外の主体による戦略行為を指すものである。再び、**図18－3**「スポーツにおける各主体間の関係構造（構造フレーム）」を見ていただきたい。現代では、政治的主体、社会的行為主体、経済的行為主体、統括主体との相互の関係性をなくしてスポーツの存在はありえなくなっている。さらに、スポーツ行為主体は、各主体間との関係性によって主導権の変容と変動がみられる。そこで、各主体の目的を確認することとしたい。

①**政治的主体**

政治的主体は、国家や政府が政治的目的を達成するために戦略を策定する。「スポーツによる戦略」とは、この国家や政府が政治的目的を達成するための「スポーツを手段とした戦略」と言い換えられる。現在のわが国のスポーツ立国戦略も、国家の成長戦略や武力なき国際間競争、もしくは、国民の抱える閉塞感を政府へと向かわせないためのプロパガンダとしての「戦略」でもある。ここに、本来のスポーツ行為者の根元的な目的からの乖離が見られる。

②経済的行為主体

　経済的行為主体は、企業等の経済的行為を目的とした主体である。すなわち、営利を目的とし、利益を得るための資源（商品）を用いた戦略として、「スポーツを手段とした戦略」を遂行するものである。これは、スポーツの「副次的な価値」を最大限活用することとなり、スポーツ行為主体は資源として扱われ、消費の対象となる。国家の経済政策として、国民の経済活動を活性化するために、「スポーツを手段とした戦略」を遂行することも同様である。

③社会的行為主体

　社会的行為主体は、地球規模で抱える問題や人権等の人間の存在に関わる問題を解決するために、国家や地域を横断したガバナンスを行う主体である。これらの問題を解決するという目的のために、「スポーツを手段とした戦略」を行うことが現代では多く見られるが、近代スポーツにおける社会的存在価値の具象化と同様の点が多く、政治的主体や経済的行為主体による「スポーツを手段とした戦略」とは、自らの存在価値の社会的確認装置という点で位相を抱くものである。近年ではIOCによるオリンピックとパラリンピックの連続開催、FIFAが"Our Claim/ For the Game, For the World"[1]、UEFAが"Eleven Values"[2]などを掲げており、社会的行為主体の目的と同化し始めている。これは、スポーツ統括主体が、社会的行為主体の目的の具象化を担う社会的装置の役割へと変容しているともいえよう。

④スポーツ統括主体

　統括主体（スポーツ統括主体）が各主体との関係構造上、この目的と手段において、最もアンビバランスな状態に位置している。なぜなら、統括主体はスポーツ行為主体と経済的行為主体、社会的行為主体の3つの側面、もしくは社会的行為主体と経済的行為主体との2つの側面をもつからである。

　クラブはスポーツ行為を実際に行う競技者やチームと同一組織のスポーツ行為主体でもある。各国のスポーツ競技組織も統括主体でありながら、勝利を目的とするスポーツ行為主体である。しかし、本書第2講、本講2節(1)でFIFAを例として挙げたように、統括主体はスポーツという社会的装置を通じて社会的行為主体へと変容し、その目的を得るための戦略を策定することとなった。

　また、統括主体はスポーツ行為主体の維持と発展を含め、経済的行為主体の

側面をもたなければ、統括主体としての存在価値を喪失する。経済的資源の確保状況により、FIFAからUEFAへと実質的な主体が移動した現象が見られたことからも、スポーツ行為主体の目的を求めながらも、統括主体としての主体性の維持のために、「スポーツを手段とした戦略」を優先しなければならない現実が横たわっている。ここには、スポーツ行為主体と経済的行為主体による目的と手段の転換の発生の源が確認される。

このように、「スポーツにおける戦略」には、各主体間のアンビバランスな状態が確認され、その目的と手段の転換がみられた。しかし、各主体間で相互補完が行われて現代のスポーツが存在していることを勘案すると、スポーツには「スポーツにおける戦略」と「スポーツによる戦略」とのパラドックスが存在する。このパラドックスを踏まえたうえで、「スポーツにおける戦略」の目的を決定することが求められている。

3 戦略の意志決定の問題

これまで「戦略のフレーム」を議論する際に「構造フレーム」と「時間フレーム」の要素があり、これらの関係構造によって、各々の主体の戦略に差異が発生することを論じた。また、スポーツは各主体間の関係がガバメントやガバナンスの構造という一元的な解釈ができないアンビバランスな状態であり、「スポーツにおける『戦略の目的』」は目的と手段のパラドックスが存在する特殊な状態であったことを確認した。そこで、次の論点を「戦略の意志決定の問題」へと移したい。

(1) 戦略の立案者の問題

軍事戦略は、国家や主権地域の目的に合わせて作成される。すなわち、政治的主体として国家の戦略を具体化するための政治的手段としての軍事戦略である。この目的の立案者はかつての国王であり、現在では国家の「長」が最終決定を施す。経済的行為主体も同様であり、経済的組織の「長」が最終決定を施す。現代社会においてはステークホルダー（利害関係者）の概念が頒布し、これらの目的の立案にステークホルダーが関与するが、現実的な決定権は国家、

主権地域、経済的組織の「長」である。これらの決定権をもつ者をとりまく組織や構造、その機能の視点から考察すると、この現実は容易に理解できよう。すなわち、ステークホルダーは選挙、民衆化運動、株主総会や経済的支援の停止に関する間接的な決定権しか持ち合わせておらず、実質的な関与が行えない機能となっている。目的を達成するための戦略（戦略の目的）が実行され、その結果により、後発的に「長」の交代が提案されることとなる。

この際、瞬間的にステークホルダーが主体となるものの、決定権をもつ個人や組織が存在する訳ではない。非常に強い影響力をもつ個人が存在したとしても、法や制度がある場合は、機能的に決定権者とはなりえない。また、非常に強い影響力をもつ組織の場合も、組織という観点からは上記同様の機能が働くこととなる。

社会的行為主体は、各主体の目的に合致した点で組織化されるため、目的は明確であるが、戦略への現実的な落とし込み、すなわち実践行動に関する困難を伴う。社会的行為主体は組織であれ、個人であれ、各主体が参集した枠組みである。目的に対する合意をもとに社会的行為主体が形成されるため、目的の共有はある程度容易であるが、目的達成のための戦略の策定に個々の主体の意志が介入し、実質的に進まない場合が多々見られる。この行為主体の「長」による「正統性を持った支配」（ウェーバー，1970）がなければ象徴としての「長」となり、社会的行為主体そのものの分裂や「弱い紐帯」（リン，2008）として機能不全に陥る。目的は合意、戦略は不合意という状態で時間を無為に消費することとなり、時には政治的主体の介入を発生させることもある。

スポーツ行為主体は、これらの主体とはまったく異なる特殊な構造をもつことを本講2節で論じた。それぞれの主体が自立しながらも相互補完関係を保ち、スポーツ構造を形成している。これは、スポーツにおいて「戦略の立案者」は、スポーツ統括主体（IOCやFIFA等）、スポーツ行為主体（クラブやチーム）、スポーツ実践行為主体（プレーヤー）の存在の中から、スポーツに関わるすべての行為主体が「戦略の立案者」になりうることを示すものである。すべての行為主体が「戦略の立案者」になりうるという特徴は、他の行為主体では見られない特徴である。

(2) 意志決定としての戦略・戦術・戦闘の問題

　スポーツの特殊性として「戦略の立案者」が各主体に存在するという特徴は、意志決定からの考察によっても明確となる。「戦略フレーム」の2つの要素である「構造フレーム」と「時間フレーム」からもたらされる位相は、意志決定者が異なることに起因する。そのため、「戦略、戦術、戦闘」が、一元的に上位下達の関係構造となる軍事戦略や経営戦略とは異なる構造を表している。

　スポーツ統括主体による「戦略」は、スポーツ行為主体の行為を「戦術」として規定するものではない。スポーツ行為主体は、主体として独立性をもった、独自の判断による意志決定を行う。むしろ、その瞬間の変化に則した対応を行わなければ、スポーツ行為主体としての「戦略」は喪失する。また、スポーツ行為主体による「戦略」が、結果としてスポーツ統括主体の「戦略」となる場合も多々見られる。スポーツ実践行為主体が、実践者としてスポーツ行為主体の指示（「戦術」）に従って「戦闘」を行うのは「戦略」の一部であるが、スポーツ行為主体は、「戦術」通りに「戦闘」を行うスポーツ実践行為者を評価しない現象が発生する。「戦術」による指示を逸脱（言説としては超越と同意）するスポーツ実践行為者を評価する現象である。主体間の相互補完として「戦術」を逸脱した行為による「戦略」の発生と受容が確認できる。

　すなわち、「勝利」を目的とするスポーツにおいては、各行為主体、さらに各行為主体間で「戦略」の逸脱、個々の主体に意志決定を委ねる現象が確認される。

(3) 戦略における計画の問題

　「戦略」の構造において、その文脈に「計画」の意が含まれており、「『計画』なくして『戦略』が存立するのか」という問いへの否定的解答は容易に想像ができる。特に、国家、政治的主体においては「戦略計画（プラン）」、経済的行為主体においては「経営計画（プラン）」として、「戦略」の過程が可視化され、この過程の各段階で、次の段階へとスパイラルを描いて上昇する「PDCAサイクル」の概念が用いられる。

　Plan（プラン）→ Do（ドゥ）→ Check（チェック）→ Act（アクト）
の順番で進められ、以下はその内容を示す。

```
Plan      =計画（実施計画の作成）
Do        =実行（計画の実施）
Check     =評価（実施計画の遂行状況の評価）
Act       =改善（実施計画で漏れた部分の改善）
```

　ここで、スポーツの特殊性に、この「戦略」に含意される「計画」と、「PDCAサイクル」の概念が適合するのかという２つの問題の整理が必要となる。

①戦略は計画なのか

　軍事戦略の終結は勝利か敗北であり、敗北の場合は敵の支配を受ける。そのため、軍事戦略の立案者は、勝利の観点に絞って「戦略」を勘案するのは自明である。敗北を考慮した唯一の「戦略」は和解であり、政治的判断として軍備を使用しないという意志決定である。

　しかし、人間はスポーツ（競技）の成立の原点同様に、競う、争うことを好み、闘いという大きな間違いを起こす。客観的な分析では、敗北が濃厚でありながらも、闘いという行為を選択してしまう。この行為の根源には「計画」の概念は存在しない。また、別の観点からすると、優勢でありながらも、勝機を失い劣勢に陥ることがある。そのまた逆もあり、劣勢でありながら形成が逆転し、一気に勢力を回復させて勝利を得ることもある。この敵の存在を含んだ形成の転換の瞬間を「機」とすると、「機」を逸しない慧眼が求められる。これらの現象は「計画」とは乖離し、「計画」からの逸脱がみられる。ましてや、この「機」は「計画」には現れず、勝敗を決する重要な時点で出現するか、後になって「機」を逸したことが判明する。これは、「戦略」において静態的な「計画」は無意なものであり、「戦略」の動態性を証明するものでもある。その顕著な例として、「機」を見極め、形成を有利に進めるための反撃や、形成が不利な場合の退却は、静態的な「計画」からの逸脱であり、「機」を捉えた動態性の概念からの判断（意志決定）である。

　戦争という生死を問う状況（軍事戦略）において、静態的な「計画」の無意化が見られ、「計画」に動態性の概念が求められることが確認されると同時に、「戦略」と「計画」を同一視することが困難であることが示される。さらに「計画」を「戦略」の下位構造に位置する「戦術」と捉えるならば、「戦略」の目的を達成するための手段としての「計画」は、さらに動態性をもったものとな

る必要性を示すのである。

②敵、すなわち対象とする相手の存在

　経営戦略では「PDCAサイクル」はCheck（評価）とAct（改善）により、次のPlanが構築され、正のスパイラルを導くことが前提条件となっている。あくまでも「静態」としての「計画」が基盤であり、Planの遵守が前提条件となる。そのため、「戦略」を実行する組織（集団）の構造も、一定の力（権力）の方向をもった階層構造となり、「PDCAサイクル」の概念に準じた意志決定が行われる。しかしながら、経済的行為主体に他の競争相手は存在するものの、直接対峙する敵の存在はない。あくまでも自らのPlanにもとづく一元的な視点からのPlanである。つまり、直接的な闘いではなく、市場原理にもとづいた数値比較による間接的な闘いであり、現有の資源に対する敵からの攻撃や破壊活動はみられない。そのため、直接対峙のない、静態的な条件にて有用となる「PDCAサイクル」の概念が有効となることが理解できる。

　仮に、直接対峙する敵が存在するならば、瞬時に「計画」は崩壊し、動態性をもった「計画」の必要性が生じる。経済的行為主体における「戦略」の可視化である「PDCAサイクル」に準ずれば、結果的にCheck→Actが行われずにPlan→Do→Plan→Doの状態となり、「経営戦略」の根幹が崩れてしまう。「経営戦略」として成立させるためには、瞬時の変化への対応として、「PDCAサイクル」を「高速に回転」させて、正のスパイラルにもっていくことが求められる。現代のグローバリゼーション社会では、経済的行為主体においても「高速に回転」させる主体が主体を維持し始めている現実も見られるが、敵のいない限定した条件である。

　すなわち、「構造フレーム」の観点からも組織構造上の変化が必要となり、この組織構造の変化にはパラダイムシフトが求められる。経済的行為主体の「戦略」そのものの変化を伴うため、容易に変革を行えない状況である現実に直面する。

③スポーツにおける戦略と計画

　「スポーツにおける戦略」において、各主体の独立性と主体間の相互補完の関係構造から、むしろ「計画」からの逸脱が「戦略」を決定づけていることを本講3節（2）で考察した。「スポーツにおける戦略」に静態的な「計画」は適合しないだけではなく、動態性を含んだ「計画」の必要性があることは容易に

理解が可能である。しかし、対戦型のボールゲームなどではシーズン開始から、「計画」が崩壊する現象の出現は少なくはない。端的に言うならば、この現象をも含んだものが「戦略」であり、「計画」があるがゆえに「戦略」が無意化してしまう。しかるに「スポーツにおける戦略」の「計画」とはなにか、という問題が出現する。この問いに対しては、行為主体の問題に触れなければなるまい。

　国家、政治的主体による「軍事戦略」や経済的行為主体による「経営戦略」は、「戦略」の遂行のために組織構造が階層構造となることを何度も確認してきた。この階層構造による行為主体において、「戦略」の立案、指示は執行者（為政者）であり、階層構造の最上部に位置する。構造上、下位構造に属するのは、兵士や労働者であり、現代では彼らの制度的な保護はあるものの、行為主体ではなく、機能の一部として扱われる。彼らの意志ではなく、「戦略」の執行者が主体として意志決定を行う。しかし、「スポーツにおける戦略」においては、いかなる階層構造をもつ組織においても、スポーツ実践行為者の意志決定を奪うことはできない。プレーを行うのはスポーツ実践行為者である。また、スポーツ行為主体でもあるチームの監督やクラブの決定は、スポーツ統括主体が反故にすることはできない。プレーやパフォーマンスは、この瞬間に行われており、そのプレーやパフォーマンスを消去、修正することができないからである。すなわち、組織構造上の下位層の行為主体による「機」と「逸脱」の行為が「戦略」を補完することとなり、従来の「計画」とは異質の概念である。動態性を含んだ「計画」とは、従来の「計画」の概念を根本から変革させることを意味する。

　「PDCAサイクル」による「計画」の可視化は、スポーツにおいては敵の存在により無意化する。まず、敵のいない一元的な視点において「PDCAサイクル」は有用であるが、敵の存在によりCheck（評価）とAct（改善）を行う時間的な制約が存在する。次に、相手も行為主体として、スポーツ行為者の行動に対応した行為をとる。すなわち「スポーツにおける戦略」において「PDCAサイクル」が機能不全に陥ることを証明している。なぜなら「計画」の前提となる一定的、もしくは恒常的な条件が存在しないし、また、自らも全条件において一定であることはないからである。チームの場合、相手チームや相手チームの個々の行為者が、一定であることもないため、すべての敵に対応すると、自らの行為も一定ではなくなる。

　しかるに、「スポーツにおける戦略」には、「計画」や「PDCAサイクル」の

概念に包摂されない「別の観点」の必要性が生まれるのである。

4 実体論としてのスポーツ戦略

（1）各論の共通項の抽出

　本書では、16人にわたる実践研究者によって、「スポーツにおける戦略」を「スポーツ戦略」として実体化する試みを行ってきた。この実践研究の対象として、組織の観点から国家、統括団体、情報統括組織、アマチュアスポーツの観点からアマチュアクラブ、大学、競技種目の観点からフットボール、陸上、柔道、アイスホッケー、戦略構造の観点から情報分析、リクルーティング、トレーニングなど、様々な角度からの論考がなされた。これらを俯瞰すると、以下の共通項が浮かび上がる。

---

1) 「スポーツにおける戦略」は、政治的主体、経済的行為主体、社会的行為主体による構造とは異なり、構造自体の特殊性を包摂している。
2) 「スポーツにおける戦略」は、戦略構造（目的→戦略→戦術→戦闘）や戦略計画とは異なる概念をもつ。
3) 「スポーツにおける戦略」は、「戦略」の構造から逸脱する主体の存在を受容する。
4) 「スポーツにおける戦略」は、各主体からの影響を受けながらも、統括主体、行為主体、実践行為主体による相互補完関係によって形成されている。しかし、実際にプレーを行うスポーツ実践行為者やスポーツ組織が、主体間の主導権をもつ。

　これらの共通項に加えて、本書の実践研究者たちに通じる論点には、すべてにスポーツ行為者＝「人」の存在が確認される。各論の根幹に、「戦略」には「人」が主体として存在し、「人」を中心とした構造であることが確認され、「人」による「意志決定」が中心に論考されている。どのような構造であれ、実践行為主体が、主体としての主導権を喪失すると、相互補完関係が崩壊することを明示している。すべての構造や条件を包摂しながら、「機」を見た行為と「逸脱」を生み出す「人」が、「スポーツ戦略」の「軸」として見えてくる。ここで、「スポーツ戦略」とは「人」を「軸」とした、「個別の状況と俯瞰した状況を見極め、総体的な最適解を得る意志決定行為（総体的適合行為）」ではないかという仮

説が浮かび上がる（図18-5）。

(2) スポーツ戦略のモデル化（OODAループ意志決定理論）

「スポーツ戦略」が既存の概念とは異なる「別の枠組み」で論考する必要があり、その「戦略」の軸は「人」であり、「スポーツ戦略」は「総体的適合行為」であることを論証するために、ボイド（1995）が提示した「OODAループ意志決定理論」が、われわれの理解を促す２つの示唆を与えてくれる。それは、「戦略の構造」に関する示唆と、「戦略」の軸をなす「人」の「総体的適合行為」に関する示唆である。

①「スポーツ戦略の構造」の再考としての「OODAループ意志決定理論」

本書の第１講の図１-３で提示した「OODAループ意志決定理論」は、実践行為主体である戦闘機のパイロットの意志決定過程を表したものである。そのため、「実践行為」に至る個人の行為に焦点をあてたミクロな観点からの考察が行われやすいが、これを「戦略」という集団の行為、すなわち組織的行為に焦点をあてた、マクロな観点での意志決定に置き換えることも可能である。

「戦略」の構造は目的に対し、武力使用の有無を問わず、「戦略→戦術→戦闘」という「戦略構造」となり、それに応じた「組織構造」も上位下達の階層構造となる。その際の組織的意志決定過程は、「P→D→C→A（PDCAサイクル）」

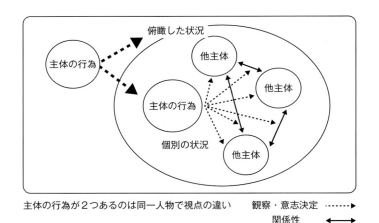

図18-5　総体的適合行為の概念

の構造で行われ、次の「P→D→C→A（PDCAサイクル）」へと正のスパイラルが構築される。これは、静態的な対象の際に有用であるが、即時変化や対峙する敵が存在する場合の効果は薄い。現実的に軍事戦略や「スポーツ戦略」においては、指示命令系統が到達するまでの時間、敵による相対的行為（敵の応対）を勘案すると、指示命令系統と「P→D→C→A（PDCAサイクル）」に準じている最中に相手の攻撃を受け、自らの無力化を促進させ、「死」や「敗北」へと導くことを意味する。そこで、ボイドは軍の「戦略の構造（戦略構造、組織構造）」変革を示唆したのである。

「OODAループ意志決定理論」は、静態的な指示命令系統やPDCAサイクルとは異なる意志決定モデルである。個人の観点だけではなく、組織構造としても静態的で一元的な構造の脆弱性を指摘し、組織の下位構造のどの階層からも意志決定が可能な組織でなければ、「時間」と「機」の両観点から対応が不可能であることを朝鮮戦争のパイロットとしての経験から導いた。この組織構造の変革は、動態的で即時対応を求められるアメリカ海兵隊に大きく影響を及ぼし、大規模な組織改編が行われた。実践の対応では、湾岸戦争で成果を出した（Hammond, G.T, 2001；Ford, D, 2010）（図18-6）。

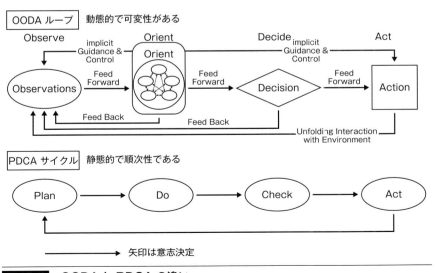

図18-6 OODAとPDCAの違い

スポーツの戦略の構造（戦略構造と組織構造）においても、「時間」と「機」の観点から、ボイドの示唆した脆弱性を払拭するために、同様の「戦略の構造（戦略構造、組織構造）」が求められる。しかし、スポーツにおいては、現実として、各主体間の相互補完の関係において自然発生的に行われている。この各主体間の相互補完の関係性が、一般化や可視化しにくいため、曖昧性やスポーツの特殊性という言葉に置換されているのである。すなわち、「OODAループ意志決定理論」は、「戦略の構造（戦略構造、組織構造）」にパラダイムシフトをもたらすものであるが、スポーツにおいては現実的に形成されているため、「スポーツ戦略」の曖昧差や特殊性を一般化、可視化したものといえる。

② 「総体的適合行為」の解明としての「OODAループ意志決定理論」

　「戦略の構造」の再考のもう一つ、その「戦略構造」と「組織構造」の軸となる「人」の問題を考察したい。ここで、一般的に「戦略」の概念は、各主体における「戦略」そのものが、「人」を資本ではなく、資源として使用（利用）する「人間機械論」（ウィーナー,1979）に等しい概念によるものであったことを指摘したい。「スポーツにおける戦略」の特殊性である、各主体間の相互補完の関係性は、「人」が主体として確立されていなければ、「戦略の構造」として、「戦略構造」においても、「組織構造」においても、「戦略」の機能不全を招く。すなわち「戦略」の崩壊である。そのためには、「人」が主体として確立され、「人」が「戦略構造」の最上位階層に位置することを示さなければなるまい。

　ボイド（1995）は、朝鮮戦争でのアメリカ軍とソビエト軍の撃墜対被撃墜率に着目した。アメリカ軍が10対1で圧倒的であった。しかしながら、戦闘機としての性能は、当時の最先端であったソビエト軍のMiG-15が優れていた。なぜ、性能の高い戦闘機を使用していたソビエト軍が、性能の低いアメリカ軍のF86に撃墜されたかのかを研究したところ、単純な差によるものであった。「応答時間」と「コックピットの視界」、そして「パイロットの意志決定速度」であった。特に、アメリカ軍のF86は、コックピットからの視界が確保される構造であった（Hammond,G.T,2001: Osinga,2007:Ford,D,2010）。すなわち、戦闘機としての性能の優劣ではなく、パイロット＝「人」の差であったのである。

　「OODAループ意志決定理論」は、人間の「行為」を分析したものである。
　　　"Observe（観察）"

"Orient（情勢判断）"
"Decide（意志決定）"
"Act（行動）"

にわけられ、階層構造による一元的な行動形態ではなく、「O-O-D-A」のどの部分からも"Act（行動）"に移すことが可能であると同時に、どの部分からも停止、中止、再行動することが可能な、実行と制御の両システムが可変的に行われる「ループ構造」である。特に、その中で"Big O"と呼ばれる"Orient（情勢判断）"の部分が行為の根底をなし、以下の5つの要素に分類される。

（1）Cultural Traditions（文化的伝統）
（2）Analysis & Synthesis（分析と統合）
（3）Previous Experience（従来の経験）
（4）New Information（新たな情報）
（5）Genetic Heritage（先天的特性）

これらは、5つの要素が相互関与することによって意志決定が導かれ、その表出としての行動がとられる（行為）ことを導いている（**図18-7**）。

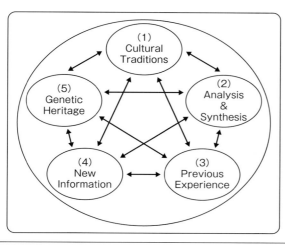

図18-7 OODAループのBig "O"

ボイドは「OODAループ意志決定理論」における行為を次のように考察する（Boyd.J.R, 1995 ; Spinney.C, Richards.C, Richard.G, 2010を筆者訳）。
＊われわれは、先天的特性や文化的伝統、従来の経験がなければ、環境や変化に対応した無意識的な心身の制御に関わる能力を有することができない。
＊われわれは、領域を横断したり、様々な競合した経路や単独経路からの情報の分析や統合がなければ、不慣れな現象や予期せぬ変化に応じる新たな能力へと発展させることはできない。
＊われわれは、多面的に投影や共感、相関、または拒絶（これらの多領域や複数の情報経路を横断して）を通じて無意識的な相互参照の過程がなければ、さらなる分析や統合を行うことはできない。
＊OODAループがなければ、われわれはこれらの過程を超えた、気づき、その後の観察、多様な情報を得ることができず、そのため、これらの過程からもたらされる行動を決定することもない。
すなわち、
＊われわれは、上記に含まれるOODAループの過程や、OODAループ（もしくは他の環境）を内在化することがなければ、不確定で、常に変化し、予測不可能な状態で拡大発展する現実を理解したり、具体化したり、適応したり、対応したりすることが不可能であることがわかる。

　スポーツにおける「戦略構造」や「組織構造」、各主体間の相互補完関係に共通する要素は「人」である。各主体内外の行為と行為の調整（適応）を行うのも「人」である。行為主体としての「人」が介在することにより、社会的行為として、目的や価値などが複雑に絡まった関係構造にて維持されているのがスポーツの現象である。これもまた、スポーツの特殊性という言葉に置換されるが、その始原的な問題は、一般的な集合体（組織や国家）が行為の総体として、「人」を省いた状態で主体を定義していることに起因する。しかし、スポーツ、とりわけ「スポーツ戦略」においては、行為主体が体制、制度などによる組織ではなく、実践行為主体である「人」が主体となる。すなわち「スポーツ戦略」においては、「時間」の制約と「機」に応じた「総体的適合行為」が求められ、実験室内の恒常的状態での「行為」は求められない。「OODAループ意志決定理論」による、常に不確定で、変化し、予測不可能で、非恒常的状

態での「行為」の分析は、スポーツの現象と同様であり、「スポーツ戦略」の実体が確認される。

　しかるに、この「総体的適合行為」はどのようにして習得するのか、という最終的な命題に取り組みたい。
　この「OODAループ意志決定理論」は、「戦闘」を担うパイロットや兵士、そして「戦術」を考案し、実際に指揮する指揮官、さらには「戦略」を立案し、実行決定する最上位階層の司令官に対する教育として、アメリカ海兵隊大学（MCU/The Marines Corps University）やアメリカ海兵隊指揮幕僚大学（MCCSC/Marine Corps Command and Staff Collegeでの「戦略教育プログラム」に導入された（Osinga, 2007）。ボイドは「総体的適合行為」の取得がアポステリオリ（後天的）な習得によって獲得が可能であること、すなわち「教育」によって習得されることを提唱し、この「教育」を受けたアメリカ海兵隊による湾岸戦争で実証したのである。
　スポーツの現象も「総体的適合行為」の「教育」によって習得されるものである。この「教育」そのものも「戦略」の「重心」として、すなわち「スポーツ戦略」であることを示している。本書の実践研究者たちが「スポーツ戦略」について論じた共通項とも合致する。本講で「戦略の構造（戦略構造、組織構造）」のパラダイムシフトを論考する以前に、現状の「戦略」の概念に再考を唱えたことは、彼らの壮大な実証実験とその結果によるものであり、科学として、この帰納法による帰結に否定的な議論をすることはできない。
　一方で、この「OODAループ意志決定理論」において、集合体（組織体）に内在する「行為」では、その凝集性に関する脆弱性を抱く。すなわち、行為間の調整と同調のために、「戦略」における「教育」は「戦略の重心」の役割を担うことを証明しているものである。
　「スポーツ戦略」においては、この問題に関して須佐氏が、この脆弱性を限りなく少なくするために、(1) Cultural Traditions（文化的伝統）、(2) Analysis & Synthsis（分析と統合）、(3) Previous Experience（従来の経験）、(4) New Information（新たな情報）から導かれる「行為」を、個体のみならず、組織として「総体的適合行為」の習得を目的としたトレーニング（教育）が必要であることを論考している。大平氏のリクルーティング戦略では、実践行為

者の5つの要素を評価し、入学後に「総体的適合行為」をトレーニング（教育）による補完が可能か否かの観点から論考している。この論考の起点は「戦略」の遂行のための「人」に焦点を当て、「教育」による個人、組織の脆弱性の補完の可能性に関する論である。

また、現状の行為を補完するために、指導者（実践行為主体もしくは行為主体）、組織（行為主体もしくは統括主体）、国家として（4）New Information（新たな情報）を収集し、（2）Analysis & Synthesis（分析と統合）を行い、実践行為主体の（3）Previous Experience（従来の経験）へと変容させることの必要性を早乙女氏、庄司氏が論点とした。勝田氏が国家によるグローバル規模のシステム構築を、（1）Cultural Traditions（文化的伝統）や（5）Genetic Heritage（先天的特性）による敵との個体差の縮小と優位性の拡大として論を展開した。

そして、（1）Cultural Traditions（文化的伝統）に含まれる社会性を付与した論として、乾氏、中野氏、瀧谷氏が「人間の教育」という表現に至っている。興味深いこととして、本書のすべての実践研究者たちが、「スポーツ戦略」の論考に「教育」を明示していたことである。

「OODAループ意志決定理論」は、スポーツにおける現象を適格に指摘すると同時に、一般化された「戦略の構造」に対するパラダイムシフトをもたらすものである。その「戦略」の「軸」に「人」が存在し、「総体的適合行為」を習得するための「教育」が「スポーツ戦略」であることを、「戦略構造」における実践行為主体（行為主体）の観点と、「組織構造」における主体間の相互補完関係の観点から実証するものである。

（3）スポーツ戦略の課題―まとめにかえて

現代においてスポーツは、文化資本、社会資本、ならびに社会関係資本へと存在価値が拡大している。その「スポーツ戦略」は勝利を目的とし、その存在価値の確認装置としながらも、その存在価値以上の価値が付与され、ある意味で宗教化されつつあるとも言える。すなわち、スポーツは社会的存在価値の確認装置から、新たな「価値創造システム（Montgomery, Cynthia A, 2014）」へと変容し、われわれにスポーツの「本質的価値とは何か」という課題を突きつけている。

しかしながら、本書で明らかにしたように、現代までのスポーツの社会的形

成過程において、「スポーツによる戦略」が「スポーツ戦略」であると一元的な理解が一般化されるならば、スポーツの根幹をなす競技性から離脱する。このことは、スポーツがもつ人間の社会的存在価値をめぐった闘い、その後のスポーツの価値拡大（近代スポーツ化）においても維持された、「勝敗の不確定性」への興奮は失われる。現代のスポーツの拡大解釈化によるアクティビティやレクリエーションすらも新たな価値へと包摂されてしまうことを意味する。さらに、「スポーツ戦略」が、現代的価値の表象である、市場原理を基準とした「価値創造システム」として一元的に定義されてしまうことをも意味する。「スポーツによる戦略」として、スポーツがビジネスのコンテンツの一部となり、スポーツを消費財へと転換させてしまうのである。

　スポーツが社会的存在価値の確認装置から、新たな「価値創造システム」へと変容する現代において、「スポーツ戦略」は、ビジネスの商材として、いかにスポーツを販売するかという観点からではなく、「スポーツビジネス」の再定義による「スポーツの価値創造をいかに行うか」という「戦略」をも包含している。本書では「スポーツビジネス」という、ビジネスとは似て非なる言葉にて流布させている現状の課題に、「スポーツ戦略」の概念レンズを通して触れることはできなかった。これはまた、別の機会に譲りたい。

＊

　最後に、本書における執筆者諸氏の論考は、現実の事例をもとに、「スポーツ戦略」の実態に危惧を抱きながら、その実体の考察が行われている。特に、実践研究者として自己の「戦略」を文字に残す（形式知化）ことは、躊躇と興奮の間での葛藤があったと想像される。秒単位で変化するスポーツの現場で闘われている中、本書のために執筆の時間を割いていただいたことと、スポーツへの志とその情熱に対して感謝の言葉が容易に見つからない。「戦略」の範囲が拡大化し、変容しつつある現代において、本書にて「スポーツ戦略」を十分に解明できたとは思えない。しかしながら、スポーツの現象からの「戦略」の探求は、学術的に新たな展開として、経営戦略や、グローバル主体の戦略にも一石を投じる存在になったのではないかと思われる。本書がスポーツの「本質的価値」の探求として、「スポーツ戦略」の議論の始まりとなれば幸いである。

（上田滋夢）

○注釈

(1) FIFA.com,"About FIFA/ Who We Are/What we stand for" http://www.fifa.com/about-fifa/who-we-are/explore-fifa.html（2017年3月10日閲覧）

(2) UEFA.org,"About UEFA/Eleven Values"http://www.uefa.org/about-uefa/eleven-values/index.html（2017年3月10日閲覧）

📖 参考文献

* ベイリス・ジョン, ウイルツ・ジェームズ, グレイ・コリン編：石津朋之監訳「戦略論 現代世界の軍事と戦争」2012, 勁草書房; Baylis .John, Wirtz .James. J., and Gray.Colin .S., (2010) "Strategy in the Contemporary World: An Introduction to Strategy Studies,Third Edition. Oxford Universuty Press.
* Boyd ,J.R.（1995）"The Essence of Winning and Losing", presentation by J.R.Boyd, Edit by Chet Richards and Chuck Spinney, https://fasttransients.files.wordpress.com/2010/03/essence_of_winning_losing.pdf
* Bruyninckx,H (2012), "Sport governance: between the obsession with rules and regulation and the aversion to being ruled and regulated". In: Segaert,B.et al.Eds. "Sport governance,development and corporate responsibility", Routledge: New York and London, pp112-114.
* ノルベルト・エリアス, エリック・ダニング：大平章 訳（2010）『スポーツの文明化』（新装版）法政大学出版局.
* European Union（2007）, "Lisbon Treaty":
http://www.lisbon-treaty.org/wcm/the-lisbon-treaty/treaty-on-the-functioning-of-the-european-union-and-comments/part-3-union-policies-and-internal-actions/title-xii-education-vocational-training-youth-and-sport/453-article-165.html（2017年2月8日閲覧）
* Ford,D.（2010）,"A vision so noble: John Boyd the OODA Loop,and America's War on Terror",Warbird Books.
* Geeraert,A. et al.（2013a）,"The governance network of european football: introducing new governance approach to steer football at the EU level." International Journal of Sport Policy and Politics, 5(1), pp.113-132
* Geeraert,A. et al.（2013b）,"Working Paper: Good Governance in International Non-Govermental Sport Organization:an analysis based on empirical data on accountability, participation and executive body members in Sport Governing Bodies".
* Hammond,G.T（2001）,"The mind of war: John Boyd and American security,Smithsonian Institution.
* 堀雅晴「ガバナンス論の現在.」,2007,同志社大学人文科学研究所編,「公的ガバナンスの動態に関する研究（人文研ブックレット）」,同志社大学人文科学研究所,p.24
* Kooiman, J.,（1993）(ed.), "Modern Governance : New Government-Society Inter- actions", Sage.
* Kooiman, J.（2003）, "Governing as Governance", Sage.
* モンゴメリー C.A：野中香方子訳「ハーバード戦略教室」2014,文藝春秋; Montgomery,Cynthia.A.（2012）,"The Strategist:Be the Leader Your Business Needs",Harper Collins

Publishers.
* Osinga,Frans P.B.（2007）,"Science,Strategy and War:The strategic theory of John Boyd",Routledge
* Rhodes, R. A. W.（1997）, "Understanding Governance : Policy Networks, Governance, Reflectivity and Accountability", Open University Press.
* Sørensen,Eva and Jacob Torfing（2005）, "Network Governance and Post-Liberal Democracy", Administrative Theory & Praxis, Vol. 25, No. 2.
* Sørensen,Eva and Jacob Torfing（eds.）（2007）, "Theories of Democratic Network Governance", Palgrave Macmillan.
* 上田滋夢、山下秋二（2014）「スポーツ競技統括団体の経営におけるガバナンスの始原的問題：UEFAのガバナンスからの考察」,体育・スポーツ学研究第27巻,日本体育・スポーツ経営学会,p35-53
* 上田滋夢（2016）,「第8章プロスポーツのガバナンス」：図とイラストで学ぶ新しいスポーツマネジメント,山下秋二,中西純司,松岡宏高編著,p88-100.
* ウエーバー・マックス：世良晃志郎訳（1970）「支配の諸類型」,経済と社会 第1部 第3章,第4章；Weber, Max（1956）,"Wirtschaft und Gesellshaft,Grundriss der verstehenden Soziologie,vierte,neu herausgegebene Auflage, besorgt von Johannes Winckelmann,erster Teil,Kapitel Ⅲ, Ⅳ（s.122-180）.
* ウィーナー.N,：鎮目恭夫,池原止戈夫共訳「人間機械論」1979,みすず書房.：Wiener Norbert（1950,1954）；"The Human use of Human beings:Cybernetics and Society",Houghton Miffio/ Anchor Books.
* ワイリー,J.C：奥山真司訳「戦略論の原点」2010,芙蓉書房出版；Wylie,J.C.（1967）",Military Strategy: A General Theory of Power Control,Rutgers, the State University.

[**編者・執筆者紹介**]

◆ **編者**
上田 滋夢・堀野 博幸・松山 博明

◆ **執筆者**（掲載順、所属先は執筆当時）

上田 滋夢（うえだ じむ）　追手門学院大学社会学部 教授 ‥ **序・第 1・2・9・12・18 講**
京都教育大学大学院教育学研究科修了、修士（教育学）。京都教育大学サッカー部ヘッドコーチ、その後総監督、日本サッカー協会強化委員会委員（A代表、U16、17担当）、アビスパ福岡育成普及部チーフマネジャー兼ヘッドコーチ、ヴィッセル神戸強化部長補佐、中京大学サッカー部ヘッドコーチ、AS.ラランジャ京都代表（監督兼任）、名古屋グランパスエイト・テクニカルディレクター、大阪成蹊大学マネジメント学部教授を経て現職。専門分野は、ガバナンス論、組織構造論、スポーツ戦略論、アスリート教育論。2016年スポーツ産業学会政策提言コンペにて会長賞を受賞。著書に『図とイラストで学ぶ新しいスポーツマネジメント』（分担執筆、2016年）など。

庄子 博人（しょうじ ひろと）　同志社大学スポーツ健康科学部　助教 ‥‥‥‥‥‥‥ **第 3 講**
早稲田大学大学院スポーツ科学研究科博士後期課程修了、博士（スポーツ科学）。専門分野は、スポーツビジネス、スポーツ産業、スポーツファシリティマネジメント。研究業績は「わが国における国内スポーツ総生産（GDSP）の推計と経年比較」（『スポーツ産業学研究』26（2）、2016年）などがある。平成28年度日本スポーツ産業学会 学会賞を受賞。著書に『スポーツ白書 ～スポーツの使命と可能性～』（分担執筆、2014年）など。

堀野 博幸（ほりの ひろゆき）　早稲田大学スポーツ科学学術院 教授 ‥‥‥‥‥‥‥ **第 4 講**
早稲田大学博士課程人間科学研究科中途退学、博士（人間科学）。防衛大学体育学教室助手、早稲田大学人間科学部専任講師、早稲田大学スポーツ科学部助教授を経て現職。専門分野は、スポーツ心理学、コーチング心理学。指導実績は、早稲田大学ア式蹴球部女子監督にて全日本大学選手権3位、総監督として優勝、同男子コーチとして大学選手権優勝、ユニバーシアード女子日本代表コーチとして準優勝2回、同女子代表監督として準優勝、U19、U20女子日本代表コーチ、日本女子選抜監督にて東南アジアフットボール連盟女子選手権優勝。AFC（アジアフットボール連盟）テクニカル・スタディボード・メンバー。JFAアカデミー福島および今治・心理サポート（女子担当）も務める。著書に『夢ノート』（分担執筆、2016年）『早稲田アスリートプログラム ―テキストブック―』（分担執筆、2014年）、『スポーツ心理学大事典』（分担執筆、2013年）など。

佐野　毅彦（さの　たけひこ）　慶應義塾大学大学院健康マネジメント研究科 准教授 ····· 第5講
慶應義塾大学理工学部管理工学科卒業、Georgia State University, College of Education, Sprot Administration 修了、Master of Science。
日本プロサッカーリーグ（Jリーグ）を経て現職。Jリーグクラブライセンス交付第一審機関（FIB）構成員（2012年～）、bjリーグ経営諮問委員（2005～2016年）、日本トップリーグ連携機構トップレベルスポーツクラブマネジメント強化プロジェクト・メンバー（2011～2014年）、日本スポーツ産業学会理事（2013年～）、日本スポーツマネジメント学会理事（2010年～）。専門分野は、スポーツマネジメント、スポーツマーケティング。著書に『Jリーグの挑戦と NFL の軌跡：スポーツ文化の創造とブランド・マネジメント』（共著、2006年）、『スポーツ産業論第6版』（分担執筆、2015年）など。

乾　真寛（いぬい　まさひろ）　福岡大学スポーツ科学部　教授 ························· 第6講
筑波大学体育学研究科コーチ学専攻博士前期課程修了、体育学修士。福岡大学サッカー部監督、日本サッカー協会公認S級コーチ、全日本大学サッカー連盟副理事長。指導実績は、ユニバーシアード競技大会サッカー日本代表コーチとして優勝2回、同監督として優勝、東アジア競技大会サッカー日本代表コーチとして優勝、同監督として3位、総理大臣杯全日本大学サッカートーナメント優勝、準優勝2回、全日本大学サッカー選手権大会準優勝3回、Jリーガーを60名超輩出（2017年現在）、A代表選手5名輩出。専門分野は、サッカー・コーチング法。研究業績は「球技種目に遠山の目付は必要か？―注視点距離から見た広域周辺視の視覚情報獲得―」（共著、『トレーニング科学』25（2）、2014年）：「遅咲き大学サッカー選手育成法－育て上手のコーチング－」（共著、『トレーニング科学』21（3）、2009年）など。

松山　博明（まつやま　ひろあき）大阪成蹊大学マネジメント学部　准教授 ·········· 第7・11講
大阪体育大学大学院スポーツ科学研究科博士後期課程修了、博士（スポーツ科学）。湘南ベルマーレにてJ1リーグ昇格、天皇杯全日本サッカー選手権大会優勝、3位などに貢献後、コンサドーレ札幌でプレー。指導実績は、大分トリニータ強化担当・監督・サテライト監督としてJリーグヤマザキナビスコカップ優勝、ブータン代表監督（2010年）を歴任。専門分野は、スポーツ心理学、コーチング学。研究業績は「海外派遣指導者の異文化体験とレジリエンス―アジア貢献事業による初めて赴任したサッカー指導者の語りから―」（『スポーツ産業学研究』25（2）、2015年）。著書に『新スポーツ心理学』（編著、2015年）など。現在、Jリーグマッチコミッショナーも務める。

中野 雄二（なかの ゆうじ）　　流通経済大学社会学部 教授 .... 第 8 講
　　法政大学社会学部応用経済学科卒業。高校時に第 57 回全国高校サッカー選手権大会優勝 2
　　回、大学時に総理大臣杯優勝。指導実績は、水戸短期大学附属高校監督、プリマハム（株）サッ
　　カー部監督、水戸ホーリーホック初代監督を経て、1998 年から流通経済大学サッカー部監督。
　　総理大臣杯全日本大学サッカートーナメント優勝 3 回、全日本大学サッカー選手権大会優勝
　　など数々のタイトルを獲得。日本フットボールリーグ（JFL）監督特別賞受賞、全日本大学選
　　抜監督、ユニバーシアード日本代表監督を務めた。現在、日本サッカー協会技術委員会委員、
　　全日本大学サッカー連盟副理事長兼技術委員長を務める。

宮川 淑人（みやかわ よしと）　関西クラブユースサッカー連盟　会長 .... 第 9 講
　　京都大学工学部高分子化学科卒業。枚方フットボールクラブ第 1 期生。指導実績は、クラブ
　　創設者の近江達氏の跡を引き継ぎ、1988 年より現職のクラブ代表者となる。日本クラブユー
　　スサッカー連盟理事、登録管理委員長、関西クラブユースサッカー連盟理事長、大阪クラブユー
　　スサッカー連盟理事、関西サッカー協会理事等を歴任。枚方フットボールクラブは全国クラ
　　ブユース選手権（U18）優勝 2 回、準優勝 2 回、3 位 3 回。幼稚園児からシニアまでのカテゴリー
　　を有し、生涯プレーするクラブを目指して自身もシニアチームでプレー。

秦　敬治（はた けいじ）　　追手門学院大学学長補佐兼基盤教育機構 教授 .... 第 10 講
　　九州大学大学院人間環境学府博士課程修了、博士（教育学）。西南学院大学サッカー部監督、
　　愛媛大学教育・学生支援機構教育企画室副室長・教授を経て現職。追手門学院大学サッカー
　　部総監督。専門分野は、教育学（高等教育経営論、リーダーシップ論）。著書に『大学マネジ
　　メント改革総合事例集Ⅰ』（2014 年）、『大学政策論』（2011 年）、『新たな教員評価の導入と
　　展開』（2006 年）、『教員人事評価と職能開発－日本と諸外国の研究－』（2005 年）、『組織
　　文化に基づく大学職員試論』（2016 年）など。大学教育学会代議員、アジア太平洋学生支援
　　協会（APSSA）Executive Member。

瀧谷 賢司（たきたに けんし）　大阪成蹊大学マネジメント学部　教授 ……………… 第12講
　順天堂大学体育学部体育学科卒業。奈良県立伏見中学校教諭（同陸上部監督）、奈良県立添上高校教諭（同陸上部監督）を経て、2010年大阪成蹊大学女子陸上部監督就任。指導実績は、2016年天皇賜盃第85回日本学生陸上競技対校選手権大会総合優勝。中学、高校、大学全てで総合優勝。2016年日本陸上選手権大会女子100×400mリレー優勝。リレーでは日本の全年代のタイトルを獲得。日本陸上競技連盟強化委員女子短距離部長、女子統括部長を歴任。専門分野はトレーニング論。現在、東京オリンピック女子リレーナショナル強化コーチ兼任。

有山 篤利（ありやま あつとし）兵庫教育大学大学院学校教育研究科 准教授 ………… 第13講
　京都教育大学大学院教育学研究科修了、修士（教育学）。京都府立高校教諭、京都府教育委員会、聖泉大学人間学部教授を経て現職。専門競技は柔道。専門分野は、体育科教育（学習内容論・武道指導）、武道論、日本文化論。

大平 正軌（おおひら まさき）　流通経済大学スポーツ健康科学部　助教 ……………… 第14講
　流通経済大学大学院スポーツ健康科学研究科修了、修士（スポーツ科学）。水戸ホーリーホックなどの選手を経て、2003年流通経済大学コーチ、2005年流通経済大学JFLチームの監督、流通経済大学非常勤講師を経て現職。指導実績は、2009年JFLリーグ戦通算50勝、リーグ戦通算150試合采配達成。全日本大学選抜、関東大学選抜監督を歴任。現在、日本サッカー協会技術委員会強化部メンバー、流通経済大学サッカー部コーチ兼流通経済大学ドラゴンズ龍ケ崎監督を兼任。

須佐 徹太郎（すさ てつたろう）阪南大学流通学部　教授 ・・・・・・・・・・・・・・・・・・・・・・・・・・・・・・ 第 **15** 講
筑波大学大学院博士課程体育科学研究科満期退学。指導実績は、1987 年阪南大学サッカー部コーチ就任、1988 年から同大学監督。関東・関西チャンピオンズカップ優勝 1 回、総理大臣杯全日本大学サッカートーナメント優勝 2 回、準優勝 2 回、3 位 1 回、全日本大学サッカー選手権大会準優勝 1 回、3 位 4 回。関西学生サッカーリーグ 1 部在籍 23 年で優勝 8 回、準優勝 6 回、3 位 4 回。1987 年全日本大学選抜コーチ、2001 年同テクニカルスタッフにてユニバーシアード大会優勝、2013-2015 年全日本大学選抜チームリーダー（2015 年同大会 3 位）。専門分野は、トレーニング論、スポーツ技術論。著書に『最新スポーツ大事典』（分担執筆、1987 年）など。

早乙女 誉（さおとめ ほまれ）　阪南大学流通学部　准教授 ・・・・・・・・・・・・・・・・・・・・・・・・・・・ 第 **16** 講
早稲田大学大学院スポーツ科学研究科博士後期課程修了、博士（スポーツ科学）。専門分野は、コーチング、スポーツマネジメント。研究業績は "The Relationship between Change in Perceived Motivational Climate and Change in Goal Orientations among Japanese Ice Hockey Players."（International Journal of Sports Science & Coaching, 7（1）, 2012 年）：「高校アイスホッケー部活動における指導者のリーダーシップ行動と動機づけ雰囲気および目標志向性の関連」（『コーチング学研究』27（1）、2013 年）など。

庄司 悟（しょうじ さとる）　　　サッカーアナリスト ・・・・・・・・・・・・・・・・・・・・・・・・・・・・・・・・・ 第 **16** 講
1974 年西ドイツ W 杯を現地観戦、1975 年渡独。ケルン体育大学サッカー専科を経て、ドイツのデータ配信会社と提携、独自の分析活動を開始。2008 年 12 月に帰国し、現在は日本を中心にアナリストとして活動。DJ SPORTS 株式会社 取締役 CAO/ チーフゲームアナリストを務める。著書に『サッカーは「システム」では勝てない - データがもたらす新戦略時代』（2014 年）がある。

勝田 隆（かつた たかし）　　ジャパン・ハイパフォーマンス・センター センター長 … **第17講**
筑波大学体育専門学群卒業。日本スポーツ振興センター　ハイパフォーマンス・センター（HPC）センター長と、国立スポーツ科学センター（JISS）センター長およびナショナルトレーニングセンター（NTC）副センター長、スポーツ関連事業推進部部長、スポーツ・インテグリティ・ユニット・リーダーを兼務。2020年東京オリンピック・パラリンピック大会組織委員会インテグリティ・ディレクター、スポーツ庁参与、日本体育協会理事、日本パラリンピック委員会委員、日本ラグビー協会理事、2019ラグビーW杯日本大会組織委員会評議員、筑波大学客員教授。日本ラグビー協会では、ラグビー高校日本代表監督、19歳以下日本代表および23歳以下日本代表のコーチを経て、1997年日本ラグビー協会強化推進本部テクニカル・ディレクターに就任。1998年アジア競技大会、1999年ラグビーワールドカップに参加。専門分野は、コーチング、スポーツ情報戦略、スポーツ・インテグリティ。文部科学省「スポーツ指導者の資質能力向上のための有識者会議（タスクフォース）」座長を務めた。著書に『知的コーチングのすすめ －頂点をめざす競技者育成の鍵』（2002年）がある。

◆ **編集協力者**
庄子 博人・枝元 洋平＊・小島 嵩史＊　（＊は、追手門学院大学大学院文学研究科社会学専攻）

スポーツ戦略論　─スポーツにおける戦略の多面的な理解の試み─
©Jim Ueda, Hiroyuki Horino, Hiroaki Matsuyama, 2017
NDC780/xiv, 304p/22cm

初版第1刷─── 2017年8月1日

編著者 ───	上田滋夢・堀野博幸・松山博明
発行者 ───	鈴木一行
発行所 ───	株式会社 大修館書店

〒113-8541 東京都文京区湯島2-1-1
電話03-3868-2651（販売部）　03-3868-2292（編集部）
振替00190-7-40504
［出版情報］http://www.taishukan.co.jp

装幀デザイン	相羽裕太（明昌堂）
本文デザイン	芹川千博（明昌堂デザイン室）
印刷所 ───	三松堂
製本所 ───	牧製本

ISBN978-4-469-26825-6 Printed in Japan

☒本書のコピー、スキャン、デジタル化等の無断複製は著作権法上での例外を除き禁じられています。本書を代行業者等の第三者に依頼してスキャンやデジタル化することは、たとえ個人や家庭内での利用であっても著作権法上認められておりません。

定評あるスポーツ関連図書

スポーツの戦術入門

ヤーン・ケルン 著
朝岡正雄・水上一・中川昭 監訳
四六判・186頁 本体1,900円

多様な事例や研究報告から、スポーツにおける戦術行動の意義と重要性を浮き彫りにし、トレーニングを構築していく際にコーチが考慮すべき指導上の手がかりを提供する。ドイツスポーツ連盟コーチアカデミー・テキスト。

知的コーチングのすすめ

河野一郎 監修
勝田隆 著
A5判・168頁 本体1,800円

ラグビー日本代表強化スタッフ、JOC情報・戦略プロジェクト委員を務めた著者が、競技種目を超えた視点からコーチング哲学、方法、実践を体系化。「コーチングとは何か、どう在るべきか」「選手の自立を促し、目標を達成させるにはどうすべきか？」を様々な角度から明らかにする。

スポーツルールの論理

守能信次 著
四六判・242頁 本体1,700円

なぜスポーツにルールがあり、それがどういう働きをして、どんな要素で成っているのか。ルールが存在する意味と役割、ルールの機能や構造、社会におけるスポーツとルールの関係について、法学の助けを借りつつ社会科学的な論理の中で明らかにする。

クリエイティブサッカー・コーチング

小野剛 著
B5変型判・192頁 本体2,100円

サッカー岡田ジャパンを支えた名参謀・小野剛技術委員がワールドカップでの教訓とサッカー強国におけるコーチ研修経験をもとに、ジュニアからユースまで、「世界に通用するクリエイティブなプレーヤー」育成のために書き下ろした。

コーチング学への招待

日本コーチング学会 編集
A5判・384頁 本体2,700円

日本コーチング学会の編集のもと、多様なスポーツ活動を支えるコーチング理論の土台をまとめた。「コーチングとは何か」「競技力のトレーニング方法や試合へ向けたトレーニング計画や準備」「組織のマネジメント」「そしてスポーツ医・科学、情報を活用したコーチング支援のあり方」といった競技種目の垣根を越えたコーチング学構築のための1冊。

（定価＝本体＋税）